AUS LIEBE ZUM LANDLEBEN

Frischer Fisch

AUS LIEBE ZUM LANDLEBEN

Frischer Fisch aus heimischen Gewässern

von

Marlisa Szwillus

Dort-Hagenhausen-Verlag

Inhalt

Vorwort

„Fischerei ist mehr als Fische fangen!" Diese Erkenntnis ist zwar fast schon eine Binsenweisheit, sie muss aber stets gegenwärtig sein. Die Fischbestände wollen erhalten, geschützt und gefördert werden. Daher gehört die Pflicht zur Hege schon im eigenen Interesse seit langem zu den Kernaufgaben der Angel- und Berufsfischer in den Binnengewässern. Auch die Meeresfischerei unterliegt im Zeichen der Nachhaltigkeit zunehmend strengen Schonbestimmungen.

Bei Schutz und Fang enden die Interessen der Fischer und der Fischliebhaber aber noch lange nicht. Erst der Genuss des Fangerfolgs bringt die Fischerei zur Vollendung.

Bedingung ist die gelungene Zubereitung der frisch gefangenen oder am Markt eingekauften Fische. Dabei will dieses neue Kochbuch helfen. Es enthält Anregungen und Rezepte für genussvolle Mahlzeiten aus verschiedensten Süßwasser- und Meeresfischen. Vorgestellt werden nicht nur Spezialitäten aus Bayern, sondern ebenso Fischgerichte aus anderen Regionen bis hinauf zu den Küsten von Nord- und Ostsee.

Das Buch ist geeignet für Laien und für Fortgeschrittene in der Kochkunst. Es wird auch Könnern die eine oder andere Neuigkeit bieten.

Ich bedanke mich ganz herzlich für die große Unterstützung der vielen Köche, Teichwirte, Berufsfischer, Angler und Fachleute, die maßgeblich zum Gelingen dieses Buches beigetragen haben.

Unser Kochbuch hat seinen Zweck erfüllt, wenn es möglichst vielen Nutzern insbesondere die Welt der heimischen Fische kulinarisch erschließt. Allen, die sich an den Rezepten versuchen, wünscht der Landesfischereiverband Bayern auch im Namen seiner befreundeten Fischereiverbände in ganz Deutschland viel Freude und besten Erfolg!

Manfred Braun, Präsident Landesfischereiverband Bayern

F(r)isch gefangen

Angeln ist die einzige Art von Philosophie, von der man satt werden kann.
Peter Bamm

Fisch im Fokus

Zum Auftakt lesen Sie von ebenso kompetenten wie leidenschaftlichen Fischern viel Wissenswertes über die Binnen- und Meeresfischerei sowie über das Züchten von Forellen und Karpfen. Wir informieren Sie ausführlich darüber, was nachhaltige und schonende Fischerei bedeutet, woran Sie beim Einkauf wirklich frischen Süßwasser- und Salzwasserfisch erkennen können und warum Fisch so besonders gesund für uns ist. Außerdem erfahren Sie interessante Details, wie bei geangeltem Fisch die Frische und die Qualität erhalten bleiben, und auch, was man übers Räuchern und Beizen wissen sollte.

Robert Stroh für Michael Knoch

Binnenfischerei

Die Binnenfischerei in Deutschland kann guten Gewissens als eine der nachhaltigsten Fischereien bezeichnet werden. Das jährliche Gesamtaufkommen der Erwerbs- und Angelfischerei aus Binnengewässern liegt bei einer Fläche von 565 430 ha durchschnittlich bei knapp 60 000 t.

Die Bezeichnung Binnenfischerei umfasst alle fischereilichen Aktivitäten in natürlichen und künstlichen Binnengewässern sowie technischen Anlagen zur Fischhaltung. Dieser Wirtschaftszweig zählt derzeit mehr als 1100 Haupterwerbs- und etwa 19 400 Neben- und Zuerwerbsbetriebe einschließlich Kleinsterzeuger sowie ca. 1,5 Mio. auf inländischen Gewässern aktive Angler. Sowohl hinsichtlich der Gewässertypen als auch der fischereilichen Nutzungsformen und -intensitäten gibt es dabei große regionale und lokale Unterschiede. Hauptzweige der Binnenfischerei in Deutschland sind die Seen- und Flussfischerei, eine durch die Aufzucht von Forellen und Karpfen geprägte Aquakultur sowie die Angel- bzw. Freizeitfischerei.

Unter dem Begriff Aquakultur wird die kontrollierte Aufzucht von Karpfen, Forellen und zahlreichen anderen Arten in speziell dafür konstruierten Anlagen verstanden, die von Teichen über durchflossene Rinnen und Becken bis zu Systemen mit geschlossenen Wasserkreisläufen reichen. Die Aquakultur ist der ertragreichste Zweig der deutschen Binnenfischerei. In Karpfenteichen, Kaltwasser- und Warmwasseranlagen sowie Netzgehegen werden Fische mit einem geschätzten Wert von etwa 200 Mio. Euro aufgezogen. Die Salmonidenproduktion ist in Deutschland fast doppelt so hoch wie die Karpfenproduktion.
Der Fang von Fischen in Seen und Flüssen von Berufsfischern liegt einer groben Schätzung zufolge bei unter 13 000 t Fisch. Die Angelfischer fangen in etwa ein Fünftel des Gesamtaufkommens der deutschen Binnenfischerei.

Der deutsche Markt für Süßwasserfische wird in Bezug auf die Herkunft von Importen dominiert, da die Anlandungen aus einheimischen Binnengewässern und das Aufkommen aus den Fischzuchten von der Nachfrage nach Süßwasserfischen deutlich übertroffen werden.

Der rechnerische Pro-Kopf-Verbrauch an Süßwasserfisch beträgt in Deutschland nach Schätzungen des Instituts für Binnenfischerei lediglich 2 kg.

Seen- und Flussfischerei

In Deutschland werden rund 230 000 ha Seen, Talsperren und Flüsse durch etwa 870 Unternehmen der Erwerbsfischerei im Haupt- und Nebenerwerb bewirtschaftet. Die sich bereits seit längerem stetig verschlechternden Rahmenbedingungen für den Fang und außerhalb touristischer Zentren auch für die Vermarktung von Fischen aus Seen und Fließgewässern haben innerhalb der vergangenen Jahre zu einem stetigen Rückgang der Anzahl an Haupterwerbsbetrieben geführt, die mit nur noch weniger als 400 Betrieben im Jahr 2010 einen neuen Tiefpunkt in der jüngeren Vergangenheit erreichte.

Laichreife Saiblinge im Institut für Fischerei in Starnberg.

Teichwirtschaft und Fischzucht

In der Aquakultur, zu der heute die klassische Karpfen- und Forellenteichwirtschaft genauso gehören wie hochtechnische Kreislaufanlagen und Netzgehege, werden in Deutschland jährlich rund ca. 44 000 t Fisch aufgezogen. Die Salmonidenproduktion ist hier fast doppelt so hoch wie die Karpfenproduktion.
In Deutschland werden Karpfen fast ausschließlich in Teichen aufgezogen. Haupterzeugergebiete liegen in Bayern, Sachsen und Brandenburg. Dabei sind die Betriebsstrukturen und das Intensitätsniveau sehr verschieden. In den östlichen Bundesländern dominieren im Haupterwerb geführte Teichwirtschaften mit vergleichsweise hoher Flächenausstattung. In Sachsen und Brandenburg bewirtschaftet ein Haupterwerbsbetrieb z. B. durchschnittlich etwa 150 ha Teichfläche. Dem gegenüber befinden sich mehr als zwei Drittel der registrierten Neben- und Zuerwerbsbetriebe in Bayern. Hier werden Karpfen vorwiegend in landwirtschaftlichen Familienbetrieben aufgezogen. Im Mittel stehen jedem dieser Betriebe nur etwas mehr als 2 ha Teichfläche zur Verfügung. Insgesamt wurden von den Bundesländern für das Jahr 2010 168 Haupterwerbs- sowie 11 397 Neben- und Zuerwerbsteichwirtschaften gemeldet, die zusammen eine nutzbare Teichfläche von etwas mehr als 37 000 ha bewirtschafteten. Neben Karpfen werden in der Karpfenteichwirtschaft Schleien, Hechte, Zander und diverse Weißfischarten gezüchtet.
Im Unterschied zu Karpfenteichen, welche kaum Wasserdurchfluss haben und sich im Sommer teils stark erwärmen, sind die Teiche in der Forellenteichwirtschaft mit sommerkaltem Wasser durchströmt, die Wassertemperatur bleibt auch im Sommer in der Regel deutlich unter 20 °C. In der Forellenzucht werden die Fische in traditionellen Erdteichen, Betonteichen, bis hin zu

Fließkanälen, Rinnen und Becken aufgezogen. Zielfischarten dieser Anlagen sind Forellenartige wie z. B. Regenbogenforelle und Bachsaibling, für deren Aufzucht ein ständiger, geregelter Durchfluss von unbelastetem, ganzjährig sauerstoffreichem und sommerkühlem Wasser in ausreichender Menge benötigt wird. Von den registrierten knapp 500 Haupterwerbsbetrieben befinden sich mehr als die Hälfte in Bayern und Baden-Württemberg. Auch wenn das in Deutschland noch keine bedeutende Rolle spielt, werden in sogenannten Kreislaufanlagen wärmeliebende Fische in geschlossenen Systemen aufgezogen. Kennzeichnend für die meisten dieser Anlagen ist die annähernd vollständige Zirkulation und Mehrfachnutzung des Produktionswassers, was durch Einrichtungen zur mechanischen und biologischen Wasseraufbereitung ermöglicht wird. Die Wassertemperatur wird dabei in einem für die jeweilige Fischart physiologisch optimalen Bereich gehalten. Die Intensität der Produktion ist in solchen Anlagen hoch. Als Fischarten kommen verschiedene Welsarten, Tilapien, Aale, Stör und Zander in Frage. Derzeit spielen diese Anlagen nicht zuletzt aufgrund der hohen Produktionskosten noch eine stark untergeordnete Rolle.

Angelfischerei

Die fischereiliche Nutzung von Binnengewässern beschränkt sich nicht auf gewerbliche Unternehmen, sondern beinhaltet gleichermaßen auch den nicht-erwerbsmäßigen Fischfang mit der Angel. Dieser Zweig der Binnenfischerei erfuhr in Deutschland, wie in anderen europäischen Ländern, in der jüngeren Vergangenheit einen ständig wachsenden Zuspruch. In einigen Regionen stellt die Angelfischerei heute die vorherrschende fischereiliche Bewirtschaftungsform von Seen und Flüssen dar. Im Hinblick auf ihre Bedeutung geht sie jedoch weit über die Nutzung und Hege von Fischbeständen hinaus. So sind im Zusammenhang mit dem Angeln auch verschiedene andere Aspekte wie z. B. die Erholung von Menschen in der Natur, landschaftspflegerische Arbeiten oder wirtschaftliche Effekte durch Gerätekauf, Inanspruchnahme touristischer Leistungen u. ä. zu erwähnen. Das selbstständige Angeln in freien Gewässern setzt in den meisten Bundesländern den Erwerb von detaillierten Kenntnissen in der Fischbiologie, der Gewässerkunde und -bewirtschaftung, der Fischereiausübung und im Tier- und Gewässerschutz voraus. Als Nachweis dafür gilt der Fischereischein.
Die Anzahl von in Vereinen organisierten Anglern wird mit etwa 875 000 beziffert. Der Fischereiverein ist ein Gewinn für die Fischer und die Gesellschaft. Die Vereine gehören überwie-

gend einer der beiden Dachorganisationen „Verband Deutscher Sportfischer e.V." oder „Deutscher Anglerverband e.V." an. Beide Verbände streben derzeit eine Fusion zu einem bundesweiten Angelfischereiverband unter dem Namen „Deutscher Angelfischerverband" an. Ohne den Einsatz der Fischereiverbände für die Belange ihrer Mitglieder und den Arten- und Gewässerschutz sähe es in den deutschen Gewässern schlecht aus.

Oberbayerische Äsche aus der Ammer.

Meeresfischerei

In der Meeresfischerei ist vieles anders als in der Binnenfischerei. Aufgrund der Gefährdung vieler mariner Fischbestände gibt es in der Meeresfischerei im Gegensatz zur Binnenfischerei in der Regel Quoten. Die jährliche Festlegung der Quoten wird unter allen Beteiligten meist recht kontrovers diskutiert. Die Quoten sollen helfen, die Bestände langfristig zu sichern. Neben den Quoten sind in der Meeresfischerei auch Gütesiegel an der Tagesordnung. Am weitesten verbreitet ist das MSC Siegel. MSC steht für „Marine Stewardship Council“. Das blaue Siegel der gemeinnützigen, internationalen Organisation erhalten nur Fisch und Meeresfrüchte, die nachhaltig und umweltgerecht gefangen wurden, also nicht in dem Maß, dass die Bestände gefährdet werden. Auch die Fangmethoden werden bewertet, Fischerei mit Sprengstoffen oder Gift erhält grundsätzlich kein Siegel.

Die deutsche Kutter- und Küstenfischerei wird in der Nord- und Ostsee mit rund 1600 Kuttern bzw. Fangschiffen betrieben, wobei die überwiegende Anzahl nicht einmal 12 Meter lang ist. In der Fischerei kommen Zug- und Schleppnetze, Stellnetze, Reusen und Hamen zum Einsatz. Gefangen werden alle wesentlichen Fischarten der Nord- und Ostsee, wie Seelachs, Kabeljau/Dorsch, Schellfisch, Scholle, Seezunge, Steinbutt, Flunder, Hering, Sprotte, Lachs, Aal und im Tidebereich der großen Flüsse wie Elbe und Weser auch Süßwasserfische wie Zander, Barsch und Hecht. Mit steigender Tendenz beteiligen sich die Kutter auch an der Fischerei auf Kaisergranat. Garnelen (Nordseekrabben) und Muscheln machen unverändert regelmäßig mehr als 50 % der Inlandsanlandungen aus.

Das Management der gesamten Nordseefischerei wird seit 2003 durch die Bemühungen zur Wiederherstellung der Kabeljaubestände geprägt. Die deutsche Kabeljauquote betrug 2010 beispielsweise 3619 t, die Quote für Scholle 3436 t. Da sich die Schollenfischerei als vergleichsweise sehr gut erwies, kam es zu Absatzschwierigkeiten. Nachdem der Bestand des Ostseedorschs gefährdet ist, wurde im Jahre 2007 der Wiederaufbau- bzw. Langzeitmanagementplan für den Ostseedorsch verabschiedet, der Zug um Zug umgesetzt wird.

Die Heringsquote lag 2010 insgesamt bei 12 519 t, damit ist der Hering einer der meist gefangenen Fische der deutschen Kutter- und Küstenfischerei. Dass in Deutschland auch Lachse gefangen werden, dürfte vielen kaum bekannt sein. In der Ostsee lag die Lachsquote 2010 bei knapp 7000 Lachsen.

Die Krabbenfischerei verzeichnete 2010 Anlandungen von 13475 t. Die Miesmuschelanlandungen stiegen von 2009 auf 4900 t.
Die in Verbänden organisierte Hochseefischerei hat sich in der Vergangenheit aktiv an der Diskussion und Meinungsbildung zur Reform der EU-Fischereipolitik beteiligt und nimmt ihre Verantwortung im ökologischen, wirtschaftlichen und gesellschaftlichen Bereich ernst.

Lorenz Marckwardt ist der Vorsitzende des Landesfischereiverbandes Schleswig-Holstein e.V.

Lorenz Marckwardt

Mein Name ist Lorenz Marckwardt und ich bin in Eckernförde geboren. Eckernförde liegt an der Ostsee im schönen Land Schleswig-Holstein, das ist das nördlichste Bundesland zwischen den Meeren. Ich bin Fischer in der 4. Generation und auch mein Sohn ist in der Fischerei. Wir fischen überwiegend in der Ostsee und fangen den Dorsch mit Schleppnetzen (Trawlerfischerei). Aber auch die anderen Seegebiete befischen wir mit unserem Kutter.
Der Dorsch ist auch unter dem Namen Kabeljau bekannt. Er ist ein beliebter Speisefisch, sein weißes Fleisch ist mager, schmeckt sehr gut und lässt sich vielseitig zu leckeren Gerichten zubereiten. Der Dorsch wird in der Ostsee nachhaltig befischt, dafür gibt es einen Managementplan, der technische Maßnahmen, Maschenweiten, Schonzeiten, Mindestmaß, Fangtage und die Fangmenge-Quoten regelt. Ausgezeichnet ist der Dorsch mit dem Gütesiegel MSC (Marine Stewardship Council). Das MSC hat einen weltweit anerkannten Standard für nachhaltige Fischerei.

Nachhaltige Fischerei

Nachhaltiger Fischfang bedeutet, dass die eingesetzten Fischereimethoden bestandserhaltend sind und dass die Gewässerökosysteme nicht geschädigt werden.

Nachhaltige Fischprodukte können aus der Binnenfischerei, der Seefischerei und der Angelfischerei stammen. Um auch zukünftig Fisch als gesunde Nahrungsquelle der Bevölkerung anbieten zu können, setzen sich die deutschen Fischereiverbände vorbehaltlos für eine nachhaltige und bestandssichernde Nutzung der Fischbestände ein (www.DFV.de).

Die deutschen Fischereibetriebe setzen diesen Leitgedanken seit Jahren in die Tat um. Da sie sich selber nicht ihrer Lebensgrundlage berauben wollen, ist eine nachhaltige Bewirtschaftung der Gewässer für sie meist selbstverständlich. Trotzdem gibt es gesetzliche Regelungen wie Kontingentierungen von Angellizenzen angepasst an die Ertragsfähigkeit der Gewässer. Limitierte Lizenzen und Quoten in der Berufsfischerei sorgen dafür, dass eine nachhaltige Bewirtschaftung gewährleistet wird. Organisiert über Genossenschaften unterwerfen sich Berufsfischer in der Binnenfischerei auch freiwillig deutlichen Restriktionen zum Schutz der Fischbestände.

In der internationalen Meeresfischerei sieht dies schon etwas anders aus. Mit großer Sorge werden teils illegale internationale Fischpraktiken, die großen ökologischen und wirtschaftlichen Schaden anrichten, gesehen. Den Eignern hochmoderner Fang-

flotten ist die nachhaltige Bewirtschaftung der tausende Kilometer vom Heimatland entfernten Fischbestände weniger wichtig als der kurzfristige Profit. Brechen die Fischbestände am Fangort ein, kann ja ggf. auf andere Fanggebiete ausgewichen werden.
Die deutschen Fischer tragen mit ihren Fängen nur mit knapp einem Fünftel zum deutschen Fischbedarf bei. Über 80 % des Fischbedarfs wird aus EU- und Drittländern importiert, davon rund ein Viertel aus Aquakultur.
Die deutsche Fischindustrie und der Fischhandel tragen hier eine große Verantwortung, da sie mit ihrem Einkaufsverhalten beim Import einen wesentlichen Einfluss ausüben. Sie müssen sicherstellen, dass ihre Produkte nur aus nachhaltiger Fischerei und ökologisch guter Fischzucht in die Verarbeitung, auf den Markt und zum Verbraucher kommen. Die Rückverfolgbarkeit der Fischprodukte muss Standard sein, um dem Konsumenten die gewünschte Sicherheit zu geben.
Dies ist nur durch eine verstärkte, gewissenhafte Selbstkontrolle möglich. Es gibt eine Reihe von Gütesiegeln, die nachhaltige Fischereiprodukte kennzeichnen, die mitunter kontrovers diskutiert werden. Interessierte Kunden können sich auf der Homepage des Bundesministeriums für Ernährung, Landwirtschaft und Verbraucherschutz unter www.bmelv.de informieren. Die Bemühungen von Nichtregierungsorganisationen, diese Selbstkontrolle einzufordern, ist grundsätzlich sinnvoll.

Dr. Sebastian Hanfland

Die Binnenfischerei in Deutschland, zu der die Berufs- und Angelfischerei gehören, zählt zu den nachhaltigsten Formen der Fischerei überhaupt.

Die Karpfenteichwirtschaft bestimmt wesentlich die Kulturlandschaft in Nordbayern.

Der Karpfen

Die Oberpfalz ist zusammen mit Franken das bayerische Stammland der Karpfenzucht. In oberpfälzer Fischläden oder Restaurants jedoch ist der Karpfen rar. „Der geht bei uns nicht. Den mögen die Leut' nicht", kann die Antwort einer Verkäuferin sein, wenn der uninformierte Kunde nach Karpfen fragt. Anders in Franken, zumindest im Umkreis der alten Großstädte Nürnberg, Fürth und Erlangen. Dort wird der Karpfen als regionale Spezialität geschätzt.

Der beste Fisch für mittelalterliche Teiche

Um zu verstehen, warum das so ist, muss man sich mit den Eigenheiten des Karpfens und mit der Geschichte von Mensch und Karpfen befassen. Sie beginnt in der Eiszeit. Dazu muss man wissen, dass der Karpfen ein Fisch ist, der Wärme braucht. Einen kalten Winter übersteht ein Karpfen gut, weil er sich dann in tieferes Wasser zurückzieht und dort in einen Ruhezustand verfällt, in dem der Stoffwechsel reduziert ist und der Fisch wie in Zeitlupe lebt. Im Sommer aber braucht er viel Wärme, damit er laichen kann und aus den Eiern rasch kleine Karpfen heranwachsen. Bei Beginn der Eiszeit verschwand der Karpfen aus dem Norden und der Mitte Europas. Nach der Eiszeit konnte er in der Donau wieder nach Mitteleuropa vordringen. Hier blieb er, bis im Mittelalter Menschen begannen, Karpfen gezielt in andere Flüsse zu versetzen. Dieser Ur-Donaukarpfen sah ganz anders aus als die Karpfen neuerer Zeit. Der alte Donaufischer Schmalzl kam vor etlichen Jahren mit einem Fisch, den er gefangen hatte, zur Fischereifachberatung des Bezirks Oberpfalz. Er wunderte sich: Seit Jahrzehnten fischte er tagein, tagaus in der Donau, aber einen solchen Fisch hatte er noch nie gesehen. Ein Fischbiologe untersuchte den Fisch eingehend und kam zu dem Schluss, dass es sich bei diesem mysteriösen Individuum um einen Karpfen handelte. Es war ein echter Wildkarpfen mit der charakteristischen lang gestreckten „Nudelholz-Form". Vielleicht war er einer der letzten „echten" Wildkarpfen, vielleicht aber auch ein Nachfahre eines entschwommenen Teichkarpfens, bei dem sich die angezüchteten Merkmale über Generationen hinweg zurückgebildet hatten.

Die große Zeit des Karpfens begann etwa im 14. Jahrhundert, als Menschen in einem breiten Band, das sich von Galizien im Osten bis nach Lothringen im Westen erstreckte, wegen erhöhter Nachfrage Teiche anlegten. Kleine Teichanlagen gab es bereits seit der Römerzeit. Der Karpfen eignete sich besser als jeder andere Fisch für die Teichwirtschaft und so kam der Karpfen nun auch in Gegenden, in denen er von Natur aus nicht heimisch war, wie etwa nach

Franken oder in die mittlere und nördliche Oberpfalz. Drei Gründe machten ihn zum wichtigsten Teichfisch älterer Zeit. Erstens, dass er ein genügsamer Selbstversorger ist. Bereits vor Jahrhunderten war zwar bekannt, dass man Karpfen mit Getreide regelrecht mästen konnte, aber es wäre als Frevel erschienen, „Brotfrucht“ in einen Fischweiher zu werfen. Der Karpfen kommt auch ohne Fütterung aus. Er ernährt sich vorwiegend von Kleintieren, die er im schlammigen Grund eines Flusses oder eines Teiches aufwühlt und einschlürft. Zweitens kommt er mit wenig Wasser und Sauerstoff aus. Arm an Sauerstoff war auch das Wasser in den Fässern, in denen die Fische auf die Märkte gebracht wurden. Bei den gering entwickelten Kühlungs- und Konservierungstechniken früherer Zeit war es schwierig, den Fisch irgendwie lebend auf den Fischmarkt in die Stadt oder zur herrschaftlichen Hofküche zu bringen. Dieser Weg konnte viele Stunden dauern und im abgestandenen Wasser der Fischfässer überlebten nur die Fische, die mit wenig Sauerstoff auskommen konnten.
Nimmt man zum dritten hinzu, dass sich im Fleisch von Karpfen verhältnismäßig wenige Gräten finden und Karpfenfleisch in seiner Konsistenz ausgesprochen wohlschmeckend ist, erklärt sich, warum „Teich“ in älterer Zeit gleichzusetzen ist mit „Karpfenteich“.

Karpfenernte im Frühherbst.

Die einen lieben ihn, die anderen nicht

Man kann den Karpfen nur in begrenztem Maß füttern. Wenn er nicht genug „Naturnahrung“ im Schlamm der Teiche findet, verfettet er bei starker Fütterung mit Getreide und verliert an Qualität. Der Karpfen ist und bleibt ein „Naturbursche“, der in seinen Teichen ein altertümliches Leben führt. Deswegen kann der Karpfen nicht so günstig produziert werden wie andere Fische. Er lebt im Rhythmus der Jahreszeiten und schmeckt daher nicht zu jeder Jahreszeit gleich gut.
Deshalb haben sich die oberpfälzischen Teichwirte in den vergangenen Jahren neu orientiert und viele tun nun etwas, das so naheliegend ist, dass man sich zuletzt fragt, warum man nicht schon früher darauf gekommen ist: Man nimmt den Karpfen, wie er ist. Er ist ein ausgesprochenes Naturprodukt und eignet sich nicht für eine Massentierhaltung in der Art, wie Geflügelfleisch in der Regel „produziert“ wird. Man ist darauf aus, den Karpfen nicht mehr über große Entfernungen zu verfrachten und ihn zu Billigpreisen Leuten anzudienen, die ihn eh nicht mögen. Die Vermarktung des Karpfens als Spezialität in der Region hat in den vergangenen Jahren an Bedeutung gewonnen.

Dr. Josef Paukner

Prof. Dr. Carsten Schulz

Aquakultur der Zukunft

Das Aquarium im Wartezimmer unseres Kinderarztes war wohl meine erste Begegnung mit Fischen in Haltungseinheiten, die die aquatische Natur nachstellen. Das bewegte Spiel der unterschiedlichen Fische im Becken und die schillernden Farben haben mich fasziniert, und die Haltung dieser Geschöpfe entwickelte sich rasch zu meiner ersten Leidenschaft. Mein Studium mit der Spezialisierung in der Fischwirtschaft gab mir die Möglichkeit, mein Hobby zum Beruf zu machen. Heute noch fasziniert mich die kontrollierte Aufzucht von Fischen in künstlichen Systemen.

Aktuell stammt schon jeder zweite der weltweit konsumierten Fische aus einer kontrollierten Aufzucht, mit weiterhin steigender Tendenz. Eine wachsende Weltbevölkerung, ein damit einhergehender steigender Fischkonsum in Schwellenländern und sich ändernde Konsumgewohnheiten in der westlichen Welt führen zu einer Versorgungslücke, die bei stagnierenden Erträgen aus der Fischerei nur durch die Aquakultur gedeckt werden kann. Die Ausweitung der Aquakultur kann also nur über ein ressourceneffizientes Management realisiert werden. So verlangen knappe Wasservorräte und gesetzliche Auflagen eine wasserschonende Fischaufzucht, die aber auch konkurrenzfähig sein muss. Auch heute schon werden in der Aquakultur bei effizienter Wassernutzung sehr umweltschonend Fische gezüchtet, die hinsichtlich der Qualität mit Wildfischen konkurrieren können. Der Vorteil der Aquakultur besteht z. B. darin, dass man die Produkte entsprechend der Fischgröße und der jeweiligen Anteile von Eiweiß und Fett exakt nach dem Bedarf der Kunden produzieren kann. Hierbei muss der Nährstoffbedarf der Fische aber hinreichend bekannt sein und es müssen daran angepasste Futtermittel verabreicht werden, was angesichts wandelnder Rohstoffmärkte eine große Herausforderung darstellt. Sinnvolle Lösungen können nur im interdisziplinären Feld von Ernährungswissenschaftlern, Verfahrenstechnikern, Lebensmitteltechnologen und Fischbiologen gefunden werden. Die mit variierenden Rohstoffen hergestellten Futtermittel müssen von den Fischen uneingeschränkt aufgenommen und verwertet werden, was uns heute mit vielen pflanzlichen Rohstoffen sehr gut gelingt.

Mein Einsatz für die kontrollierte Aufzucht bei sich wandelnden Bedingungen begeistert und motiviert mich jeden Tag von neuem. Als Professor für Marine Aquakultur an der Kieler Christian-Albrechts-Universität und wissenschaftlicher Leiter der Gesellschaft für Marine Aquakultur mbH in Büsum habe ich die Möglichkeit, Wissen und Begeisterung meines Arbeitsgebiets jungen Menschen zu vermitteln, damit wir auch künftig aktuelle Fragestellungen zur Aufzucht von Fischen beantworten können. Ich bin davon überzeugt, es lohnt sich!

Prof. Dr. Carsten Schulz

Traditionelle Forellenteichwirtschaft im Oberpfälzer Wald

Die Forellenteichwirtschaft im Landkreis Tirschenreuth blickt auf eine lange Tradition zurück. Die Bäche des Oberpfälzer Waldes und des Steinwaldes sind seit jeher ideale Forellengewässer, die auch hervorragende Bedingungen für die Zucht und Haltung dieser anspruchsvollen Fischarten bieten.
Bereits im Jahre 1881 befasste sich deshalb der ehemalige Feldwebel Engelbert Gmeiner in Bärnau mit der Vermehrung und Haltung von Forellen in Teichen. Engelbert Gmeiner war damit einer der Pioniere der Forellenteichwirtschaft nicht nur in unserer Region, sondern weit darüber hinaus. Bis zum Ende des 2. Weltkriegs bildete die Erzeugung der heimischen Bachforellen den Schwerpunkt. Doch bereits 1884 wurden Saiblinge und wenig später auch Regenbogenforellen aus Nordamerika importiert und in Bärnau vermehrt. Das Hauptabsatzgebiet für die in unserer Region erzeugten Forellen war früher vor allem das berühmte böhmische Bäderdreieck mit seiner illustren Kundschaft. Nach 1945 waren es ebenfalls wieder Forellenzüchter aus Bärnau, die entscheidende Innovationen verwirklichten. Bereits in den 50er Jahren wurden leistungsfähige und regional angepasste Regenbogenforellen gezüchtet. Auch die erste Forellenräucherei der Oberpfalz stand in Bärnau. Heute sind im Bärnauer Land einige der renommiertesten und leistungsfähigsten Forellenzuchtbetriebe und Forellenverarbeitungsbetriebe Bayerns beheimatet. Ein weiterer Schwerpunkt der Forellenteichwirtschaft im Landkreis Tirschenreuth ist der Steinwald. Die Besonderheit der Forellenteichwirtschaft ist auch heute noch die überwiegende Verwendung von natürlichen Erdteichen zu einer artgerechten und naturverträglichen Produktion.

Fischzucht Silberbach in Bärnau.

Alfred Stier

Der Oberpfälzer Alfred Stier lebt zweifelsohne ein Leben für die Teichwirtschaft. In Bayern ist er als Vizepräsident Berufsfischerei des Landesfischereiverbandes, als Bürgermeister in Bärnau und vor allem als erfahrener Praktiker kaum mehr wegzudenken. Seine Leidenschaft für die Fischerei führte gar so weit, dass er eine geborene Hecht zur Ehefrau nahm. Als erfahrener Fischwirtschaftsmeister war er über zehn Jahre lang bei der Landesanstalt für Landwirtschaft, Institut für Fischerei, als Prüfer der angehenden Fischwirte und Fischwirtschaftsmeister tätig. In seiner Berufslaufbahn baute er seit den 90er Jahren einen teichwirtschaftlichen Betrieb auf, der Zug um Zug immer größer wurde. Heute gehören ihm 5 Betriebe, die in hunderten von Teichen mit einer Fläche von mehreren hundert Hektar hauptsächlich Karpfen und Forellen, aber auch bedrohte Fischarten produzieren. In seinen Betrieben werden die Fische für den Verbraucher auch als Räucherfisch veredelt. Bei den vielen Problemen der Teichwirte, die z. B. mit den Schäden durch Kormoran und Biber oder mit EU-Richtlinien zu kämpfen haben, ist er ein fordernder Vermittler, der sich stets sehr sachlich mit der Materie auseinandersetzt.

Umgang mit dem Fang – Erhaltung der Fischqualität

Es ist sicherlich eine Binsenweisheit, dass die Kühlung wichtig für die Lebensmittelqualität von Fischen ist. Und trotzdem erlebt man immer wieder, dass Fische, die von Anglern gefangen werden, vor der Zubereitung eine wesentlich schlechtere Qualität haben als vergleichbare Fische, die teils sehr weite Reisen auf dem Meer hinter sich haben. Auf modernen Trawlern wird penibel darauf geachtet, dass der Fisch direkt nach dem Fang sehr pfleglich behandelt und sofort bei 0 °C auf Eis gelegt wird. So gelingt es, dass Fische sogar 14 Tage nach dem Fang noch eine sehr gute Produktqualität aufweisen.

Bei der Angelei sieht dies oft ganz anders aus. Der Fisch wird gefangen und dann meist mehrere Stunden bei Temperaturen mehr oder weniger deutlich über 0 °C irgendwo am Ufer deponiert. Dann wird er oft ungünstiger Weise in einer Plastiktüte nach Hause transportiert und anschließend bei 4–6 °C in der Tüte in den Kühlschrank gestopft. Fische, die so behandelt werden, haben bereits nach einem Tag eine deutlich schlechtere Qualität als Fische, die auf hoher See professionell gelagert wurden und eine einwöchige Reise hinter sich haben. Will man als Angler eine optimale Lebensmittelqualität erreichen, sollte man schon vor dem Fang vorbeugen.

Gut konditionierte, ungestresste und schonend behandelte Fische haben immer ein größeres Frischepotenzial. Wichtig ist daher ein schnelles Betäuben und das sofortige Ausbluten mit anschließender Abkühlung. Selbstverständlich ist größte Sauberkeit oberstes Gebot. Das gilt für den Fisch, die Messer und die Arbeitsflächen. Alles sollte immer wieder mit sauberen Wasser abgewaschen und sofort, z. B. mit Papiertüchern, abgetrocknet werden, damit der Fisch kein Wasser aufnimmt. Wann immer möglich, sollte bei Fischen Haut auf Haut und Fleisch auf Fleisch gelagert werden.
Solange der Fisch unausgenommen (rund) ist, ist er „steril". Ausnehmen sollte man ihn daher nur, wenn man sauberes Wasser zur Verfügung hat. Dabei ist darauf zu achten, dass der Darm nicht verletzt wird, um eine Kontamination des Fischfleisches mit Bakterien zu unterbinden.
Beim Transport sollten Fische möglichst nicht in Plastiktüten, sondern in feuchten Tüchern oder entsprechendem Papier gelagert werden. In Plastiktüten sammelt sich Wasser, Blut und Schleim, was den Verderb beschleunigt.
Der qualitätsbeeinflussende Faktor Nr. 1 heißt Kühlung, Kühlung, Kühlung. Eine Unterbrechung der Kühlkette ist unbedingt zu vermeiden. Der Angler sollte also das Eis zum Fisch und nicht den Fisch zum Eis bringen. Heutzutage hat praktisch jeder Angler ein Gefrierfach zu Hause, aus dem er eine ausreichende Anzahl Gefrierakkus in einer modernen Kühlbox mit ans Wasser nehmen sollte.
Für die Qualität ist es wichtig, die Fische möglichst gerade zu lagern, damit die Muskelstruktur nicht leidet. Die Totenstarre ist ein Frischemerkmal von Fischen, es sollte unbedingt vermieden werden „krumme" Fische während der Totenstarre gerade zu biegen, da sonst die Muskellamellen zerreißen.
Will man Fisch einfrieren, sollte man dies immer mit größtmöglicher Kälte (Schockfrosten) tun. Bei der Frostung einer großen Menge Fisch auf einmal geht sofort die Temperatur im Gefrierfach hoch und der Vorgang dauert zu lange. Es ist immer am besten, vakuumiert oder im luftdicht verschlossenen Gefrierbeutel einzufrieren oder die Fische dann mit Wasser mehrmals zu glasieren. Beim Einfrieren ist darauf zu achten, dass die Fische soweit möglich gerade gelagert werden. Beim Auftauen der Fische sollte man ihnen Zeit lassen. Am besten legt man die Fische am Vortag in den Kühlschrank. Schnelles Auftauen im Wasser beschädigt das Produkt.
Optimal vorbereiteten Fisch können Sie bei entsprechender Behandlung auch jederzeit roh essen.

Sigurd Späth

Sigurd Späth

Mein Vater war leidenschaftlicher Jäger, aber auch die Angelei war sein Hobby. Meine Mutter war Lehrerin in einer Hauswirtschaftsschule und gibt seit Jahrzehnten stets ausgebuchte Kochkurse. Die Liebe fürs Kochen, das Verständnis und die Verbundenheit zur Natur wurden mir somit direkt in die Wiege gelegt. Waren es zunächst Kaulquappen und Frösche, fing ich bereits mit fünf Jahren meine ersten Fische, und es entwickelte sich eine Passion, die später durch mein Studium zum Agrar- und Fischereiingenieur in meinen Beruf als Fischereimanager mündete.
Ich war über 15 Jahre im Fischgroßhandel als Einkaufsmanager u. a. bei der Deutschen See tätig. Neben der Fischproduktion, dem Einkauf und der Vermarktung – speziell auch in der Sterne-Gastronomie – lag mein Arbeitsschwerpunkt im Wesentlichen auch bei der Qualitätssicherung. Die Erfahrungen, die ich hier gemacht habe, tragen heute dazu bei, dass meine Fänge mit der Angel in wesentlich höherer Qualität auf dem Teller landen als früher.

Fisch im Speckmantel von Sigurd Späth

Hauptgericht.
Für 4–6 Portionen.
1 ganzer küchenfertiger Fisch von 1,5–2 kg (z. B. Hecht, Waller, Zander)
Salz, Pfeffer aus der Mühle
etwas Öl für das Backblech
300–400 g Frühstücksspeck (Bacon) in Scheiben
400 g kleine Pilze (z. B. Champignons, Pfifferlinge)
300 g Möhren
100 g Schalotten
1–2 Lorbeerblätter
200 g Sahne
100 ml trockener Weißwein (z. B. Silvaner, Riesling)
4 cl Noilly Prat (trockener französischer Wermut)
2 EL Olivenöl
100–150 ml Fischfond (nach Belieben, Rezept Seite 58 oder aus dem Glas)
1 Knoblauchzehe (nach Belieben)
5 Stängel glatte Petersilie

Den Backofen auf 180 °C vorheizen. Den Fisch innen und außen kalt abbrausen, trocken tupfen und mit reichlich Salz und wenig Pfeffer würzen. Die tiefe Fettpfanne einfetten. Den Fisch mit der Bauchseite nach unten im Halbkreis darauf setzen und ihn komplett mit sich überlappenden Speckscheiben belegen.
Pilze putzen. Möhren schälen, waschen und in Würfel schneiden. Schalotten abziehen, klein würfeln. Vorbereitetes Gemüse und den Lorbeer zum Fisch geben. Sahne, Wein, Wermut, Öl und eventuell Fond zugießen. Eventuell den Knoblauch abziehen, im Ganzen mit einer Gabel oder einem Pfannen-/Topfboden leicht andrücken, damit er aufplatzt.
Die Fettpfanne in den Ofen (zweite Schiene von unten) schieben und den Fisch in 35 bis 45 Minuten garen. Er ist gar, wenn sich die Rückenflosse leicht herausziehen lässt.
Die Petersilie waschen und trocken schütteln. Die Blättchen abzupfen, fein hacken. Fisch vorsichtig aus dem Ofen nehmen, mit Petersilie bestreuen. Die Soße mit Salz und Pfeffer abschmecken und den Fisch in der Form servieren. Dazu schmecken Salzkartoffeln und ein trockener Silvaner oder Riesling.

Tipp: Der Vorteil dieses Rezeptes ist neben der einfachen Zubereitung vor allem die Möglichkeit der zeitunabhängigen Vorbereitung. Der Fisch muss dann nur noch im Ofen garen. Nach Belieben bei der Vorbereitung des Fisches noch die Bauchlappen mit den Brust- und Bauchflossen abschneiden.

Variante: Waller mit Bohnen

Anstelle eines ganzen Fisches kann man auch 750 bis 900 g Filet (z. B. Waller) am Stück verwenden. Das Filet pfeffern, mit etwa 200 g Speckscheiben umwickeln und festbinden. 600 g Kartoffeln schälen, klein würfeln. 600 g gemischtes Gemüse nach Wahl und Saison waschen, putzen oder schälen und in kleine Stücke schneiden. In einem Schmortopf Kartoffeln und Gemüse in 4 EL Öl anbraten. 400 g weiße Bohnen aus der Dose im Sieb abspülen und abtropfen lassen. Mit 4 Stängeln Petersilie zum Gemüse geben. 400 ml Gemüsebrühe zugießen. Alles salzen, pfeffern, aufkochen und 5 Minuten köcheln lassen. Den Fisch obenauf legen. Schmortopf in den auf 220 °C vorheizten Backofen stellen und den Fischtopf in 15 bis 18 Minuten garen.

Frische ist alles

Lassen Sie sich beim Einkauf vom Tagesangebot leiten. Fragen Sie, welcher Fisch absolut frisch ist – und nehmen Sie ihn! Bitten Sie bei ganzen Fischen, dass sie küchenfertig vorbereitet werden. Fragen Sie auch nach einer Alternative, falls es einen im Rezept empfohlenen Fisch gerade nicht gibt, denn in seltenen Fällen eignet sich nur eine Sorte dafür.

Daran erkennt man wirkliche Frische

• Händler-Check: Zunächst sollte Frischfisch in der Verkaufstheke gut gekühlt und mit reichlich Eis bedeckt sein.

• Duftprobe: Frischer Fisch, im Ganzen oder als Filet, riecht angenehm und appetitlich. Salzwasserfische haben einen etwas intensiveren Duft als Süßwasserfische. Hat Fisch einen fischigen oder unangenehmen Geruch, liegt er schon eine Weile – die Finger davon lassen.

• Augenkontrolle: Bei ganzen Fischen sind klare und glänzende Augen ein Zeichen für Frische. Bei älteren Exemplaren sind die Augen eingesunken und milchig trüb.

• Kiemenüberprüfung: Sie müssen deutlich erkennbar, klar, feucht und rötlich sein. Schlechte Zeichen sind graue oder bräunlich verfärbte Kiemen.

• Hautuntersuchung: Bei einem ganzen Fisch ist eine intakte und glänzende Haut mit klarer Schleimschicht und fest anliegenden Schuppen ein Frischemerkmal. Ebenso müssen Schwanz und Flossen feucht sein, auf keinen Fall angetrocknet.

• Fleischtest: Bei Fischen im Ganzen muss es prall und fest sein und auf leichten Fingerdruck elastisch nachgeben. Druckstellen sollte es keine haben. Frische Fischfilets haben eine glänzende Oberfläche, Anschnitte und Fleisch wirken saftig. Glanzlose Filets mit angetrockneten oder gelblich verfärbten Rändern sind zu alt.

Fischfleisch muss reifen

Je frischer, desto besser – das stimmt grundsätzlich. Aber das Fleisch von schlachtfrischen Fischen braucht eine kurze Zeit zum Reifen, damit sich das feine fischeigene Aroma voll entfalten kann. Daher schlachtfrisch gekaufte Süßwasserfische kalt lagern und meiner Erfahrung nach etwa 4 bis 12 Stunden bis zur Zubereitung warten. Salzwasserfische können sofort zubereitet werden, ihre Reifung hat schon beim Transport stattgefunden.

Fit und vital mit Fisch & Meeresfrüchten

Fische, Schalen- und Krustentiere aus Fluss, See oder Meer bestechen durch ihre Nährstoffdichte, denn sie liefern das volle Spektrum an Nähr- und Vitalstoffen. Diese fördern die Gesundheit, machen uns körperlich wie geistig fit.

• Eiweiß: Der wichtigste Baustein für Zellen, Organe und Hormone. Fisch ist das einzige Lebensmittel, dass alle acht lebensnotwendigen Aminosäuren (= Eiweißbausteine) enthält, die unser Körper nicht selbst herstellen kann. Und zwar in einer besonders leicht verfügbaren und leicht verdaulichen Form. Deswegen belastet Fischeiweiß unseren Körper nicht, macht nicht müde, sondern gleich wieder fit.

• Fett: Selbst das wenige Fett, das Fisch enthält, ist „besser" als das aus anderen Nahrungsmitteln, denn es ist reich an den lebenswichtigen Omega-3-Fettsäuren. Sie lassen viele Körperfunktionen optimal arbeiten, wirken antientzündlich, schützen Gefäße und Herz. Besonders reich an den gesunden Fetten sind Lachs, Hering, Makrele, Heilbutt, Sardine und Thunfisch. Von den Süßwasserfischen enthalten Forellen die meisten guten Fette.

• Vitamine: Für uns lebensnotwendig, da sie maßgeblich an der Steuerung des gesamten Stoffwechsels beteiligt sind und damit am Funktionieren unseres Organismus. Vor allem Salzwasserfische und Meeresfrüchte enthalten wie kaum ein anderes Lebensmittel eine Fülle verschiedener wichtiger Vitamine.

• Mineralien: Hier steht Jod an erste Stelle, ein essentieller Baustein zum Aufbau von Schilddrüsenhormonen, die unsere Körperfunktionen stark beeinflussen. Die wichtigsten natürlichen Quellen für Jod sind Meeräsche, Schellfisch, Seelachs, Scholle, Kabeljau, Rotbarsch und Makrele. Fische enthalten auch reichlich Magnesium, gut für Muskeln und Nerven.

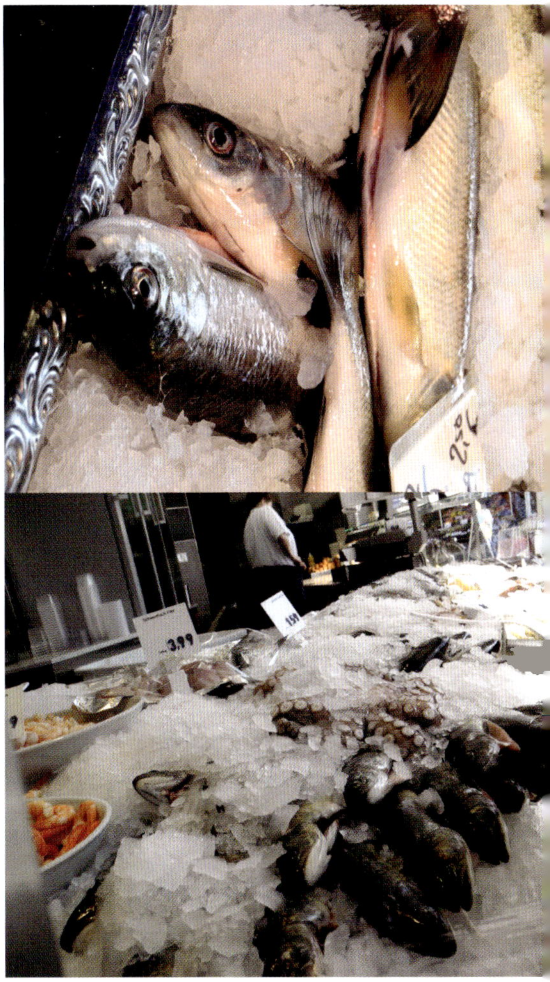

Mehr Fisch auf den Tisch! Ernährungsexperten empfehlen Jugendlichen und Erwachsenen mindestens zweimal pro Woche eine Portion Fisch, Schalen- oder Krustentiere zu essen.

Røyk og Rak – Tørk og Grav

Räuchern und Milchsäuregärung, Trocknen und Beizen sind traditionelle Methoden aus Skandinavien, um sowohl Fleisch wie Fisch zuzubereiten und über eine gewisse Zeit haltbar zu machen. Rakfisk ist in Mitteleuropa unbekannt und die Zubereitung erfordert viel Wissen und Sorgfältigkeit. Unterläuft bei der Vorbereitung und Zubereitung ein Fehler, bilden sich Botulismusbakterien und der Fischgenuss endet tödlich. Rakfisk ist kein Rezept, das sich für ein Fischkochbuch eignet.

Salzen und trocknen haben sich als Haltbarmachung seit der Erfindung der Gefriertruhe erübrigt und für das Kalträuchern benötigt man, um eine gute Qualität zu erreichen, einen großen Räucherschrank. Zudem darf der Rauch 25 °C nicht übersteigen, man kann also nur in den kalten Herbst-, Winter- und Frühjahrsmonaten räuchern. Im Prinzip ist die Methode jedoch einfach.

Bleibt uns im Rahmen des Kochbuches noch das Beizen oder Graving. Graving heißt im Norwegischen eingraben. Als es noch Bär, Wolf und Vielfraß gab, war dies die Methode, seinen zubereiteten Fisch zu schützen. Er wurde in einer kalten Erdhöhle/Erdkeller „eingegraben“ und mit einem großen Stein vor dem Zugriff geschützt. Übriggeblieben ist nach vielen Überlieferungen und nach dem Abschreiben von Kochbüchern die Beschwerung mit Brett und Stein. Da es heutzutage Kühlschränke gibt und weder Wolf noch Bär einem den Fisch streitig machen, erübrigt sich das Eingraben und Beschweren. Das macht die Sache um einiges leichter. Wenn man jetzt noch sauber arbeitet und kein Jodsalz verwendet, gelingt der Gravfisk auf jeden Fall.

Beim Graving übernehmen Bakterien die Zubereitung und Reifung. Um eine ausgezeichnete Qualität zu erhalten, ist es notwendig, den Fisch zu säubern, dann zu filetieren und alle Gräten zu entfernen. Das fertige Filet soll nicht mehr gewaschen werden, da dadurch eine andere Bakterienflora auf der Fleischseite entsteht. Jodsalz wirkt sich auf den Gravvorgang negativ aus, es entsteht ein weißer schmieriger Film auf dem Fisch. Sollten Sie das Filetieren nicht beherrschen, können Sie selbstverständlich ein frisches oder gefrorenes Filet verwenden. Bei Wildfisch ist es ratsam, den Fisch einmal tiefzufrieren, um eventuelle Vorkommen von Parasiten (Anisakis) abzutöten. Nach 30 Stunden Reifung ist der beste Zeitpunkt, um den Fisch zu gefrieren. Gravfisk ist je nach Größe nach eineinhalb Tagen fertig. Am Besten schmeckt er am 3., 4. und 5. Tag.

Graving ist keine Methode, Fisch über längere Zeit haltbar zu machen. Im Kühlschrank hält er sich 8 bis 10 Tage. Wird er nach einem Tag der Reifung ohne das sich abscheidende Wasser eingeschweißt, hält er sich 2 bis 3 Wochen. Danach ist er noch eine gewisse Zeit genießbar. Die Reifung schreitet jedoch beständig fort und der Grav-

fisk wird kräftiger. Bereitet man Gravfisk vorausschauend zu, so ist es sinnvoll, ihn nach ein bis zwei Tagen Reifung im Kühlschrank ohne Lake einzuschweißen oder stramm in Folie zu wickeln und einzufrieren.
Fischfilets von Lachs, Saibling, Regenbogen- oder Bachforelle eignen sich am besten für Graving. Sowohl der Wildfisch als auch der Zuchtfisch sollte rotfleischig sein. Die Rotfleischigkeit ist nicht nur optisch wichtig, der rotfleischige Salmonide hat in der Regel auch eine wesentlich bessere Fleischqualität. Andere Fischarten eignen sich ebenfalls zum Graving. Für die Zubereitung sollte eine Salz-Zucker-Mischung verwendet werden. Bereiten Sie zum ersten Mal Gravlaks zu, so sollten Sie mit zwei Drittel Salz und einem Drittel Zucker anfangen. Das Salz-Zucker-Verhältnis können Sie nach Ihrem Geschmack abändern, von 50% zu 50% bis 90% zu 10%. Normales Steinsalz ohne Jod oder Meersalz kommen zum gleichen Ergebnis. Beim Zucker bringt brauner Rohrzucker einen besseren Geschmack sowie eine bessere Fischqualität.

Willi Ruff

Lachsseiten beim traditionellen Kalträuchern.

Willi Ruffs Grundrezept für Graved Fisch

VORSPEISE/SNACK.
FÜR 8 PORTIONEN.

1 kg küchenfertiges Fischfilet mit Haut (z. B. von Lachs, Saibling, Lachsforelle)
50 g Salz (kein Jodsalz)
25 g brauner Rohrzucker
10 Wacholderbeeren
1 TL Senfkörner
weißer Pfeffer aus der Mühle
1 Bund Dill

Das Fischfilet trocken tupfen. Salz und Zucker vermischen, etwa die Hälfte auf den Boden einer großen flachen Form mit passendem Deckel verteilen. Das Fischfilet mit der Hautseite nach unten in die Form legen. Mit der restlichen Salz-Zucker-Mischung bestreuen, dicke Partien mehr, Bauch und Schwanz weniger.

Wacholderbeeren und Senfkörner fein hacken oder in einem Mörser fein zerdrücken. Die Fleischseite des Filets mit Wacholder, Senfkörnern und Pfeffer würzen. Den Dill waschen, trocken tupfen und mit den Stängeln grob hacken. Über den Fisch streuen.

Die Form mit dem Deckel gut verschließen und den Fisch zum Reifen für etwa 30 Stunden in den Kühlschrank stellen.

Zum Servieren den Fisch aus der Form heben, abtropfen lassen und zusätzlich trocken tupfen, dabei Dill und Gewürze größtenteils entfernen. Filets vom Schwanzende beginnend in dünnen Scheiben von der Haut abschneiden.

Tipp: Wer den Graved Fisch nicht gleich verzehrt, kann ihn gut verpackt oder eingeschweißt noch für etwa 1 Woche im Kühlschrank aufbewahren.

Würz-Variationen: Graved Fisch können Sie auch ohne Dill zubereiten. Oder die Mengen von Wacholderbeeren und Senfkörnern nach Belieben ändern. Aromen von fein abgeriebener Bio-Zitronen- oder Bio-Orangenschale passen ebenso gut wie Whiskey oder Cognac. Testen Sie auch mal, wie Ihre Lieblingsgewürze mit dem Fisch harmonieren.

Sandefjordsoße

Die Sandefjordsoße hat ihren Namen von einem Fjord südwestlich von Oslo und ist in ganz Norwegen beliebt. Besonders gerne wird die schnell zubereitete Soße zu pochiertem Lachs serviert, sie schmeckt aber auch köstlich zu anderen Fischen. Typische Beilagen zu Soße und Fisch sind Salzkartoffeln, gedünstete Möhren oder süßsaurer Gurkensalat. Damit die Soße optimal gelingt, frische und hochwertige Sahne sowie Butter verwenden. Und: Am Anfang der Zubereitung die Sahne auf die Hälfte einkochen lassen.

FÜR 4–6 PORTIONEN.
400 g Sahne
1 Bund Schnittlauch
400 g Butter
1 Prise Salz

Die Sahne in einen flachen Topf gießen, zum Kochen bringen und offen bei starker Hitze auf die Hälfte einkochen lassen (reduzieren). Währenddessen den Schnittlauch waschen, trocken tupfen und in feine Röllchen schneiden.
Die Butter in Stücke teilen, nach und nach mit einem Schneebesen unter die reduzierte Sahne rühren. Den Schnittlauch untermischen und die Sandefjordsoße mit Salz abschmecken.

Willi Ruff wohnt seit seiner Kindheit in München nahe der Isar, in der er schon seit jeher leidenschaftlich angelt. Nach einer für Angler typischen Schwarzfischerkarriere als Kind trat er schon früh dem Fischereiverein „Die Isarfischer e.V." bei und legte die staatliche Fischerprüfung ab. Heute ist er seit über 10 Jahren 1. Vorsitzender des größten Münchner Fischereivereins, der mit seinen über 1000 Mitgliedern zu den großen Fischereivereinen Bayerns zählt. Willi Ruff setzt sich unermüdlich für die Optimierung der Bewirtschaftung der Vereinsgewässer, die Renaturierung der Isar und als Jäger auch für die Vergrämung der Kormorane ein. Zum Fliegenfischen kommt er aufgrund seiner Aufgaben als Vorsitzender heute an der Isar leider weit weniger als früher, obwohl er seit kurzem im Ruhestand ist. Seine Kinder teilen seine Leidenschaft für die Fischerei und die Jagd und arbeiten heute alle drei im Fischerei- und Umweltbereich.
Mit seiner Familie fährt er seit Jahrzehnten für viele Wochen im Jahr nach Norwegen in sein kleines Ferienhaus direkt am Wasser. Dort geht er am liebsten mit der Fliege der Fischerei auf Lachs und Meerforelle nach. Neben der Fischerei gehört auch die fachmännische Verwertung der Fänge zu seiner Leidenschaft. Anders als manch anderer Angler legt Willi Ruff beim Fischfang mehr Wert auf die Qualität des Fisches als Speisefisch, als auf die oft bei vielen Anglern im Vordergrund stehende Größe. Mit seiner Affinität zu Norwegen und den dortigen Salmoniden hat es ihm insbesondere das Kalträuchern und Beizen bzw. Graven der Fische angetan.

Die Fischerin vom Starnberger See

Brigitte Huber verwendet bei ihren kaltgeräucherten Fischen auch Variationen mit Kräutern der Provençe, verschiedenen Pfeffersorten, Grüne-Soße-Kräutern oder ähnlichem. Fein aufgeschnitten mit etwas Butter auf Bauernbrot und einem Gläschen gutem Wein ist geräucherter Fisch eine schöne und schmackhafte Sache.

Als ich kürzlich in Ammerland am Starnberger See (ehemals Würmsee genannt) bei der Familie Huber klingelte, hatte ich kurz vorher mit meiner Familie im Restaurant Huber in Ambach vorzügliche Renken „Müllerin" verspeist. Entsprechend gut war die Stimmung passend zum Wetter, als uns Brigitte Huber auf der Südseite ihres Bauernhofs, auf der „Beim Fischerhauser"-Hausbank empfing. Es dauerte nicht lange, dann saß auch ihr Vater, Sylvester Huber sen., mit am Tisch und wenig später auch ihre Mutter. Eigentlich war geplant, etwas zum Thema Fischräuchern zu erfahren. doch dann wurde es erst einmal eine Reise durch das letzte Jahrhundert, mit vielen Geschichten und Ereignissen aus dem Leben des Vaters. Dorfgeschichten von den wichtigen und nicht so wichtigen Leuten in Ammerland und der Gemeinde Münsing, dem See und nebenbei auch vom Fischen, Fischräuchern und der Fischzucht.

Die Familie Huber gibt es seit 1865 in Ammerland. Schon 1835 legte König Ludwig I. in der Seeordnung am Würmsee und in der „Instruktion für die Auflueger (Aufpasser)" fest, wie das Fischen und das Fischkaufen und -verkaufen vonstatten gehen durfte. Auch heute noch gibt es zum Teil deswegen die „Fischereigenossenschaft Würmsee", mit derzeit 34 Mitgliedern und damit Fischereirechtspächtern am See.

Fischermeister Sylvester Huber sen., geboren am 29. Januar 1933 um 23.45 Uhr (Zitat: als letzter Weimarer vor der Machtergreifung der Nationalsozialisten), hat in den ganzen Wirrungen der damaligen Zeit mit sechs Jahren zu fischen begonnen und somit das Fischerhandwerk von Kindesbeinen an in- und auswendig gelernt. Nach seinen Gesellenjahren legte er 1957 die Meisterprüfung ab. Doch er war nicht nur einfach Fischer, er war auch ein „Daniel Düsentrieb" und Forscher für die Fischerei und hat mit unglaublicher Energie und in Zusammenarbeit mit verschiedenen mit der Fischerei befassten Stellen wie Instituten, der Universität oder Behörden viel zum Wissen und zur Verbesserung der Befruchtungsergebnisse bzw. Fischzucht insbesondere bei Renken und Seesaiblingen beigetragen. Auch heute mit fast 80 Jahren ist er ein nimmermüder Geist, der eine klare Sprache pflegt.

Seine Tochter Brigitte Huber hat 1987 mit gut 21 Jahren ihren Fischwirtschaftsmeister gemacht und im darauf folgenden Jahr eine Stelle in der Fischereiabteilung des Landwirtschaftsministeriums bekommen. Zwei Jahre trockene Verwaltung, Gesetze und Verordnungen ließen sie dann zum Bezirk Oberbayern wechseln. Dort machte sie für 9 Jahre viele Versuchsfischereien, Untersuchungen und Begehungen an oberbayerischen Gewässern. Mitunter auch dort, wo ein normal sterblicher Fischer gar nicht so leicht hinkommt. 1999 machte sie sich mit einem Fisch- und Fischereiservice selbstständig. Zudem unterrichtete sie noch 6 Jahre Praxis an der zuständigen Berufsschule für die Ausbildung zum Fischwirt in Starnberg. In den letzten Jahre gewannen jedoch noch andere Betätigungsfelder mehr Gewicht: ihre Weißen Bergschafe und Wensleydales, doch das wäre wieder eine eigene Geschichte. Unser eigentliches Thema, das Räuchern von Fischen haben wir dann auch noch behandelt.

Grundsätzlich gibt es zwei Arten des Räucherns: Heißräuchern und Kalträuchern. Der Unterschied zwischen beiden ist die Vorbehandlung des Räucherguts bzw. die verwendete Temperatur. Wichtig ist, dass beim Einsalzen von Fisch kein Pökelsalz verwendet werden darf.

Beim Heißräuchern werden die küchenfertigen und kiemenfreien Fische vorher trocken- oder nassgesalzen. Frau Huber salzt mind. 12 Stunden bis max. 20 Stunden in einer 6,5 %igen Salzlake (d. h. 650 g/10 l Wasser) ein, sodass die Fische gut mit Lake bedeckt sind. Die Temperatur beim Heißräuchern beträgt zumeist 80 bis kurzzeitig max. 100 °C. Wichtig ist eine Kerntemperatur von 60 °C im Fisch, damit eine genügende Garung erreicht wird. Verwendet wird nur harzfreies Holz, zumeist Erle, aber auch Buche oder Apfelholz. Die Höhe der verwendeten Salzmenge kann individuell angepasst werden und ist auch vom Salztyp abhängig (Speisesalz, Meersalz …).

Fürs Kalträuchern werden die vorbereiteten Saiblings- oder Forellenfilets zwei Tage trockengesalzen bzw. gegraved und vorbereitet (Grätenziehen, in kleinere Stücke geteilt). Vor dem Räuchern werden sie sauber abgewaschen und dann auf Edelstahlrosten im Räucherofen aufgelegt. Das wichtigste beim Kalträuchern ist die Temperatur, sie sollte am besten zwischen 15 und 25 °C liegen und keinesfalls die 30 °C übersteigen. Das bedeutet an heißen Tagen im Sommer früh aufstehen oder entsprechend kühles Wetter abwarten. Verwendet werden zugekaufte Buchenspäne, wie sie im Metzgereifachhandel erhältlich sind. Die Feuerstelle ist separat angelegt und der bis dahin abgekühlte Rauch wird dem eigentlichen Räucherofen von unten zugeführt. Beim Kalträuchern wird nicht durch Hitze gegart, sondern die Eiweißveränderung wird durch die Vorbehandlung erreicht. Das Kalträuchern erzielt eine Trocknung, Geschmacksveredelung bzw. leichte Konservierung der Fischfilets. Es kann von 6 bis 12 Stunden bis hin zu einigen Tagen dauern. Die Haltbarkeitsdauer richtet sich nach dem Salz- und Trocknungsgehalt und der Lagertemperatur. Grundsätzlich sind zwei bis drei Wochen Haltbarkeit (vakuumiert) meist kein Problem.

Sylvester Huber bei der täglichen Arbeit auf dem Starnberger See.

Küchenpraxis

Überall herrscht Zufall. Lass deine Angel nur hängen;
wo du's am wenigsten glaubst, sitzt im Strudel der Fisch.
Ovid

Küchenpraxis – das sollten Sie wissen

In diesem ausführlichen Serviceteil erfahren Sie alles über die richtige Vor- und Zubereitung. Auch was wichtig beim Transportieren und Aufbewahren ist und welche Utensilien für die Küche nützlich sind. Wie Sie ganze Fische, Krusten- und Schalentiere küchenfertig vorbereiten, wird ebenso beschrieben wie die besten Garmethoden oder wie Sie Fisch bei Tisch problemlos zerlegen. Für die neuen Trends, Fische grillen und räuchern, haben wir etliche Tipps zusammengestellt. Sie finden ein Grundrezept für Fischfond, die unentbehrliche Basis für viele Zubereitungen, und Rezepte für rund ein Dutzend Soßen.

Transportieren und Aufbewahren

Fische, Krusten- und Schalentiere verderben aufgrund ihrer besonderen Eiweißzusammensetzung leicht. Daher sollten sie nach dem Fang oder dem Kauf möglichst rasch zubereitet und verzehrt werden. Wenn das ausnahmsweise nicht geht, die Aufbewahrungszeit kurz halten oder Fisch sofort einfrieren. Bei Krusten- und Schalentieren ist nur das Einfrieren von rohen Garnelen empfehlenswert.

Fisch & Co. transportieren

Frischen Fisch, Krusten- und Schalentiere am besten in Kühl- oder Isoliertaschen legen und auf dem schnellsten Weg nach Hause transportieren, denn Fisch & Co. dürfen auf dem Transport nicht warm werden, deshalb immer erst am Schluss einer größeren Besorgungstour kaufen.

Wie bewahrt man frischen Fisch auf?

Idealerweise sollte Fisch, den Sie beim Fischer, Fischfachhändler oder an der Fischtheke im Supermarkt gekauft haben, gleich am Tag des Fangs oder am Tag des Einkaufs zubereitet werden. Nehmen Sie ihn zu Hause aus der Verpackung, legen ihn in eine Glas- oder Porzellanschale und decken ihn mit Frischhaltefolie und am besten zusätzlich noch mit einem Kühlakku ab. Stellen Sie den Fisch in die kälteste Zone des Kühlschranks, also nahe der Rückwand auf der Glasplatte über dem Gemüsefach. Dort können Sie ihn auch bis zum nächsten Tag aufbewahren.

Wie bewahrt man Krusten- und Schalentiere auf?

Frische Flusskrebse in feuchte Küchentücher einschlagen und im Gemüsefach des Kühlschranks möglichst nicht länger als 12 Stunden aufbewahren.

Garnelen in eine Glas- oder Porzellanschale legen und mit Frischhaltefolie abdecken. Sie sollten grundsätzlich rasch, spätestens nach 1 bis 2 Tagen zubereitet werden.

Lebende frische Muscheln am besten in ihrer Verpackung, meist einem Beutel, lassen. Muscheln auf keinen Fall in Wasser oder in einem geschlossenen Behälter aufbewahren, sonst sterben sie. Muscheln im Beutel in eine Schüssel legen und im Kühlschrank auf der Glasplatte über dem Gemüsefach aufbewahren und am besten innerhalb von 12 Stunden zubereiten.

Portionsgrößen

Als Vorspeise rechnet man rund 100 g Fischfilet oder 150 g Fisch am Stück, also mit Haut und Gräten gewogen. Für ein Hauptgericht sind 150 bis 250 g Fischfilet, ein Fischkotelett von gut 200 g oder ein Portionsfisch, also ein ganzer Fisch mit einem Gewicht von etwa 300 g richtig. Bei großen Fischen, die im Ganzen zubereitet werden, sollten Sie pro Person anteilig etwa 300 bis 350 g einplanen.

Austern bewahrt man in ihrer Schale auf, und zwar mit der gewölbten Seite nach unten, damit sie in der Flüssigkeit frisch bleiben. Austern mit einem feuchten Tuch abdecken und zum Aufbewahren bei 5 bis 10 °C in das Gemüsefach des Kühlschranks stellen. Innerhalb von 1 bis 2 Tagen verzehren.

Frischen Fisch einfrieren

Möchten Sie Fisch länger aufbewahren, dann am besten gleich am Tag des Fangs oder des Einkaufs einfrieren. Aber: Fisch oder Fischstücke wie Filets dürfen nicht schon einmal tiefgekühlt gewesen sein. Zum Einfrieren muss der ganze Fisch küchenfertig vorbereitet, also ausgenommen, eventuell geschuppt und gewaschen sein. Je nach Verwendung auch portioniert oder filetiert. Alle Stücke sehr gut trocken tupfen.

Ganzen Fisch einfrieren

Den vorbereiteten Fisch zum Schutz vor Austrocknung und Gefrierbrand vorher glacieren. Dafür den Fisch auf Alufolie legen und leicht abgedeckt im Gefriergerät für 20 bis 30 Minuten anfrieren, bis er steif ist. Anschließend den Fisch in eiskaltes Wasser tauchen, bis er mit einer dünnen Eisschicht überzogen ist. Den Vorgang nach Belieben wiederholen. Zum Schluss den Fisch in Alufolie einschlagen, in einen Gefrierbeutel verpacken und sofort einfrieren.

Portionen und Filets einfrieren

Küchenfertig vorbereitete Fischstücke wie Filets, Koteletts usw. am besten vorher vakuumieren, um durch Sauerstoffentzug die Qualität zu schützen und die Haltbarkeit zu verlängern. Dazu brauchen Sie ein Vakuumiergerät und Gefrierbeutel, das Handling ist denkbar einfach, siehe Gebrauchsanweisung des Gerätes. Fischstücke danach gleich einfrieren.

Aufbewahrungszeiten von Fisch & Meeresfrüchten

Im Kühlschrank bei 2–6 °C	Lagerdauer
Fisch, frisch und roh	max. 1 Tag
Fisch, zubereitet	2 Tage
Fisch, geräuchert	2–4 Tage
Garnelen, roh oder gegart	1–2 Tage
Austern, frisch	1–2 Tage
Muscheln, lebend frisch oder gegart	1–2 Tage
Im Gefrierschrank bei -18 °C	
Magerfisch (Hecht, Zander, Scholle)	4–6 Monate
Fettfisch (Aal, Hering, Lachs)	2–4 Monate
Fischfilet	3–4 Monate

Das Fleisch von tiefgekühltem Fisch bleibt besonders zart und saftig, wenn es langsam und möglichst im Kühlschrank aufgetaut wird.

Fisch auftauen

Schonendes Auftauen hält ganze Fische oder Fischstücke schön saftig. Dazu Fisch oder Fischstücke bereits am Vorabend aus der Verpackung nehmen und in einen Siebeinsatz legen, damit das Tauwasser abtropfen kann. Eine Schale unterstellen, obenauf einen Teller legen und so in den Kühlschrank stellen.
Wenn es schneller gehen soll, tiefgekühlten Fisch mit kaltem Wasser abspülen, trocken tupfen und angetaut laut Rezept verwenden. Allerdings verlängert sich dann die angegebene Garzeit.
Sie können tiefgekühlten Fisch auch in der Mikrowelle auftauen. Dafür je nach Gerätehersteller die entsprechende Leistung und Auftauzeit berücksichtigen.
Nach dem Auftauen, egal auf welche Weise, sollte Fisch unmittelbar zubereitet und verzehrt werden. Allerdings mindert zu kurze Auftauzeit die Qualität.

Vom See in die vom Mühlbach gespeisten Bassins und von dort aus zum Direkt-Verkauf. Kurze Wege sind das Qualitätsmerkmal der Fischerei Rauch.

Petra Rauch, Fischerin vom Ammersee

Seit dem 15. Jahrhundert sind ihre Vorfahren Fischer in Dießen am Ammersee. Romantisch ist die Fischerei aber nicht. „Gerade als Frau ist das schwere Arbeit, die Netzte wieder ins Boot zu holen", sagt Petra Rauch. Als dann vor einigen Jahren auch noch die Fangmengen drastisch zurückgingen, legte sie sich einen zweiten Beruf zu. Seitdem ist sie während der Woche Halbtags-Fischwirtin. Und hat sich mit ihren Eltern neben der Fischräucherei auf den Hausverkauf von Frischfisch spezialisiert. Je nach Saison werden die von Vater Simon gefangenen, lebenden Fische wie Renken, Seeforellen, Saiblinge, Zander, Aale und Hechte, in Frischwasser-Bassins gesetzt. Vor allem Privatpersonen und örtliche Gastronomen schätzen es sehr, sich quicklebendige Fische aussuchen zu können. Die werden dann gleich an Ort und Stelle geschlachtet und küchenfertig vorbereitet. „Direkter und frischer geht's nicht", sagt Petra Rauch. Von Mai bis Oktober steht sie zudem an Wochenenden, Feiertagen und in den Schulferien mit ihrem Fischsemmel-Stand in der Mühlstraße. Umringt von Kunden, die sich nach dem Genuss von rescher Semmel mit noch warmem Räucherfisch die Finger schlecken. Saibling, Forelle und Renke sind dabei die Renner.

Küchenwerkzeug zum Vorbereiten, Filetieren & Garen

Küchenutensilien wie eine Grätenzange und ein Fischschupper sind bei der Vorbereitung von ganzen Fischen oder Fischfilets hilfreich.

Praktische Utensilien für die Fischküche. Denn mit dem richtigen Zubehör geht die Vor- und Zubereitung von Portionsfischen, Fischfilets und Meeresfrüchten leichter von der Hand und macht noch mehr Spaß.

Messerset

Ein Set aus drei Messern genügt, die aber sollten wirklich scharf sein: ein stabiles Messer mit langer breiter Klinge zum Vorbereiten. Als zweites ein Filetiermesser mit schmaler, langer und flexibler Klinge fürs Filetieren und exakte Zuschneiden von rohem Fisch. Und als drittes ein kleines, spitzes Universalmesser für die Feinarbeiten. Die Messer immer von Hand spülen und nur mit dem nassen Schleifstein schärfen.

Küchenschere

Zum Beispiel zum Flossen abschneiden, Gräten durchtrennen und Fisch ausnehmen.

Fischschupper

Das messerähnliche Spezial-Utensil hat am unteren Teil der Klinge eine Reihe von Zähnen oder Noppen. Damit lassen sich harte Schuppen einfach entfernen, ohne dass die Fischhaut beschädigt wird.

Grätenzange

Für die Feinarbeit, denn damit lassen sich letzte Gräten leicht aus dem rohen Fisch ziehen, ohne das empfindliche Fischfleisch zu zerrupfen. Zur Not tut es auch eine Pinzette.

Bürste

Zum Reinigen zum Beispiel von noch geschlossenen Austern- und Muschelschalen. Das kann eine harte Handbürste oder eine Drahtbürste sein.

Gerillte Fischzange

Sie hat eine breite Auflagefläche, die verhindert, dass ganze Fische oder empfindliche Filets beim Wenden in der Pfanne oder beim Anrichten auseinanderbrechen. Die Zange ist von der Form identisch mit einer Spargelzange.

Fischkochtopf

Eine Anschaffung, die für Fischfans lohnt: In dem länglichen Topf mit herausnehmbarem Siebeinsatz lassen sich auch ganze Portionsfische schonend pochieren oder dämpfen.

Ovale Fischpfanne

Ideal für alles, was Platz braucht, wie ganze Portionsfische oder mehrere Filets. Die Antihaftversiegelung verhindert, dass beim Braten die Fischhaut am Pfannenboden kleben bleibt. Ein Pfannenboden aus Mehrschichtmaterial verteilt die Hitze rasch und gleichmäßig.

In einem länglichen oder ovalen Fischtopf lässt sich bequem ein großer Fisch oder auch mehrere kleine Fische garen.

Flossen weg, Kiemen raus und … Wenn Rundfische erst einmal richtig vorbereitet sind, steht dem Fischgenuss nichts mehr im Wege.

Fische küchenfertig vorbereiten

Vor der Zubereitung müssen die Fische ausgenommen, Flossen und bei Rundfischen manchmal auch Schuppen entfernt werden. Wer von Rund- oder Plattfischen die Filets genießen will, muss diese dann noch auslösen und eventuell häuten.
Falls Ihnen Fischhändler oder Fischer diese Arbeit nicht abnehmen, lesen Sie hier, wie Sie am besten vorgehen. Es ist einfacher als gedacht.

Ganze Rundfische vorbereiten

Flossen und Kiemen abschneiden
Will man Rundfische wie beispielsweise Forellen, Barsche, Brassen und Lachse im Ganzen zubereiten, zuerst alle Flossen an Rücken, Bauch und an den Seiten mit einer Küchenschere in Richtung Kopf und möglichst tief am Ansatz abschneiden. Ausnahme: Soll der Fisch in einem feinen säuerlichen Sud „blau gekocht" werden, die Flossen dranlassen, um die dünne Schleimschicht auf der Haut nicht zu verletzen.
Die Kiemen liegen bogenförmig unter dem Kiemendeckel. Jeweils den Kiemendeckel mit dem Daumen leicht aufklappen und die Kiemenbögen mit einer Küchenschere an den beiden Ansatzstellen abschneiden und herausnehmen.

Schuppen
Ob ein Fisch geschuppt werden muss, ist leicht zu erkennen: Mit den Fingern vom Schwanz her in Richtung Kopf streifen. Fühlt sich die Haut glatt an, erübrigt sich diese Vorbereitung – wie bei Forelle, Saibling und Waller.
Fühlt oder sieht man kleine oder große Schuppen, diese mit dem Rücken eines stabilen Messers oder mit einem speziellen Fischschupper entfernen. Dazu den Fisch mit Küchenpapier an der Schwanzflosse festhalten und die Schuppen vom Schwanz in Richtung Kopf rundum mit kurzen, kräftigen Bewegungen abschaben. Den Fisch währenddessen am besten unter fließendes kaltes Wasser halten, da die Schuppen sonst in alle Richtungen fliegen.

Ausnehmen
Dazu brauchen Sie ein stabiles, spitzes und scharfes Messer. Damit den Fisch unten am Bauch, der Länge nach dicht an der Haut aufschneiden, ohne dabei die Eingeweide zu verletzen. Beide Bauchlappen aufklappen. Die Innereien zuerst direkt am Schlund abschneiden, danach behutsam mit den Fingern herausziehen. Fisch innen und außen unter fließendem kalten Wasser waschen und trocken tupfen.

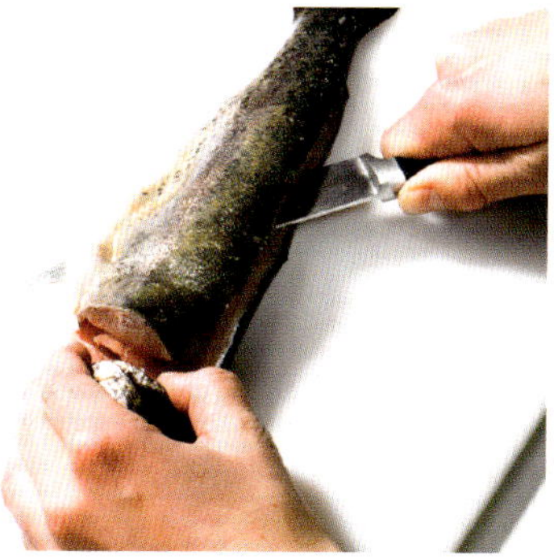

Rundfische wie Forellen, Saiblinge & Co. küchenfertig vorzubereiten, ist nicht schwierig. Wie es geht, erfahren Sie hier und auf der nächsten Seite.

Niere entfernen
Nach dem Ausnehmen bleibt zunächst die Niere, erkennbar als dunkelroter Streifen, in der Bauchhöhle zurück, denn sie liegt direkt unter der Wirbelsäule und ist durch ein helles Häutchen geschützt. Mit einem kleinen spitzen Messer das Häutchen aufritzen und die darunter liegende Niere mit der Messerspitze herauskratzen. Die Reste unter fließendem kalten Wasser herausspülen.

Rundfische filetieren

Oberes Filet auslösen
Den geschuppten und ausgenommenen Fisch auf eine Arbeitsfläche legen. Mit einem Filetiermesser direkt hinter den Kiemen bis zur Wirbelsäule (auch Mittelgräte genannt) einschneiden. Den gleichen Schnitt auf der anderen Seite wiederholen und die Mittelgräte durchschneiden.
Danach die Haut am Rücken vom Kopf bis zum Schwanzende oberhalb der Wirbelsäule einschneiden. Den Fisch am Kopf festhalten und das Filet mit dem Messer vom Kopf bis zum Schwanz oberhalb und so dicht wie möglich an den Gräten entlang abschneiden.

Unteres Filet auslösen
Den Kopf entlang der Kiemenrundung schräg abtrennen. Auch den Schwanz abschneiden. Den Fisch mit der Hautseite nach oben legen. Das zweite Filet ebenfalls vom Kopfende her Richtung Schwanz von der Wirbelsäule abschneiden.

Seitengräten entfernen
Mit dem Messer behutsam zwischen Fleisch und Seitengräten (auch Rippenbogen genannt) fahren und das Fleisch mit dem schräg gehaltenen Messer entlang der Gräten so dicht wie möglich abschneiden. Eventuell vorhandenes bräunliches Fettgewebe behutsam entfernen, weil es leicht tranig schmeckt. Die Filets nach Belieben häuten (siehe unten).

Einen Rundfisch in Koteletts schneiden
Größere Rundfische mit viel Fleisch, wie Zander, Waller, Karpfen, Lachs und Seehecht, lassen sich auch gut in Koteletts schneiden. Dafür den geschuppten und ausgenommenen Fisch auf eine Arbeitsfläche legen. Zuerst den Kopf abschneiden. Danach den Fisch mit einem schweren, großen und scharfen Messer vom Kopfende her quer durch die Wirbelsäule bis zum Ende der Bauchhöhle in etwa 2,5 bis 3 cm dicke Scheiben, also Koteletts, teilen. Das Schwanzstück anderweitig verwenden.

Fisch-Feinarbeit

Filets enthäuten
Die Filets von Rundfischen oder Plattfischen jeweils mit der Hautseite nach unten auf eine Arbeitsfläche legen. Am Schwanzende ein wenig Fleisch über der Haut abschneiden. Das jetzt überstehende Hautstück mit Küchenpapier gut festhalten. Das Messer zwischen Haut und Filet sehr flach ansetzen und das Filet direkt über der Haut mit leicht sägenden Schnitten ablösen. Eventuell fransige Ränder der Filets gerade schneiden.

Übrige Gräten entfernen
Manchmal bleiben an der Oberseite der Fischfilets noch kleine Gräten hängen. Um sie zu entfernen, das Fleisch mit den Fingerspitzen abtasten und etwaige Gräten mit einer Grätenzange oder Pinzette vorsichtig herausziehen.

Karkasse verwerten
Die beim Filetieren übrig gebliebenen Reste wie Köpfe und Gräten werden Karkassen genannt. Besonders die von weißfleischigen und mageren Fischen sind die ideale Basis für einen Fischfond.

Ganze Plattfische vorbereiten

Ausnehmen
Die Eingeweide nehmen nur einen kleinen Teil des Körperinneren ein und sind leicht zu entfernen: Die Höhlung im oberen Bereich des Fisches hinter den Kiemen ertasten, aufschneiden und die Eingeweide vorsichtig herausziehen – sie sollten alle an einem Strang hängen. Den Fisch unter fließendem kalten Wasser abspülen.

Rückenfilets auslösen
Zuerst das Fleisch vom Kopf ablösen. Dazu den Fisch mit seiner hellen Seite nach unten legen. Dann mit der Spitze des Filetiermessers direkt hinter dem Kopf im Halbkreis Haut und Fleisch bis auf die Gräten einschneiden. Anschließend an der Mittelgräte entlang bis zum Schwanz hin einschneiden. Die Mittelgräte liegt direkt unter der feinen dunklen Linie, die gut sichtbar auf der Haut vom Kopf zum Schwanz verläuft.
Nun Haut und Fleisch rechts und links knapp neben der Linie einschneiden. Danach die Haut und das Fleisch am oberen und unteren Flossenrand einschneiden.
Ein Filet an der Schnittfläche anheben, mit der anderen Hand das Messer darunter flach auf der Gräte ansetzen und zum Rand entlang abschneiden, dabei das Fleisch leicht nach oben wegziehen. Das zweite Filet ebenso von der Gräte lösen.

Bauchfilets auslösen
Den Fisch umdrehen und die beiden dünneren Bauchfilets genau wie auf der anderen Seite ablösen.

Flossenrand abschneiden
Den für alle Plattfische typischen fransigen Rand an den äußeren Seiten der Filets gerade schneiden. Eventuell vorhandenes bräunliches Fettgewebe behutsam entfernen, weil es leicht tranig schmeckt. Wollen Sie die Filets häuten (siehe oben), den Flossenrand erst danach entfernen.

Wenn Plattfische zuerst sorgfältig vorbereitet und anschließend schonend gegart werden, ist später auf dem Teller die Gaumenfreude garantiert.

Krusten- und Schalentiere küchenfertig vorbereiten

Ob Krebse, Garnelen, Austern oder Muscheln – haben Sie keine Scheu, diese Krusten- und Schalentiere in Ihrer Küche zuzubereiten. Davor steht natürlich die Vorbereitung, die auch nicht wirklich schwierig ist. Probieren Sie es selbst!

Garnelen auslösen

Haben Sie Garnelen mit Kopf gekauft, diesen zwischen Daumen und Zeigefinger einer Hand festhalten. Mit der anderen Hand den Schwanzpanzer festhalten und den Kopf mit einem leicht drehenden Ruck abziehen.
Die Schale, der sogenannte Panzer, besteht aus einzelnen, zusammenhängenden Stücken. Diese von der Unterseite, also der Bauchseite her mit den Fingern aufbiegen und Teil für Teil vom Fleisch ablösen. Die Beine dabei gleich mit ablösen.
Um den eventuell vorhandenen dunklen Darmfaden am Rücken zu entfernen, das Fleisch des Garnelenrückens entlang der dunklen Linie mit einem spitzen Messer leicht einschneiden. Den Darmfaden an einer Seite zwischen Messerspitze und Finger klemmen und vorsichtig im Ganzen herauslösen. Garnelen unter fließendem kalten Wasser waschen und trocken tupfen.

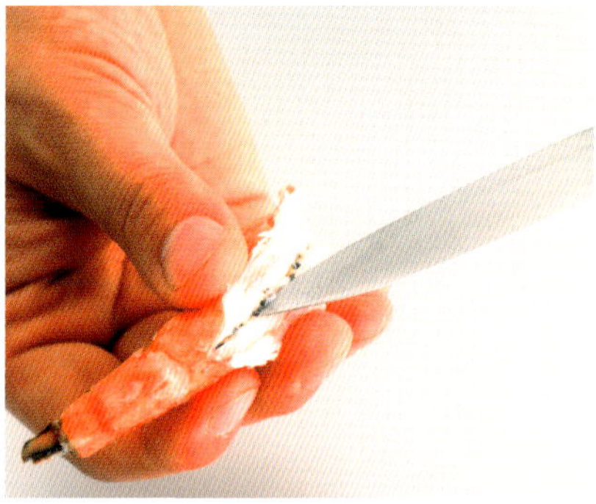

Nordseekrabben schälen

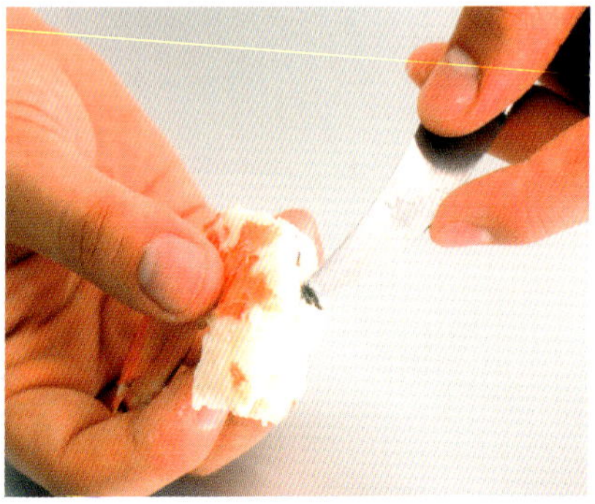

Sie kommen zwar meist unter dem Begriff Nordseekrabben auf den Markt, sind aber zoologisch Garnelen. Die kleinsten essbaren Garnelen werden sofort nach dem Fang auf dem Kutter gekocht. Zum Schälen, „Pulen“, den Kopf der rosafarbenen Garnele jeweils zwischen Daumen und Zeigefinger einer Hand halten. Mit der anderen Hand das hintere Ende greifen und die Garnele behutsam drehen, bis die Schale in der Mitte bricht. Schalen lösen, dabei gleich die Beine vom Körper mit entfernen. Das zarte und empfindliche Fleisch aus der Schale herausziehen.

Garnelenfleisch lässt sich mit ein paar Handgriffen aus der Schale lösen.

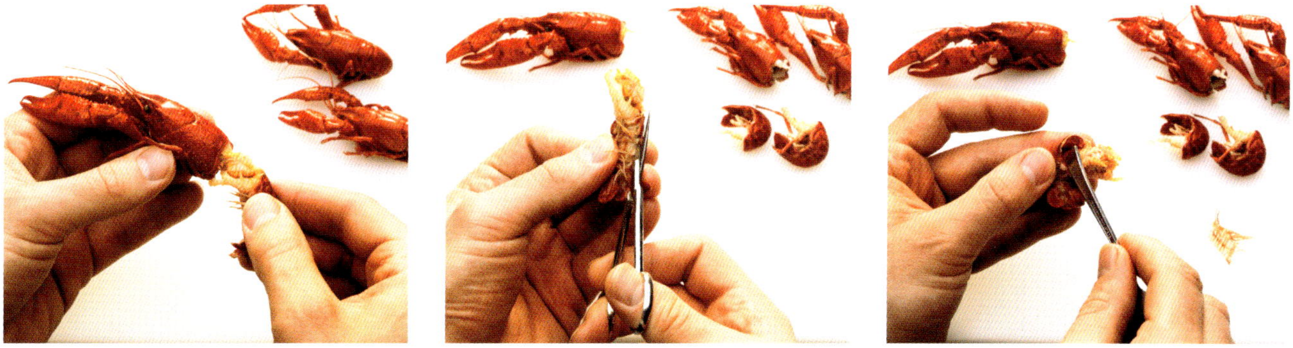

Flusskrebsfleisch gewinnen

Das Fleisch von Flusskrebsen ist eine Delikatesse. Wie Sie es aus den Scheren und dem Krebsschwanz auslösen, erfahren Sie hier.

Flusskrebse kochen
Krebse unter fließendem kalten Wasser kurz waschen. Zum Garen in einem großen Topf einen Sud aus Wurzelgemüse und Gewürzen oder reichlich Salzwasser aufkochen lassen (pro Liter Wasser 10 g Salz verwenden). Wenn Sud oder Wasser sprudelnd kochen, die Krebse einzeln nacheinander mit dem Kopf voran in die Flüssigkeit gleiten lassen. Dazwischen die Flüssigkeit sofort wieder sprudelnd aufkochen lassen. Dann die Krebse zugedeckt je nach Größe in 5 bis 15 Minuten gar köcheln lassen. Fertig gegarte Krebse steigen nach oben, haben jetzt eine rote Farbe. Krebse mit einem Schaumlöffel herausheben.
Je nach Größe der Krebse können auch mehrere in einem Kochgang gegart werden. Wichtig dabei ist, dass Sud oder Wasser wirklich sprudelnd kochen, wenn man den nächsten Krebs kopfüber in den Topf gibt.

Scherenfleisch auslösen
Den gegarten Krebs mit der Bauchseite nach oben halten und die Scheren am ersten Gelenk abbrechen. Das kleine Scherenglied nach außen drücken, im Gelenk brechen und abziehen. Die Beine mit einer leichten Drehung unmittelbar am Körper ablösen. Die Panzer der Scheren und Beine mit einer spitzen Schere auftrennen oder mit einer Teigrolle zerdrücken. Das weiße Fleisch mit einem Spieß (oder einer Fonduegabel) herauslösen.

Schwanzfleisch auslösen
Krebsschwanz mit seiner Unterseite nach oben legen und die Seiten mit einer spitzen Schere auftrennen. Unterseite mit den Beinansätzen abheben, das weiße Schwanzfleisch aus dem Panzer lösen. Das im Schwanzfleisch liegende Darmstück behutsam herausziehen.

Austernmesser

Wer häufig Austern öffnet, weiß das Spezialmesser zu schätzen. Es ist kurz und stabil, hat eine stumpfe Klinge, eine kräftige Spitze sowie zum Schutz der Hand eine sehr große Manschette. Damit lassen sich die beiden Austernhälften relativ leicht voneinander trennen.

Austern öffnen

Die Austern einzeln unter fließendem kalten Wasser mit einer harten Bürste gründlich säubern. Zum Aufbrechen jeweils eine Auster, mit der gewölbten Seite nach unten, fest auf eine Arbeitsfläche legen. Mit einer Hand die Auster mit einem mehrfach gefalteten Tuch festhalten. Mit der anderen Hand das Austernmesser am „Scharnier" zwischen die Schalen schieben und mit einer kräftigen Rechts-Links-Bewegung nach oben hebeln. Die obere Schale abheben.

Mit der Messerspitze unter dem Austernfleisch entlangfahren, um den verbleibenden Schließmuskel von der unteren Schale zu trennen und so das Fleisch zu lösen. Bei allem darauf achten, dass Sie die Auster waagerecht halten, damit möglichst keine Flüssigkeit verloren geht. Kleine Schalensplitter, die beim Öffnen entstanden sind, entfernen.

Traditionell werden Austern roh gegessen, dafür serviert man sie im eigenen Saft in der unteren Schalenhälfte auf gestoßenem Eis. Austern lassen sich aber auch köstlich zubereiten.

Miesmuscheln vorbereiten

Zunächst die Haftfäden, auch Bärte genannt, die eventuell noch aus den Muscheln ragen, mit einem Ruck abreißen. Muscheln unter fließendem kalten Wasser gründlich abbürsten, um sie von Schmutz und Algen zu befreien.

Muscheln sind gewöhnlich geschlossen. Solche mit geöffneten Schalen sollten Sie mit einem Messer kräftig antippen. Wenn Sie auch dann geöffnet bleiben, sind sie verdorben und müssen aussortiert werden. Ebenso an den Schalen beschädigte Exemplare wegwerfen. Auch besonders schwere Muscheln aussortieren, die sind häufig mit Sand gefüllt.

Alle intakten Miesmuscheln in einem Sieb nochmals gründlich abspülen, abtropfen lassen und nach Rezept zubereiten. Nach dem Garen müssen die Muscheln geöffnet sein. Alle noch geschlossenen unbedingt wegwerfen, auch sie sind verdorben.

FRANCE

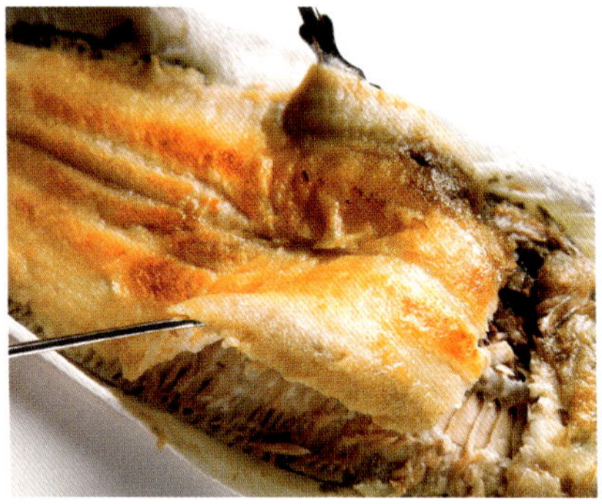

Keine Scheu vor ganzen Fischen. In wenigen Schritten liegen appetitliche Filets auf Ihrem Teller – ohne Kopf, Schwanz, Haut und Gräten.

Gegartes richtig zerlegen und essen

Ob gebraten, gegrillt oder gedämpft – Portionsfische wie Forelle, Saibling, Renke oder Scholle werden häufig im Ganzen serviert, denn samt Haut gegart sind sie ein wunderbar saftiger Genuss. Sie können die Fische aber auch vorher in der Küche zerlegen und Familie und Gästen als Filets auftischen.
Da das Zerlegen am Tisch wie in der Küche, vor allem bei Ungeübten, etwas länger dauern könnte, sind gut vorgewärmte Essteller besonders wichtig. Auf dem Esstisch sollten genügend zusätzliche Teller zum Ablegen von abgelöster Haut und Gräten bereitstehen. Übrigens, auch einen kalten Räucherfisch können Sie auf die gleiche Art zerlegen wie einen warmen Portionsfisch.
Das fachmännische Zerlegen von ganzen Fischen ist wirklich nicht schwer. Man muss nur wissen, wie es geht. Dazu hier die Step-by-Step-Anleitungen.

Plattfisch zerlegen

Haut entfernen
Den Fisch mit der dunklen Hautseite nach oben legen. Mit einem Fischmesser zuerst die Haut entlang der Mittelgräte vorsichtig einschneiden. Dann die Haut an den Flossensäumen, rings um den Kopf und vor der Schwanzflosse durchtrennen. Nun beide Hautteile nacheinander am Kopfende mit dem Messer lösen, mit der Gabel halten und zu den Seiten hin abziehen.

Flossenränder entfernen
Die Flossenränder mit den vielen kurzen Gräten mit dem Messer vom Fischfleisch abtrennen.

Filets abheben
Mit dem Messer von der Mittelgräte aus zwischen Fleisch und Gräte entlangfahren. Beide Filets ablösen. Die Gräte, die auf den unteren Filets liegt, behutsam im Ganzen entfernen. Zum Schluss die beiden unteren Filets von der Haut abheben.

Stilvoll essen mit dem Fischbesteck
Natürlich können Sie Ihren Fisch auch mit dem „normalen" Essbesteck essen, stilvoller ist es allerdings mit einem Fischbesteck: Die Fischgabel ist etwas kleiner und hat nur vier Zinken. Durch die Anordnung ihrer Zinken, die mittleren sind kürzer als die äußeren, hat sie eine größere Auflagefläche. Das Fischfleisch soll mit dem Messer nur auf die Gabel geschoben werden und nicht mit der Gabel aufgestochen werden. Das Fischmesser ist kürzer und

Texte und Bilder helfen, hier am Beispiel eines gegarten Rundfisches, wie sich die Filets fachmännisch und schnell auslösen lassen.

hat eine ungeschliffene Schneide zum Schieben; eine scharfe Klinge ist wegen des zarten Fischfleisches nicht nötig.

Rundfisch zerlegen

Rückenflosse und Haut entfernen

Zuerst die Rückenflosse einschließlich der Flossenträger mithilfe von Fischmesser und Gabel herausziehen. Dann die Haut mit dem Messer entlang des Rückens am Kopf und am Schwanz durchtrennen. Mit dem Messer vom Kopf her unter die Haut fahren und diese mithilfe der Gabel abheben oder aufrollen.

Filets abheben

Das obere Filet hinter dem Kopf bis auf die Gräten durchschneiden. An der Seitenlinie das obere und untere Filet voneinander trennen. Dann mit Gabel und Löffel oder mit zwei Löffeln das obere Fischfilet im Ganzen oder in großen Stücken von der Gräte heben. Gräte samt Schwanz und Kopf mit der Gabel anheben und ablösen. Zum Schluss das untere Filet behutsam von der Haut abheben oder das Filet umdrehen und die Haut von oben abziehen.

Bäckchen auslösen

Kenner behaupten, sie sind mit das Beste vom Fisch. Um an die kleinen feinen Fleischstücke zu kommen, die Kiemendeckel von hinten anheben und die Bäckchen behutsam mit der Gabel herausholen.

Gegarte Garnelen und Muscheln richtig essen

Essteller und eventuell auch Servierplatten entweder im auf 70 °C vorgeheizten Backofen erwärmen oder das Geschirr für einige Minuten in ein mit heißem Wasser gefülltes Spülbecken stellen und erst kurz vor dem Essen herausheben und abtrocknen.

Nicht wenige Menschen, selbst Fans von Meeresfrüchten, scheuen sich davor, in der Schale gegarte Garnelen und Muscheln selbst zuzubereiten oder im Restaurant zu bestellen, weil sie unsicher sind, wie man diese Leckerbissen richtig isst. Keine Angst, das Handling ist wirklich leicht.

Gegarte Garnelen auslösen

Das geht nur wirklich gut mit den Fingern. Und funktioniert ähnlich wie bei rohen Garnelen. Wenn der Kopf noch dran ist, diesen mit einem leicht drehenden Ruck abziehen. Die Schalenstücke von der Bauchseite her einzeln anheben und vom Fleisch abziehen, dabei auch gleich die Beine entfernen. Wenn ein dunkler Darmfaden am Rücken sichtbar ist, ihn an einem Ende mit einer Gabelzinke oder mit den Fingern lösen und langsam herausziehen, damit er nicht reißt. Ausgelöstes Garnelenfleisch je nach Zubereitung dann entweder mit den Fingern oder mit Messer und Gabel essen.
Gute Gastgeber stellen Schälchen mit Zitronenwasser auf den Tisch und legen Extra-Servietten dazu, damit man sich Brat- oder Grillfett sowie den Geruch der Schalen abwaschen und die Finger anschließend abtrocknen kann.

Miesmuscheln essen

Die zwei Schalen einer Muschel sind gut miteinander verbunden und lassen sich prima bewegen, sind also als Esshilfe bestens geeignet. Aus der ersten Muschel das Fleisch noch mit einer Gabel lösen. Danach die leere Muschelschale als Essbesteck benutzen: Mit der leeren Schale das Fleisch der anderen Muscheln wie mit einer Zange greifen, herauslösen und gleich in den Mund befördern. Leere Muschelschalen werden auf einem zusätzlichen tiefen Teller abgelegt.

Fischerei in Mecklenburg-Vorpommern

Mehr als 2000 Seen zieren die Oberfläche Mecklenburg-Vorpommerns. Fügt man die rund 1700 km lange Küstenlinie an Ostsee und Bodden hinzu, wird anschaulich, warum dieses Bundesland als ein Land des Wassers bezeichnet wird. Von einer Szenerie blühender Felder, dichter Wälder und abwechslungsreicher Hügelketten, Auen, Wiesen- und Heideflächen eingerahmt, fügt sich zusammen mit den Seen und den Flüssen ein Naturparadies an das nächste. Dafür einige repräsentative Beispiele: Das größte Areal mit mehr als 1000 Seen nimmt die Mecklenburgische Seenplatte mit dem Riesen Schweriner See, Plauer See und Müritz im Süden des Bundeslandes ein. Durch die grünen Hügel der Mecklenburgischen Schweiz bahnt sich die Peene ihren Weg, umgeben von fischreichen Seen und klaren Bächen. Von Hans Fallada als „das schönste auf Erden" beschrieben glänzt die Feldberger Seenlandschaft mit ihren besonders tiefen, von urwüchsigen Wäldern gesäumten Seen. Im ehemaligen Grenzgebiet zwischen Mecklenburg und Schleswig-Holstein gelegen, konnte sich dank der Abgeschiedenheit die Schaalseeregion eine vielfältige, teils einmalige Fauna und Flora bewahren. Die Binnengewässer Mecklenburg-Vorpommerns werden von nur wenigen Fischereibetrieben bewirtschaftet. Die Mehrzahl davon betreibt ausschließlich Fluss- und Seenfischerei, Teichwirtschaft erfolgt lediglich in elf Betrieben. Die Hauptfischarten in der Binnenfischerei sind Plötz, Futterfisch, Hecht, Aal, Zander, Barsch, Kleine Maräne und Karpfen. Rund 400 t Speisefische werden gewonnen. Die Betriebe mit Teichwirtschaft bzw. Behälterhaltung erzeugen weitere 500 t Speisefische (überwiegend Karpfen und Forellen). Einen einzigartigen, charakteristischen Naturraum bildet der stark zergliederte Küstenbereich von Mecklenburg-Vorpommern. Den größten Teil davon bilden Bodden- und Haffküsten mit Inseln und Halbinseln wie Rügen und Usedom. Die Ostsee-Randgewässer, zuzüglich die sog. Ostseeküstengewässer und Teilgebiete der Nordsee, sind die Fanggründe der Kutter- und Küstenfischer. Hauptfischarten sind Hering, Dorsch, Plattfisch, Aal, Hecht, Barsch, Zander und Weißfische. 2011 wurden insgesamt annähernd 12000 t Fische und Meeresfrüchte gefangen. In Mecklenburg-Vorpommern sind nahezu 100000 Angelfischer ansässig; davon sind derzeit 42000 in 605 Vereinen im Landesanglerverband Mecklenburg-Vorpommern e.V. organisiert. Für Mitglieder des Verbandes ist die Angelberechtigung auf über 18000 ha Gewässern der Binnenfischerei gültig. Dazu wurden zwischen dem Verband und Unternehmen der Binnenfischerei entsprechende Verträge geschlossen. Grundlage eines solch harmonischen Miteinanders von Berufs- und Freizeitfischerei ist die Zusammenarbeit aller Sparten der Fischerei im 1994 gegründeten Landesfischereiverband.

Prof. Karl Heinz Brillowski

Fisch garen – die besten Methoden

	Garmethode	Besonders geeignet für
Pochieren	Ganze Portionsfische oder Fischstücke garen fettarm und sanft in heißem Sud. Die Temperatur liegt dabei knapp unter dem Siedepunkt. Kochen darf die Flüssigkeit nicht, nur kleine Bläschen sollen dabei nach oben steigen. Aus dem Sud lässt sich anschließend eine aromatische Soße zubereiten.	Portionsfische im Ganzen, Fischkoteletts sowie festfleischige und dickere Filets beispielsweise von Waller, Zander, Kabeljau, Seelachs und Heilbutt
Dünsten	Ist Garen im eigenen Saft oder mit wenig Flüssigkeit und wenig Fett um 100 °C. Aroma, Vitamine und Mineralstoffe werden bestmöglich geschont. Die Fleischstruktur bleibt erhalten. Gemüse, Kräuter und Gewürze geben zusätzliches Aroma.	alle Süß- oder Salzwasser-Portionsfische sowie Fischstücke und Filets
Dämpfen	Das Garen im Dampf unter Normaldruck um 100 °C ist geradezu optimal für Zartes wie Fisch. Er kommt dabei weder direkt mit Flüssigkeit noch mit Fett in Berührung. So bleibt das Fischfleisch saftig und behält seinen typischen Eigengeschmack.	alle Süß- oder Salzwasser-Portionsfische sowie Fischstücke und Filets
Braten	Ist ein schnelles Bräunen und Garen, das auch mit wenig Fett funktioniert. Bei Temperaturen zwischen 140 und 180 °C bildet sich außen eine leckere Kruste, innen bleibt der Fisch saftig und zart.	alle ganzen Süß- oder Salzwasser-Fische, Portionsfische sowie Fischstücke und Filets
Garen im Backofen	Optimale Methode für viele Zubereitungen, bei der der Fisch in der gleichmäßigen Hitze des Ofens gart. Ob pur oder in einer schützenden Hülle: ganze Fische auf dem Backblech, Fischfilet in der ofenfesten Form, Fischstücke in der Folie oder in Papier.	alle Süß- oder Salzwasser-Portionsfische bis etwa 3 kg sowie Fischstücke und Filets

Süß- und Salzwasserfische lassen sich auf wunderbar vielfältige Weise zubereiten. Durch die unterschiedlichen Garmethoden erhält jedes Gericht sein ganz spezielles Aroma und seine typische Konsistenz. So bleibt Fisch beim Pochieren, Dünsten oder Dämpfen schön saftig, dabei bringen Gemüse und Kräuter zusätzliches Aroma. Durch Braten und Grillen bekommen ganze Fische oder Filets eine leichte Kruste, bleiben innen aber zart. Und beim Garen im Ofen verstärkt sich das Eigenaroma.

So funktioniert es	Geräte/Geschirr
• Flüssigkeit wie Fischfond oder eine Wein-Wasser-Mischung in einem genügend großen Topf aufkochen. • Gewürze, Kräuter und/oder zerkleinertes Gemüse hinzufügen. • Ganze Fische oder Fischstücke hineinlegen. Offen gar ziehen lassen.	am besten in einem großen Topf (eventuell oval) mit Siebeinsatz, z. B. in einem speziellen Fischkochtopf
• Ganze Fische oder Fischstücke in wenig heißem Fett andünsten. Oder zerkleinertes Gemüse andünsten und danach den Fisch obenauf legen. • Mit etwas Flüssigkeit wie Fischfond, Brühe, Wein oder Wasser aufgießen. • Beim Garen die Hitze verringern, Fisch zugedeckt um den Siedepunkt fertig garen.	gelingt besonders gut in weiten Töpfen mit gut wärmeleitenden Böden und perfekt schließenden Deckeln oder in einer großen Pfanne mit passendem Deckel
• Den Topfboden 3 bis 5 cm hoch mit Flüssigkeit (gewürztes Wasser, Brühe, Wein) bedecken. • Gargut in einen Dämpfeinsatz legen, in den Topf stellen. Mit einem Deckel verschließen. • Flüssigkeit auf höchster Stufe aufkochen. Sobald eine Dampffahne aufsteigt, auf mittlere Hitze zurückschalten.Nun erst beginnt die Garzeit.	ein breiter Topf mit gut schließendem Deckel, z. B. Fischtopf, Bräter, Kochtopf, dazu einen flexibler Metall-Siebeinsatz oder ein asiatisches Dämpfkörbchen
• Bratgeschirr erhitzen. Eventuell wenig Fett wie Butter oder Öl hinzufügen. • Bratgut leicht mit Mehl bestäuben oder panieren. • Fisch zuerst bei hoher Temperatur kurz rundum anbraten, dann die Hitze verringern und den Fisch fertig braten.	große Bratpfanne oder spezielle ovale Fischpfanne, z. B. beschichtete Pfannen mit einem Boden aus Mehrschichtmaterial, der die Hitze rasch und gleichmäßig verteilt
• Den Backofen immer vorheizen, da die Garzeiten überwiegend kurz sind. • Ganze Fische evtl. mit zerkleinertem Gemüse auf ein Backblech legen, mit Flüssigkeit beträufeln. • Fischfilets und -stücke in eine gefettete Form legen bzw. in Folie oder Papier verpacken. Je nach Rezept Flüssigkeit, Gewürze, Kräuter und Gemüse zufügen. • Fisch im vorgeheizten Ofen je nach Rezept garen.	je nach Zubereitungsart Backblech, ofenfeste Form oder ofenfeste Pfanne, Bratschlauch, Bratbeutel, Alufolie, Pergamentpapier oder Backpapier

Werden immer beliebter: Veredelungshölzer, die beim Grillen ihre typischen Aromen an den Fisch abgeben. Holzsorten, die besonders gut zu Fisch passen: Zeder, Apfel, Buche, Erle und Kirsche.
Beim Grillen wird die Hitze durch die Luft übertragen – eine fettarme Garmethode.

Pures Grillvergnügen

Sobald die Freiluftsaison beginnt, brutzelt es vielerorts und der köstliche Duft von Gegrilltem zieht durch die Lande. Fisch-Grillen liegt dabei absolut im Trend.

Kenner und Feinschmecker schwören auch beim Grillen auf leckere Fischrezepte. Denn Fisch ist hierbei nicht nur einfach eine Alternative zu Fleisch, sondern ein Geschmackserlebnis besonderer Art. Egal ob Forelle, Saibling, Lachs oder Rotbarsch: Im Prinzip lassen sich alle Fischarten auch outdoor abwechslungsreich und aromastark zubereiten – wenn ein paar einfache Regeln beachtet werden:

- Fische mit relativ festem Fleisch wie Saibling, Wolfsbarsch, Rotbarsch können gut direkt auf dem Grillrost gegart werden, zartfleischige Fische wie Forelle, Zander, Lachs zum Grillen vorher besser als Hitzeschutz in Pergamentpapier oder Blätter verpacken oder in Alu-Grillschale legen.

- Damit ganze Fische, Fischstücke oder auch Filets schön saftig bleiben, sollten sie nicht vom Kühlschrank aus direkt auf den Grill gelegt werden. Besser, den Fisch etwa eine Stunde vor dem Grillen aus dem Kühlschrank nehmen und Umgebungstemperatur annehmen lassen.

- Ganze Fische auf jeder Seite mit einem scharfen Messer durch die Haut zwei- bis dreimal schräg etwa 1 cm tief einschneiden, bis kurz vor die Gräte. Dadurch wird das Fleisch gleichmäßig gar und auch die Aromen einer Marinade dringen gut ein.

- Je größer der Fisch, desto größer sollte auch der Abstand zur Hitzequelle bzw. der Grillfläche sein. Als Faustregel: mindesten eine Handbreit. Das ist wichtig, damit der Fisch auch innen durchgart, aber außen nicht austrocknet oder sogar verbrennt.

- Fisch benötigt zum Garen bei mittlerer Hitze nur kurze Zeit. Kleinere Fische, Filets oder Fischspieße können schon mal in 5 bis 10 Minuten fertig sein. Darum Fisch beim Grillen nicht aus den Augen lassen.

- Perfekt gegart ist Fisch dann, wenn sein Fleisch saftig, durchweg kräftig weiß und nicht mehr glasig ist. Bei kleineren Stücken ist das leicht zu sehen. Bei ganzen Fischen erkennt man das so: Wenn man die Rückenflosse leicht herausziehen kann, ist der Fisch servierfertig.

Selber räuchern

Heute wird Fisch hauptsächlich aus geschmacklichen Gründen mit dieser alten Konservierungsmethode veredelt. Das unvergleichliche Aroma von Räucherfisch begeistert immer mehr Fischfans, die diese Methode auch selber ausprobieren möchten.
Profis und passionierte Hobby-Räucherer arbeiten mit speziellen Öfen oder Schränken. Aber auch ein Grill mit Deckel funktioniert vor allem für das Heißräuchern gut. Besonders, wenn er mit einem Thermometer ausgestattet ist und man so die Räuchertemperatur bequem ablesen kann. Genaue Details zum Grillräuchern finden Sie in den Gebrauchsanweisungen. Hier lesen Sie, wie's im Prinzip geht.

Durch das Verglühen von ausgesuchten Hölzern, Kräutern und Gewürzen bekommt der Fisch einen unvergleichlichen Duft und ein feines Räucher-Aroma. Dabei gart das Fischfleisch gleichzeitig auf sanfte Art.

Räuchern im Kugelgrill

Fische und Holzaroma
Für das Grillräuchern nimmt man ganze und küchenfertig vorbereitete Fische, gerne Forellen, Renken oder Saiblinge.
Je nach verwendeter Holzsorte variiert der Geschmack. Gut passen Buchen- oder Erlen-, auch Apfel- oder Kirschholz. Das Holz gibt es u.a. als Chips (Späne) oder als Mehl im Anglerbedarf zu kaufen. Chips werden vorher 2 bis 4 Stunden gewässert.

Das Einlegen
Eine Salzlake vorbereiten aus etwa 60 g Salz pro Liter Wasser. Die Lake kann mit allerlei Gewürzen wie Wacholderbeeren, Lorbeerblättern, Pfefferkörnern aromatisiert werden. Fische mit der Salzlake komplett bedecken und zugedeckt im Kühlschrank 12 Stunden ziehen lassen. Dann die Fische aus der Lake nehmen, mit Wasser abbrausen, gut trocken tupfen und an der Luft etwas antrocknen lassen.

Das Räuchern
Den Grill anheizen. Eingeweichte Räucherchips oder Räuchermehl beim Gasgrill in einer speziellen Räucherbox auf die Heizquelle legen, beim Holzkohlengrill direkt auf die glimmende Glut. Wenn Chips oder Mehl zu rauchen beginnen und im Garraum des Grills die Temperatur bei 80 bis 90 °C liegt, die Fische auf den eingeölten Grillrost legen. Darunter eine Aluschale zum Auffangen des abtropfenden Fetts stellen. Fische zugedeckt bei 80 °C räuchern, bis sie eine goldgelbe Farbe angenommen haben und sich auf leichten Fingerdruck nicht mehr zu weich anfühlen. Bei Forellen dauert das rund 30 bis 45 Minuten.

Fischfond

Für aromatische Suppen, delikate Soßen, zum sanften Pochieren und für vieles mehr ist Fischfond schier unentbehrlich. Sie können ihn fertig – im Glas oder in manchen Fischgeschäften frisch zubereitet – kaufen. Hier ist ein Grundrezept für alle, die ihren Fond selbst zubereiten möchten.
Beim Fondkochen sollten Sie drei Punkte vorab beachten: Alle Zutaten müssen ganz frisch und von bester Qualität sein. Verwenden Sie keine Teile von fetten Fischen wie Lachs, Heilbutt, Makrele und Hering – dadurch könnte der Fond tranig schmecken. Und: Entfernen Sie Flossen und Kiemen von den Fischabschnitten, sie machen den Fond bitter.

Für etwa 1,5 l Fischfond

1 kg Fischkarkassen (Köpfe, Gräten, Schwänze) von fettarmen, weißfleischigen Fischen
50 g Schalotten
1 Möhre
1 Stück Petersilienwurzel (ca. 30 g)
1 dünne Stange Lauch
100 g Fenchelknolle
2 Stangen Staudensellerie
1 Zweig Thymian
40 g Butter
1/2 l trockener Weißwein
1 Lorbeerblatt
1 TL Pfefferkörner
Salz

Fischkarkassen in grobe Stücke zerteilen. Gründlich unter fließendem Wasser waschen und abtropfen lassen. Die Schalotten abziehen, klein würfeln. Das übrige Gemüse putzen, waschen und eventuell schälen, alles klein schneiden, dabei vom Lauch nur den hellen Teil verwenden. Den Thymian abbrausen.
In einem Suppentopf die Butter aufschäumen. Karkassen und Schalotten darin 5 Minuten andünsten, ohne Farbe annehmen zu lassen. Gemüse zufügen und 2 Minuten mitdünsten. Weißwein zugießen und aufkochen. 2 l kaltes Wasser zugießen. Lorbeer, Thymian und Pfeffer zugeben. Das Ganze langsam zum Kochen bringen, dabei gelegentlich umrühren. Die Temperatur herunterschalten und den Fond im offenen Topf bei kleiner Hitze 30 Minuten köcheln lassen. Währenddessen hin und wieder abschäumen, ohne dabei die Gewürze zu entfernen.
Den Topf von der Kochstelle nehmen und den Fischfond noch weitere 30 Minuten ziehen lassen.
Fond langsam durch ein mit einem Küchen- oder Passiertuch ausgelegtes großes Sieb in einen zweiten Topf gießen. Die Karkassen und das Gemüse im Sieb abtropfen lassen, ohne auszudrücken, damit der Fond klar bleibt. Den Fischfond mit Salz abschmecken.

Praxistipps:

Besonders fein wird der Fond mit Karkassen von Zander, Scholle, Seezunge. Den Fischfond nur 30 Minuten köcheln lassen, sonst wird er leimig. Fond, den man gleich braucht, abmessen. Sofort verwenden oder vollständig abkühlen lassen und im Kühlschrank bis zu 5 Tage aufbewahren. Vor der Verwendung noch einmal sprudelnd aufkochen lassen. Übrigen Fond portionsweise in Beutel oder Dosen verpackt einfrieren, so hält er als Vorrat bis zu 6 Monate.
Zum Würzen von Suppen und Soßen einen Teil des Fischfonds in Eiswürfelschalen füllen und einfrieren. Die Würfel aus den Schalen lösen, in Gefrierbeutel umfüllen, verschließen und im Gefrierschrank aufbewahren.

Miroslav Kloses Lieblingsrezept: Zander – Smazoni Filet Sandacza

HAUPTGERICHT.
FÜR 4 PORTIONEN.

1 Zander mit 2–2,5 kg
10 ml Olivenöl
3 Knoblauchzehen
1 Bund frisch gehackte Petersilie
Salz und Pfeffer
1 Zucchini, 1 Paprika
500 g Zuckerschoten
1 Bund Lauchzwiebeln

Gemüse klein schneiden, salzen und pfeffern, dann 10 Minuten in Olivenöl dünsten und anschießend im Ofen bei max. 60 °C warm stellen.
Zander filetieren (oder fertige Filets verwenden), salzen und etwa 3 Minuten pro Seite im heißen Olivenöl braten. Filets im Ofen (max. 60 °C) warm stellen. Aus gepresstem Knoblauch, Petersilie und Pfeffer und dem Bratöl eine Marinade anrühren. Marinade über die Filets gießen, verstreichen und anschließend mit kaltem Weißwein servieren.

Der Torschützenkönig Miroslav Klose kam mit 8 Jahren aus Polen nach Deutschland. Vielen ist kaum bekannt, dass neben dem Fußball seine heimliche Leidenschaft eigentlich der Fang von Fischen ist. Mit 14 Jahren hat er angefangen zu angeln, wobei damals sein Hauptaugenmerk den Karpfen, Zandern und Hechten galt. In seiner Zeit in München hat er inspiriert durch die Isar eine gewisse Vorliebe für die Fischerei mit der Fliegenrute entwickelt. Der Spinnfischerei auf Zander gehört aber nach wie vor seine Hauptaufmerksamkeit, und dies nicht zuletzt deshalb, weil er Fische nicht nur gerne fängt, sondern auch gerne isst.

Soßen Grundrezepte

Um das feine Fischaroma perfekt zu unterstreichen und nicht zu überdecken, sollten die dazu servierten Soßen leicht und delikat sein. Diese drei Basissoßen schmecken fein zu Fisch und können zudem noch vielfältig variiert werden.

Weißwein-Sahne-Soße

Für 4 Portionen.
200 ml trockener Weißwein
5 EL trockener Wermut (z. B. Noilly Prat)
1/4 l Fischfond (Rezept S. 66 oder aus dem Glas) oder Gemüsebrühe
150 g Sahne
70 g kalte Butter
Salz, Pfeffer aus der Mühle
1–2 TL Zitronensaft

In einem Topf den Wein mit Wermut und Brühe oder Fond bei starker Hitze zum Kochen bringen und ohne Deckel auf die Hälfte einkochen lassen.
Von der Sahne 5 EL beiseite stellen. Übrige Sahne in den Topf gießen, alles aufkochen und weitere 5 Minuten einkochen lassen.
Restliche Sahne steif schlagen. Die kalte Butter in Würfel schneiden und nach und nach mit dem Schneebesen kräftig unter die Wein-Sahne-Mischung schlagen, bis die Soße sämig wird. Dann die Schlagsahne unterheben. Die Soße mit Salz, Pfeffer und Zitronensaft abschmecken.

… und die Varianten

Kräutersoße
Unter die fertige Soße 2 bis 3 EL gemischte, fein gehackte Kräuter rühren. Dafür eignen sich zarte Kräuterblättchen von beispielsweise Kerbel, Basilikum und Zitronenmelisse. Oder nur eine Kräutersorte verwenden wie Estragon, Dill, Schnittlauch.

Senfsoße
Mit der Sahne 1 in dünne Scheiben geschnittene Frühlingszwiebel zugeben. Die Soße zusätzlich mit 1 EL scharfem Senf und 1 TL Ahornsirup abschmecken. Nach Belieben den Zitronensaft weglassen.

Orangensoße
Anstelle von Wermut 4 EL Orangenlikör verwenden. Die Soße zum Schluss mit der fein abgeriebenen Schale von 1/2 Bio-Orange und etwas Chilipulver (Chili-Gewürzmischung mit Kreuzkümmel, Nelkenpfeffer, Koriander u. a.) abschmecken.

Leichte Hollandaise

FÜR 4 PORTIONEN.
30 g Joghurtbutter
3 Eigelb
1/2 TL mittelscharfer Senf
100 ml Gemüsefond oder klare Gemüsebrühe
150 g zimmerwarmer Naturjoghurt (1,5 % Fett)
1–2 TL frisch gepresster Zitronensaft
Salz, weißer Pfeffer aus der Mühle

Die Butter in einem kleinen Topf schmelzen lassen, durch ein feines Sieb gießen und beiseite stellen. Einen breiten Topf etwa zur Hälfte mit Wasser füllen. Das Wasser erhitzen, bis es dampft, aber nicht kochen lassen.
Eigelbe mit Senf und Gemüsefond oder -brühe in eine Metallschüssel mit rundem Boden bzw. einen Schlagkessel geben. Schüssel oder Schlagkessel so auf den Topf mit dem knapp siedenden Wasserbad setzen, dass der Boden das Wasser nicht berührt.
Die Ei-Senf-Mischung mit einem Schneebesen oder mit den Rührbesen eines Handmixers 4 bis 5 Minuten aufschlagen, bis eine cremige und helle Masse entsteht.
Zuerst esslöffelweise den zimmerwarmen Joghurt darunterschlagen, dann die flüssige Butter zuerst tropfenweise, dann in dünnem Strahl. Die Soße mit Zitronensaft, Salz und Pfeffer abschmecken. Nochmals kurz durchschlagen.

… und die Varianten

Limetten-Hollandaise
Eigelbe mit 1/2 TL fein abgeriebener Bio-Limettenschale, 1 EL frisch gepresstem Limettensaft und Fond oder Brühe aufschlagen. Joghurt und Butter wie beschrieben zufügen. Die Soße mit Salz, weißem Pfeffer aus der Mühle, 1 Prise Cayennepfeffer, 1 TL flüssigem Honig und 1 bis 2 TL Limettensaft abschmecken.

Sauce Choron
1 TL Tomatenmark Zimmertemperatur annehmen lassen. Dann mit 1 EL heißem Wasser glatt rühren. Noch leicht warm in die fertige Sauce Hollandaise rühren. Mit Salz, Pfeffer aus der Mühle, 1 Msp. Sambal Oelek (scharfe Würzpasteaus Asien, bestehend aus Chili, Essig und Salz) und einigen Tropfen Zitronensaft abschmecken.

Pilzsoße
Die Hollandaise zubereiten. Zum Schluss 100 g kleine Champignons putzen, halbieren und in dünne Scheiben schneiden. Sofort mit 1 EL frisch gehacktem Estragon oder Rucola unter die Soße heben.

Kalte grüne Soße

Für 4 Portionen.
2 Scheiben Toastbrot
1 EL Weißweinessig
2–3 in Salz eingelegte Sardellenfilets
2 Bund glatte Petersilie
1 Knoblauchzehe
1–2 EL Kapern
1 TL abgeriebene Bio-Zitronenschale
5 EL Olivenöl
evtl. 2–3 EL klare Gemüsebrühe
Salz, Pfeffer aus der Mühle
Chilipulver

Toastbrot entrinden und würfeln, in Essig und 50 ml Wasser einweichen. Sardellenfilets abbrausen und trocken tupfen. Petersilie waschen, trocken schütteln und die Blätter abzupfen. Den Knoblauch schälen.
Sardellenfilets, Petersilie, Knoblauch und Kapern mit einem Messer sehr fein hacken, in eine Schüssel füllen. Toastbrot ausdrücken, klein zerzupfen, mit der Zitronenschale kräftig unter die Zutaten in der Schüssel rühren.
Das Öl unterrühren und alles zu einer dicklichen Soße verrühren. Ist sie zu dick, esslöffelweise Brühe zufügen. Soße mit Pfeffer, wenig Salz und etwas Chilipulver abschmecken. Zugedeckt im Kühlschrank mindestens 1 Stunde durchziehen lassen.

… und die Varianten

Bozener Schnittlauchsoße
Von 4 hart gekochten Eiern die Eigelbe auslösen und durch ein Sieb streichen. Nach und nach unter kräftigem Rühren etwa 100 ml Öl zufließen lassen. 2 EL Naturjoghurt unter die Masse rühren. Mit Salz, Pfeffer aus der Mühle, 1 Prise Zucker, 1 TL mittelscharfem Senf und 3 EL Weißweinessig würzen.
1 EL Kapern, 1 Cornichon und das Eiweiß fein hacken. Mit 4 EL Schnittlauchröllchen unter die Soße mischen. Mit Salz und etwas Zitronensaft abschmecken.

Basilikumpesto
2 EL Pinienkerne in einer Pfanne ohne Fett hellgelb rösten. 1 Bund Basilikum (ca. 50 g) behutsam waschen, trocken schütteln und die Blätter ab- und kleiner zupfen. 1 Knoblauchzehe schälen und würfeln.
Pinienkerne mit Basilikum, Knoblauch, 1 guten Prise Salz und 50 g frisch geriebenem Parmesan oder Pecorino fein pürieren. Das Öl nach und nach unter die Paste rühren, bis sie cremig ist. Mit Salz und Pfeffer aus der Mühle würzen.
Wird das Pesto nicht gleich verwendet, in Schraubgläser füllen, mit einer dünnen Ölschicht bedecken und kühl aufbewahren.

Kräuter-Joghurt-Soße
200 g gemischte Kräuter (z. B. Petersilie, Dill, Zitronenmelisse, Kresse) waschen, trocken schütteln und fein schneiden.
Vorbereitete Kräuter und 150 g Sahnejoghurt glatt pürieren. 2 EL Schmand (24 %ige saure Sahne) untermischen. Die Soße mit Salz und Pfeffer aus der Mühle abschmecken.

Donaufischer

Johann Mayer, Fischermeister aus Straubing, Vizepräsident des Fischereiverbandes Niederbayern.

In unserer Familiengeschichte hat die Berufsfischerei eine lange Tradition. Seit Generationen wurde die Fischerei von meinen Vorfahren ausgeübt. Die Familientradition geht mindestens bis ins Jahr 1767 zurück.
Da in früheren Zeiten die Winter extrem kalt und lang waren und die Fischerei in zugefrorenen Gewässern nicht möglich war – auch die Lagerung stellte ein Problem dar – wurden die Wintermonate mit einem Zweitberuf z. B. Schuster überbrückt. Bedingt durch den Klimawandel sind die Winter in der heutigen Zeit kurz und ein Zufrieren der freifließenden Donau nicht mehr gegeben. Somit ist die Ausübung der Berufsfischerei ganzjährig möglich. Wir sind in der glücklichen Lage, dass bei uns die Donau noch nicht gestaut und der Fischartenreichtum beträchtlich ist.
Die Fische werden entweder im Kleinverkauf vermarktet oder zur Wiedereinbürgerung lebend in andere Gewässersysteme geliefert. Der Beruf ist nicht als Job zu bezeichnen, sondern wird bei jedem Wetter zu jeder Jahreszeit mit Freude in der Natur ausgeübt.
Im Jahr 1987 habe ich den Fischereibetrieb mit den Eigentumsfischereirechten von meinem Vater geerbt und übe seitdem selbstständig den Beruf aus.

Tellersülze mit Aal

Hauptgericht.
Für 4 Portionen.

1,5 kg küchenfertiger Aal
Salz, Pfeffer aus der Mühle
1 Möhre
1 Zwiebel
1 rote Chilischote
3 Zweige Dill
400 ml Weißweinessig (5 % Säure)
2 TL Zucker
1 EL Fischgewürz
Nach Belieben: hartgekochte Eier, ein Stück Gurke, 2 Tomaten und etwas Dill zum Garnieren

Den Aal kurz kalt abbrausen, trocken tupfen und samt Haut in etwa 4 cm große Stücke schneiden. Die Stücke salzen, pfeffern und zugedeckt mindestens 1 Stunde kalt stellen.
Möhre putzen, schälen und in Scheiben schneiden. Zwiebel abziehen, grob würfeln. Chili waschen, putzen, längs halbieren, entkernen und hacken. Den Dill waschen und trocken schütteln.
Aal mit Essig und 400 ml Wasser übergießen. Möhre, Zwiebel, Chili, Zucker, Fischgewürz und Dill zugeben. Den Aal im Sud 1 Stunde ziehen lassen.
Aal samt Sud in einen Topf füllen. Zum Kochen bringen und kurz aufkochen lassen, danach 15 Minuten ziehen lassen.
Aalstücke aus dem Sud nehmen, Haut und Gräten entfernen. Die Aalfilets nach Belieben mit Eivierteln, Gurkenscheiben, Tomatenachteln und einigen Dillspitzen dekorativ in tiefen Tellern anrichten. Den Sud durchsieben und über die Zutaten gießen, sodass sie damit bedeckt sind. Tellersülze zum Festwerden für 3 bis 4 Stunden in den Kühlschrank stellen.

Köstliches von Süßwasserfischen

Erzähl Leuten, die dich kennen, kein Anglerlatein und schon gar nicht Leuten, die die Fische kennen.
Mark Twain

Süßwasserfische – von Natur aus ein Genuss

Ob frisch, geräuchert oder gebeizt – verwöhnen Sie sich öfter mit Forelle, Saibling, Waller, Zander & Co. Und entdecken Sie dabei, wie herrlich leicht und lecker Fische aus heimischen Seen und Flüssen schmecken und wie abwechslungsreich. Süßwasserfische gelten immer noch als kulinarischer Geheimtipp, dabei werden sie heute so unkompliziert zubereitet wie nie. Unsere Rezepte sind auch für Einsteiger leicht verständlich beschrieben und gelingen auf Anhieb. Und für jede Gelegenheit und jeden Geschmack ist etwas dabei. Wenn Fisch so köstlich aufgetischt wird, angelt man sich ganz leicht Komplimente.

Aal mit Salbei und Speck

Hauptgericht.
Für 4 Portionen.
1 kg dünne, frische, küchenfertige und gehäutete Aale
Pfeffer aus der Mühle
14–16 frische Salbeiblätter
14–16 hauchdünne Scheiben geräucherter Speck
1 Bio-Zitrone
Außerdem: Küchengarn

Aale kurz abbrausen, trocken tupfen und ohne Kopf und Schwanz in 3 bis 4 cm lange Stücke schneiden. Aalstücke rundum pfeffern. Salbei waschen und trocken tupfen. Jedes Aalstück zuerst mit einer Scheibe Speck umwickeln, dann mit einem Salbeiblatt. Mit Küchengarn festbinden.
Aalstücke entweder auf dem Grill bei mittlerer Hitze von jeder Seite etwa 5 Minuten grillen oder in einer beschichteten Pfanne in wenig heißem Öl rundum 8 bis 10 Minuten goldbraun braten. Mit Zitronenspalten garniert anrichten. Dazu schmecken Kartoffeln und Gurkensalat.

Räucheraal auf Zucchini

Vorspeise/Snack.
Für 4 Portionen.
400 g kleine schlanke Zucchini
4 EL Olivenöl
Salz, Pfeffer aus der Mühle
3 EL Weißweinessig
2 EL fein gehackte Petersilie
3 EL fein gehacktes Basilikum
500 g Räucheraalfilets
1 EL Butter
Kräuterblättchen zum Garnieren

Die Zucchini waschen, die Enden abschneiden und die Früchte in fingerdicke Stifte schneiden. 3 EL Öl in einer Pfanne erhitzen, Zucchini darin 4 Minuten bei mittlerer Hitze unter gelegentlichem Wenden bissfest braten. Aus dem Öl heben, in eine flache Schüssel füllen, salzen und pfeffern.
2 EL Essig in die Pfanne gießen und mit dem Bratöl aufkochen. Über die Zucchini gießen. Restliches Öl, Petersilie und Basilikum unter das Gemüse mischen. Zugedeckt mindestens 30 Minuten ziehen lassen, dabei ab und an wenden.
Zum Servieren die Butter in einer Pfanne zerlassen, Aalfilets kurz darin schwenken, erwärmen und leicht pfeffern. Die marinierten Zucchini mit Salz, Pfeffer und übrigem Essig abschmecken. Aalfilets auf den Zucchini anrichten, mit Kräuterblättchen bestreuen. Dazu schmeckt dunkles Stangenbrot.

Aal

Der Europäische Aal ist in ganz Europa beheimatet. Er wird bis zu 1 m lang. Ohne Besatzmaßnahmen durch die Fischerei gäbe es in den meisten Gewässern heute keine Aale, da die Querbauwerke in den Flüssen die Aufwärtswanderung der jungen Aale aus dem Meer in aller Regel gänzlich verhindern. Der Laich der Aale wird in der atlantischen Sargassosee nahe den Bahamas abgesetzt. Der Aal ist heute insbesondere durch die Einflüsse der Wasserkraft und den Fraßdruck der Kormorane stark gefährdet. Um das Aussterben zu verhindern, gibt es heute einen EU-Aalmanagementplan, der von der Fischerei unterstützt wird. Der Aal hat einen schlangenförmigen, lang gestreckten, drehrunden Körper. Die Rücken-, Schwanz- und Afterflosse bilden einen durchgängigen Flossensaum. Aufgrund seines sehr hohen Fettgehaltes mit rund 30 % eignet sich der Aal besonders zum Räuchern.

Aal-Gemüse-Suppe

Vorspeise/Snack.
Für 4 Portionen.
900 g frischer, küchenfertiger und gehäuteter Aal
1 Zwiebel
1 Bund Suppengemüse
3 mittelgroße Kartoffeln
2–3 EL Rapsöl
Salz, Pfeffer aus der Mühle
1 Lorbeerblatt
800 ml Fischfond (Rezept S. 64 oder Gemüsebrühe)
2 EL frische gemischte, gehackte Kräuter

Aal kurz abbrausen, trocken tupfen und ohne Kopf und Schwanz in 3 bis 4 cm lange Stücke schneiden. Die Zwiebel abziehen, klein würfeln. Suppengemüse putzen, waschen und würfeln. Kartoffeln schälen, waschen und würfeln.

Öl in einem Suppentopf erhitzen, die Aalstücke darin rundherum leicht anbraten. Salzen, pfeffern, herausheben und beiseite stellen. Suppengemüse im Bratfett andünsten. Kartoffeln und Brühe zugeben. Mit Salz, Pfeffer und Lorbeer würzen. Alles aufkochen und die Suppe 15 Minuten köcheln lassen.

Aalstücke zufügen und in der Suppe bei mittlerer Hitze in 5 bis 7 Minuten garen. Danach neben der Herdplatte noch 5 Minuten ziehen lassen. Lorbeer entfernen. Die Kräuter in die Suppe rühren, mit Salz und Pfeffer abschmecken.

Gebratenes Barschfilet mit Kräutersalat

Hauptgericht.
Für 2 Portionen.
1 Handvoll frische gemischte Kräuter der Saison
2 Frühlingszwiebeln
1/2 kleine rote Paprikaschote
1 EL Zitronensaft
Salz, Pfeffer aus der Mühle
1/2 TL mittelscharfer Senf
2 EL Sonnenblumenöl
300–400 g Barschfilets (oder Filets von Forelle, Renke)
2 EL Butterschmalz
1 TL Nussöl
2 EL Mehl

Für den Salat die Kräuter verlesen, waschen, trocken tupfen und die Blätter abzupfen. Die Frühlingszwiebeln waschen, putzen und schräg in dünne Scheiben schneiden. Paprikahälfte waschen, putzen und in kurze, feine Streifen schneiden. Für die Vinaigrette den Zitronensaft mit Salz, Pfeffer und Senf kräftig verrühren. Das Öl unterschlagen.

Die Barschfilets kurz kalt abbrausen und trocken tupfen. Eventuell noch vorhandene Gräten herauszupfen oder die Filets schröpfen (siehe Kasten S. 107). Die Filets rundum mit Salz und Pfeffer würzen.

Butterschmalz in einer großen Pfanne erhitzen, das Nussöl zufügen. Fischfilets im Mehl wenden, überschüssiges Mehl abschütteln. Filets im Fett bei mittlerer Hitze auf jeder Seite in 2 bis 3 Minuten goldbraun braten.

Zum Servieren Kräuter, Frühlingszwiebeln, Paprika und Vinaigrette miteinander vermengen, den Salat abschmecken. Die gebratenen Barschfilets mit dem Kräutersalat anrichten. Dazu schmecken kleine Pellkartoffeln oder Brot.

Barschfilet mit Pinienkern-Geröstl

Hauptgericht.
Für 4 Portionen.
3 Zweige Minze
1 Knoblauchzehe
4 EL Pinienkerne
3 EL Olivenöl
1 kleine Scheibe Toastbrot ohne Rinde
1 EL Apfelessig
Salz, Pfeffer aus der Mühle
700–800 g Barschfilets mit Haut
3 EL Olivenöl

Die Minze waschen, trocken schütteln und die Blättchen abzupfen. Den Knoblauch abziehen. In einer beschichteten Pfanne die Pinienkerne goldgelb rösten, dann 2 EL Öl zufügen und 1 weitere Minute unter Rühren rösten. Aus der Pfanne nehmen. Die noch warmen Pinienkerne mit dem Knoblauch und zwei Drittel der Minzeblätter nicht zu fein hacken.

Das Brot klein würfeln und in der Pfanne ohne Fett goldbraun rösten. Mit dem Essig sowie etwas Salz und Pfeffer unter die Pinienkernmischung heben.

Die Fischfilets abbrausen und trocken tupfen. Eventuell noch vorhandene Gräten herauszupfen oder die Filets schröpfen (siehe Kasten S. 107). Filets mit der Fleischseite nach unten in einer heißen beschichteten Pfanne ohne Fett 2 bis 3 Minuten braten. Dann umdrehen und die Hautseite weitere 2 bis 3 Minuten braten, dabei die Filets auf den Pfannenboden drücken, damit sie gleichmäßig garen. Die Barschfilets salzen, auf Teller verteilen und das Pinienkern-Geröstl darüber verteilen. Mit dem übrigen Öl beträufeln und mit den restlichen Minzeblättern bestreuen. Dazu schmeckt Stangenbrot.

Barschröllchen mit Orangen-Basilikum-Soße

Die Barschfilets abbrausen und trocken tupfen. Eventuell noch vorhandene Gräten herauszupfen oder die Filets schröpfen (siehe Kasten S. 107). Basilikumblätter von den Stängeln zupfen, die Stängel beiseite legen. Je eine Seite der Filets leicht salzen und pfeffern und mit ein paar Basilikumblättern belegen. Filets aufrollen und mit Holzspießchen fixieren.
Die Schalotte abziehen, klein würfeln. Die Orangen auspressen. In einem breiten Topf die Butter zerlassen, Schalotte und Basilikumstiele darin farblos andünsten. Den Fond zugießen und die Flüssigkeit offen bei starker Hitze auf ein Viertel einkochen. Orangensaft zugießen, 5 Minuten einkochen lassen. Dann die Sahne zufügen und die Soße bei mittlerer Hitze einkochen lassen, bis sie sämig ist. Die Basilikumstängel entfernen.
Die Barschröllchen in die Soße legen, zugedeckt bei kleiner Hitze in 8 bis 10 Minuten gar ziehen lassen, herausheben. Stärke mit etwas Wasser glatt rühren, in die Soße rühren und einmal kräftig aufkochen lassen. Soße mit Zitronensaft, Salz und Pfeffer abschmecken. Barschröllchen mit der Orangen-Basilikum-Soße anrichten. Dazu schmecken Reis oder Kartoffelstampf.

Hauptgericht.
Für 4 Portionen.
700–800 g Barschfilets
1/2 Bund Basilikum
Salz, weißer Pfeffer aus der Mühle
1 Schalotte
2 Saft-Orangen
1 EL Butter
300 ml Fischfond (Rezept S. 64 oder aus dem Glas)
200 g Sahne
1–2 TL Speisestärke
2–3 TL Zitronensaft
Außerdem: Holzspießchen

Barsch

Der Flussbarsch, am Bodensee Kretzer genannt, in der Schweiz auch Egli, ist ein in ganz Europa vorkommender Süßwasserfisch, der nicht gefährdet ist. Typisch sind seine geteilte Rückenflosse, sowie die rötliche Färbung der Brust- und Bauchflossen. Die vordere Rückenflosse ist mit spitzen Stachelstrahlen ausgestattet. Die Häute zwischen den Flossenstrahlen weisen häufig vereinzelte schwarze Flecken verschiedener Größe auf. Der Körper weist oft ein schwaches Streifenmuster auf. Flussbarsche erreichen eine durchschnittliche Länge von 20 cm und werden selten schwerer als 1 kg. Am Markt sind meist Exemplare unter 500 g erhältlich. Das Fleisch des Barsches ist sehr eiweißreich, dafür sehr fettarm und verfügt über einen hohen Anteil an Omega-3-Fettsäuren, die sehr wichtig für eine ausgewogene und gesunde Ernährung sind. Er gehört daher zu den besten Speisefischen des Süßwassers. Besonders am Bodensee und in der Schweiz sind Barsche sehr gängige und äußerst beliebte Speisefische.

500 Volt – Angeln bedeutet Entspannung durch Spannung

Mit einem Ruck verstummen rundherum die Grillen, die Mücken stechen nicht mehr und der Bach hört auf zu plätschern. Alles ist gespannt. Der Mond, die Nerven, die Muskeln, aber vor allem: die Schnur. Gefühlte 500 Volt flirren jetzt durch die Luft. Ein Fisch hat angebissen. Ein großer Aal? Ein Waller? Die Rutenspitze biegt sich, die Spule an der Angel knattert, der Fisch nimmt sich Schnur. Für solche Momente sitzen wir Angler am Wasser. Stundenlang sind die Adrenalin-Quellen im Körper auf Ausschüttung programmiert. Und das Seltsame ist: Wir erholen uns dabei.
Entspannung durch Spannung – so einfach ist das. Wobei die Spannung sich bereits einstellt, wenn der Angler an ein Gewässer kommt, in dem ein Fisch schwimmen könnte. Badewannen findet er langweilig, Swimmingpools auch. Doch sobald das Gewässer trüber ausfällt und größer ist als eine Pfütze oder ein Rinnsal, beginnt das Grübeln: „Da hinten unterm Busch, da könnten doch Schleien stehen! Ob es tief genug ist für Karpfen? Was man hier wohl fangen könnte?"
Bei vielen Anglern schlägt dieser Drang zum Wasser schon in sehr jungen Jahren durch. Es war ein Tag Ende April 1976, als die Mutter bei der Heimfahrt vom Kindergarten wegen kindlichen Terrors am Bach halten musste. „Mama, ein Fischer, ein Fischer. Da muss ich hin! Bleib bitte stehen! Stehen bleiben." Ein älterer Herr stand am Gestade und hielt seinen Bambusstecken unter die Brücke, neben ihm lag ein toter Fisch. „Darf der Bub zuschauen?", fragte die Mutter. Der Angler sagte: „Ja." Der Fisch im satten Frühlingsgras, dazu vom nahen Sägewerk das Odeur frischen Holzes – das ergab einen wunderbaren Duft. „Forelle", sagte der Mann. Gesprächig war er nicht, aber das Wichtigste teilte er mit. Es dauerte nicht lange, da fing er einen zweiten Fisch. Sein Bambusstock bog sich, 500 Volt flirrten in der Luft, schon damals, wenn nicht mehr. Die zweite Forelle landete neben der ersten. In diesem Moment war klar: Es kann im Leben nichts Aufregenderes geben als Angeln.
Der alte Mann hatte bestimmt seine Freude an den strahlenden Augen des Buben, jedenfalls duldete er es gern, wenn er in den nächsten Tagen und Wochen Besuch bekam. Gampe hieß er, Gampe-Peter im Volksmund. War immer mit einem Mofa unterwegs. Mit der Zeit wurde er auch gesprächiger und er schenkte immer wieder mal ein Fischchen her. Am besten rochen Barsche. Immer wenn heute ein Barsch am Haken zappelt, ist Zeit für eine Gampe-Peter-Gedenkminute.

Weil die Mutter Beamtin des Freistaats Bayern war und einen akkuraten Juristen als Vorgesetzten hatte, war ihr Verbot, schwarz zu fischen, nicht nur so dahingesprochen. „Ich hätte meinen Job verlieren können!", sagt sie noch heute. Aber der Drang zum Wasser war stärker als die Sorge um das Familieneinkommen. Und außerdem: Als Schwarzfischer trug man schließlich zur Ernährung der Familie bei, von der Großmutter, einer überaus genügsamen Frau, gab es immer Lob für all die Aitel und Rotaugen. Schärfste Sicherheitsvorkehrungen gegen das Erwischtwerden wurden natürlich getroffen: Als Handangel diente eine Schnurspule, als Stellen kamen nur dicht von Brennnesseln bewucherte Bachpassagen in Frage und, um beim Heimfahren mit dem Fahrrad keinen Verdacht bei möglicherweise des Weges kommenden Fischereiaufsehern und Staatsjuristen zu wecken, wurden die Schuhe ausgezogen und die Beute landete im Strumpf. Auch bei knapp über 0 °C. Seltsamerweise gingen die Fänge mit dem Bestehen der Fischerprüfung rapide zurück. Dieser Misserfolg könnte dann der Auslöser dafür gewesen sein, dass die Leidenschaft fürs Angeln in der späteren Phase der Pubertät unter dem Interesse an Fußball und an einigen anderen aufregenden Dingen litt. Die Pubertät ging vorüber, und es wurde Frühling am Bach.

Dr. Rudolf Neumaier

Dr. Rudolf Neumaier ist Redakteur im Feuilleton der Süddeutschen Zeitung. Er stammt aus Kulbing im Berchtesgadener Land.

Forelle mit Paprika-Kapern-Soße

Hauptgericht.
Für 4 Portionen.
2 Safranfäden
2 gelbe Paprikaschoten
2 Schalotten
1 EL Butter
1 EL Olivenöl
50 ml Portwein (oder Fischfond)
1/4 l Fischfond oder Gemüsebrühe
1 EL kleine Kapern (aus dem Glas)
Salz, Pfeffer
1 Prise Zucker
4 küchenfertige Forellen (je etwa 300 g; oder Renken, Saiblinge)
3 EL Mehl
2–3 EL Butterschmalz

Für die Soße 2 Safranfäden in 2 EL warmem Wasser einweichen. Die Paprikaschoten waschen, trocken tupfen, vierteln und putzen. Das Fruchtfleisch klein würfeln. Die Schalotten abziehen und ebenfalls klein würfeln.

In einem Topf Butter und Öl erhitzen. Schalotten und Paprika darin farblos andünsten und mit Portwein ablöschen. Eingeweichten Safran und Fischfond oder Gemüsebrühe zugießen, alles köcheln lassen, bis die Paprikawürfel gerade weich sind. Kapern unterrühren und die Soße mit Salz, Pfeffer, Zucker und nach Belieben mit ein wenig Kapernflüssigkeit abschmecken. Warm halten.

Von den Forellen nach Belieben die Köpfe abschneiden. Die Fische innen und außen abbrausen, trocken tupfen, salzen und pfeffern. Forellen in Mehl wenden und überschüssiges Mehl abschütteln.

In zwei großen Pfannen das Butterschmalz erhitzen. Die Fische darin bei mittlerer Hitze auf jeder Seite in 6 bis 8 Minuten knusprig braten. Die gebratenen Forellen aus dem Fett heben und mit der Paprika-Kapernsoße servieren. Dazu schmecken Kartoffeln und gemischter grüner Blattsalat.

Roh mariniertes Forellenfilet

Die Forellenfilets abbrausen und trocken tupfen. Eventuell noch vorhandene Gräten entfernen. Filets in etwa 1 cm große Würfel schneiden.
Limetten auspressen und 100 ml Saft abmessen. Fischwürfel in eine flache Schüssel füllen, mit dem Limettensaft begießen und vermischen. Abgedeckt mindestens 3 Stunden im Kühlschrank marinieren. Dabei ab und zu umrühren.
Die Tomaten in kochendes Wasser tauchen, mit einer Schaumkelle herausheben und kalt abschrecken. Tomaten häuten, halbieren, entkernen und in kleine Würfel schneiden. Zwiebel abziehen, vierteln und in feine Streifen schneiden. Sellerie waschen, putzen und fein würfeln.
Koriander waschen, trocken schütteln, die Blättchen abzupfen. Chilischote halbieren, nach Belieben entkernen, waschen und möglichst fein würfeln. Wer es sehr scharf mag, lässt die Kerne drin.
Die Fischstücke mit Tomaten, Zwiebel, Sellerie, Koriander, Chili, Essig und Öl vermischen. Mit Salz und Pfeffer würzen. Noch 15 bis 20 Minuten bei Raumtemperatur ziehen lassen. Den marinierten Fisch auf Tellern anrichten. Dazu schmeckt Baguette.

Vorspeise/Snack.
Für 4 Portionen.
400 g ganz frisches Forellenfilet (in Sushi-Qualität)
4 Limetten
2 schnittfeste Tomaten (ca. 150 g)
1 kleine rote Zwiebel
2 zarte Stangen Staudensellerie
5 Stiele Koriander
1 grüne Chilischote
1 TL Weißweinessig
1 TL Olivenöl
Salz, Pfeffer aus der Mühle

Forelle

Die Bachforelle gehört zur Familie der Forellenartigen und hat einen spindelförmigen Körper und eine relativ breite Maulspalte. Charakteristisch sind die oft weiß eingerahmten, großen roten Tupfen. In Anglerkreisen wird sie gern „Rotgetupfte" genannt. In freier Natur besiedelt sie die Oberläufe der Bäche, die in der Fachsprache auch Forellenregion genannt wird.
Im Handel findet sich meist statt der Bach- die Regenbogenforelle. Sie wird in Fischzuchten bevorzugt gehalten, da sie robuster ist und schneller wächst. Sie wurde im 19. Jahrhundert aus Nordamerika eingeführt und ist seitdem hier heimisch. Das Fleisch beider Forellenarten ist weiß bis rötlich und fest. Der Speisefisch aus Fischzuchten steht ganzjährig in guter Qualität zur Verfügung. Angeboten werden sie in der Regel in Portionsgrößen von 250 bis 350 g.
Lachsforelle ist die Handelsbezeichnung für eine große Regenbogenforelle, die durch carotinhaltiges Futter eine lachsfarbene Fleischfärbung und einen relativ hohen Fettgehalt aufweist.

Forelle „blau“ mit Zitronenbutter

Hauptgericht.
Für 2 Portionen.
1 kleine weiße Zwiebel
1 kleiner Bund Suppengemüse
Salz
100 ml Weißweinessig
1 TL weiße Pfefferkörner
5 Wacholderbeeren
1 Lorbeerblatt
2 frische, küchenfertige Forellen (je etwa 300 g)
1 Bio-Zitrone
1 TL frische Thymianblättchen (z. B. Zitronenthymian)
80 g Butter
1 TL Crema di Balsamico bianco (nach Belieben)
Pfeffer aus der Mühle

Für den Sud die Zwiebel abziehen, in Ringe schneiden. Suppengemüse putzen, waschen und würfeln. In einen sehr großen Topf 2 l Wasser füllen. 1 EL Salz, Gemüse, Essig, Pfeffer, Wacholder und Lorbeer zufügen. Alles zum Kochen bringen und 15 bis 20 Minuten kochen lassen.

Forellen behutsam abbrausen, aber nicht trocken tupfen, um die äußere Schleimschicht nicht zu verletzen. Die Forellen in den heißen, aber nicht mehr kochenden Sud legen und offen bei kleiner Hitze in 15 bis 20 Minuten gar ziehen lassen. Die Fische sind fertig, wenn sich die Rückenflosse leicht herausziehen lässt.

Während die Fische garen, für die Zitronenbutter die Zitrone heiß waschen, abtrocknen und 1/2 TL Schale fein abreiben. 1 TL Saft auspressen. Thymian sehr fein hacken. Die Butter zerlassen, hellgelb werden lassen. Zitronenschale, ein paar Tropfen Zitronensaft, Thymian und Crema di Balsamico unterrühren, mit etwas Salz und Pfeffer abschmecken.

Forellen aus dem Sud heben, anrichten und mit Zitronenbutter beträufeln. Dazu schmecken Salz- oder kleine Pellkartoffeln.

Forellenfilets mit Kartoffelhaube

Hauptgericht.
Für 2 Portionen.
450 g mehligkochende Kartoffel
4 Stängel Petersilie
350–400 g Forellenfilets (oder anderes Fischfilets)
1 TL Zitronensaft
Salz, Pfeffer aus der Mühle
1 EL Butterschmalz
1/8 l Milch
1/2 EL Butter
4 EL frisch geriebener Käse (z. B. Emmentaler, Greyerzer)
frisch geriebene Muskatnuss

Die Kartoffeln schälen, waschen und würfeln. In wenig Salzwasser zugedeckt in ca. 15 Minuten weich kochen.

Währenddessen den Backofen auf 250 °C vorheizen. Petersilie waschen, trocken schütteln und die Blättchen fein schneiden. Die Fischfilets abbrausen, trocken tupfen, mit Zitronensaft, Salz und Pfeffer würzen. Schmalz erhitzen und die Filets darin von jeder Seite 1 bis 2 Minuten anbraten. Dann aus der Pfanne nehmen und nebeneinander in eine ofenfeste Form legen.

Das Kartoffelkochwasser abgießen und die Milch erhitzen. Kartoffeln zerdrücken, zuerst die Butter, dann die Milch unterschlagen. Die halbe Menge Käse und die Petersilie unter das Püree rühren, mit Salz, Pfeffer und Muskatnuss abschmecken.

Püree mit einem Esslöffel auf den Filets verstreichen. Mit dem übrigen Käse bestreuen. Den Fisch im Ofen (Mitte) in 5 bis 7 Minuten goldgelb überbacken. Dazu schmeckt Blattsalat.

Gedämpfte Forellenfilets mit Ingwer

Hauptgericht.
Für 4 Portionen.
4 küchenfertig Forellenfilets (je ca. 180 g; oder anderes Fischfilet)
Salz
2 EL Öl
1 TL Chiliöl
2 EL asiatische Fischsoße (Asiaregal)
2 EL Reiswein (oder trockener Sherry)
2 Blätter Wirsing oder Chinakohl
1 TL Palm- oder brauner Zucker
1 Stück Ingwer (ca. 50 g)
1 Möhre
1 dünne Stange Lauch
2 TL geröstetes Sesamöl

Die Forellenfilets kurz abbrausen, trocken tupfen und salzen. 1 TL Öl mit Chiliöl, Fischsoße und Reiswein verrühren. Die Filets damit beidseitig einpinseln.
Kohlblätter waschen, in fingerbreite Streifen schneiden. Eine große Schale, die in den Dämpfeinsatz passt, mit Kohl auslegen. Die Filets nebeneinander darauflegen und mit Zucker bestreuen.
Ingwer, Möhren und Lauch putzen, waschen und in kurze feine Streifen schneiden. Im restlichen Öl und Sesamöl kurz anbraten und über die Filets verteilen.
Wok oder einen breiten Topf mit 1/2 l Wasser füllen. Den Dämpfeinsatz mit den Fischfilets hineinstellen. Das Wasser aufkochen, die Filets zugedeckt 10 Minuten dämpfen. Forellenfilets mit Ingwer, Gemüse und dem entstandenen Sud anrichten. Dazu schmeckt Duftreis.

Geräucherte Forellenfilets mit Gemüse-Brot-Salat

Hauptgericht.
Für 2 Portionen.
4 Scheiben Weißbrot vom Vortag (ca. 200 g)
1 Knoblauchzehe (nach Belieben)
4–5 EL Olivenöl
4 schnittfeste Tomaten (ca. 300 g)
150 g schlanke Zucchini
1 kleine rote Zwiebel
1 kleiner Romanasalat
2 EL weißer Balsamessig
Salz, Pfeffer aus der Mühle
160–200 g geräucherte Forellenfilets ohne Haut (oder Filets von Renke, Saibling)
1 EL Butter

Für den Salat das Brot würfeln, den Knoblauch abziehen und fein würfeln. In einer Pfanne 2 EL Öl erhitzen, Brot und Knoblauch darin goldbraun rösten. Aus der Pfanne nehmen.
Tomaten waschen und achteln. Zucchini waschen, putzen, in Scheiben schneiden. Zwiebel abziehen, vierteln, dann in dünne Streifen schneiden. Romanasalat waschen, trocken schütteln und die Blätter quer in fingerbreite Streifen schneiden. Aus Essig, Salz, Pfeffer und 2 bis 3 EL Öl eine Marinade rühren. Alle vorbereiteten Zutaten mit der Marinade vermengen. Den Salat abschmecken und auf Tellern verteilen.
Butter in der Pfanne aufschäumen, die Forellenfilets darin kurz erwärmen, auf dem Salat anrichten und mit etwas gemahlenem Pfeffer bestreuen.

Pochierter Saibling mit Safransoße von Harald Schultes

Hauptgericht.
Für 4 Portionen.
4 Filets vom Saibling, ohne Haut

Für den Sud
1 Möhre
1 Stück Stangensellerie (ca. 30 g)
1/2 Stange Lauch
1 kleine Zwiebel
Salz
1/8 l Weißwein
3 Stängel Petersilie
1 Lorbeerblatt

Für die Safransoße
2 Schalotten, 40 g kalte Butter
100 ml Weißwein
4 cl Noilly Prat (trockener Wermut)
400 ml Fischfond, 250 g Sahne
1 Döschen Safran (0,1 g)
Salz, Pfeffer aus der Mühle
etwas Zitronensaft

Für das Gemüse
1 Bund weißer Spargel (ca. 500 g)
Salz, Zitronensaft
200 g küchenfertige Erbsen
80 g frische Spitz- oder Speisemorcheln
80 g Butter
Pfeffer aus der Mühle

Für den Sud das Gemüse waschen und putzen. Möhre und Sellerie in Scheiben schneiden. Lauch und Zwiebeln in Ringe schneiden. In einem Topf mit gesalzenem Wasser das Gemüse etwa 20 Minuten köcheln lassen. Danach Wein, Petersilie und Lorbeer zugeben. Zusammen weitere 15 bis 20 Minuten köcheln lassen.
Für die Soße die Schalotten abziehen und fein würfeln. Die Schalotten in der Hälfte der Butter anschwitzen und mit Weißwein und Noilly Prat auffüllen. Alles etwas einkochen lassen. Dann Fischfond und Sahne zugießen. Die Soße bei mittlerer Hitze auf ein Drittel reduzieren. Anschließend durch ein Sieb passieren und den Safran zugeben. Die Soße nochmals einkochen lassen und mit Salz, Pfeffer und Zitronensaft abschmecken.
Den Spargel schälen, die unteren Enden entfernen, Spargelstangen von den Spitzen her in mundgerechte Stücke schneiden. In einem Topf mit Wasser, Salz und einem Spritzer Zitronensaft etwa 15 Minuten kochen.
Die Erbsen in Salzwasser gerade gar kochen, kalt abschrecken und abtropfen lassen. Die Morcheln gründlich waschen, Pilzstiele abschneiden, große Pilzhüte längs halbieren.
Die Saiblingsfilets in den vorbereiteten Gemüsesud geben und darin in etwa 5 Minuten gar ziehen lassen.
Inzwischen 80 g Butter zerlassen. Den Spargel, die Erbsen und die Morcheln darin erhitzen, mit Salz und Pfeffer würzen.
Die Safransoße erwärmen. Übrige kalte Butter zufügen und die Soße mit einem Pürierstab aufmixen, abschmecken.
Saiblingsfilets aus dem Sud heben, abtropfen lassen und auf vorgewärmten Tellern zusammen mit dem Frühlingsgemüse und der Safransoße anrichten.

Wenn ich an meinem Fischwasser unterwegs bin und die Fische und die Wassertiere beobachte, fühle ich mich der Natur sehr nahe. In diesen Momenten spüre ich, was Glück für mich ist. Durch meine Kochschule in München wird mir täglich bewusst, wie wichtig das Zusammenspiel zwischen intakter Natur und Qualität unserer Lebensmittel ist. Nur in einem naturbelassenen und gepflegten Fischwasser können gesunde Fische leben und heranwachsen. Dies ist eine wichtige Aufgabe für mich und uns alle, der es sich zu stellen gilt, denn eine gesunde Ernährung hat direkte Auswirkung auf unser Leben. Verbundenheit mit der Natur ist mein oberstes Ziel, vielleicht folgen Sie mir?
Harald Schultes

Sprache und Angeln

Christoph Schwennicke war als Politikwissenschaftler und Journalist bei mehreren Tageszeitungen und im Rundfunk beschäftigt u. a. bei der Süddeutschen Zeitung und beim Spiegel. Heute ist er Chefredakteur des Politmagazins Cicero. Als leidenschaftlicher Angler hat er das Buch „Das Glück am Haken: Der ewige Traum vom dicken Fisch" geschrieben, in dem er eine Reihe anekdotischer Geschichten rund ums Angeln erzählt.

Die Leute glauben, wir angeln, um Fische zu fangen. Ach, die Leute. Sie verstehen uns nicht. Was verstehen sie schon.
Ich jedenfalls will keine Fische fangen. Man stellt sich nicht stundenlang an einen Fluss, man übernachtet nicht tagelang an einem Weiher, man kämpft nicht einen endlosen Tag auf See gegen den Brechreiz, um Fische zu fangen. Man macht das, um meistens keine Fische zu fangen. Das ist der tiefere Sinn der Sache. Viele von uns verhindern es geradezu absichtlich, Fische zu fangen. Sie knipsen den Widerhaken am Haken ab. Man nennt das *artgerechtes Angeln*. Sie angeln nicht an den Stellen, an denen der Fisch steht, sondern dort, wo er fast nie steht. Man nennt das *Berücksichtigung der Schongebiete*. Sie fischen nicht in den Zeiten, in denen der Fisch beißt, sondern in Zeiten, in denen er nicht beißt. Man nennt das *Berücksichtigung der Schonzeiten*.
Meistens keine Fische zu fangen – darin liegt der Reiz, das höchste Glück, das nur noch vom Glück übertroffen wird, ab und zu mal einen Fisch zu fangen. Wer Fische nach Hause tragen will, geht zu „Nordsee" oder zu REWE um die Ecke. Zum Angeln aber geht der, der Fische nach Hause tragen möchte, nicht.

Pilzsucher und Angler haben sehr viel gemeinsam, weshalb sie oftmals in Personalunion auftreten. In meiner Person beispielsweise. Im Herbst, wenn das Licht intensiv und die Blätter golden und rot werden, dann kann ich mich oft nicht entscheiden: auf Hecht an den See oder auf Steinpilze ins alte Übungsgelände der sowjetischen Armee in der Nähe des Sacrower Sees.

Es gibt kaum ein größeres Gefühl der Wollust, als kleine wohlgewachsene Steinpilze unter einer Eiche stehen zu sehen, sie vorsichtig aus dem Boden zu lösen und behutsam in einen Korb zu legen. So ein kleiner Steinpilz sieht aus wie ein Champagnerkorken, ist prall und feist und rund und so sinnlich wie die Venus von Willendorf. Er ist erotisch, verströmt einen diesem Lebensbereich nicht so fernen Geruch, wie etwa Günter Grass in der Blechtrommel seinen Oskar Matzerath erstaunt feststellen lässt. Kurzum: So ein Korb voller kleiner praller Steinpilze aus dem Wald ist schierer Sex.

Ein Korb Steinpilze oder ein Saibling vom Markt sind das nicht. Es sind einfach Waren, die ein Vermögen gekostet haben.
Was den selbstgefangenen Fisch zu einem erotischen Objekt macht, ist die Eroberung, die Suche, die lange vergebliche Suche, die Enttäuschung, die unerfüllte Sehnsucht, und endlich: auch einmal die Erfüllung.

Mit den Fischen ist es wie mit den Pilzen. Keiner würde auf die Idee kommen zu sagen: Ich gehe Pilze holen im Wald. Genauso wie keiner sagen würde, ich gehe Fische fangen im See. Wir gehen Pilze suchen und angeln. In diesen Bezeichnungen ist das Scheitern als Normalfall schon sprachlich berücksichtigt.

Wir Fischer scheitern meistens, und wir scheitern gern. Im Fischen findet das Scheitern seinen höchsten Ausdruck. Denn nur wenn wir neunmal gescheitert sind, können wir einmal auch ein überglücklicher Mensch sein.
Besonders glücklich sind wir aber dann, wenn wir einen außergewöhnlichen Fang mit guten Freunden nach hervorragender Zubereitung gemeinsam genießen können. In so einer Gesellschaft kann man dann auch ungeniert wieder und wieder die Geschichte des kapitalen Fangs erzählen.

Christoph Schwennicke

Hechtpflanzerl mit Tomaten-Honig-Dip

Hauptgericht.
Für 4 Portionen.
Für die Pflanzerl
600 g Hechtfilet
1 Schalotte
3 Stängel Petersilie
2 Eigelbe
1 TL körniger Senf
2 TL Zitronensaft
4–6 EL Semmelbrösel
Salz, Pfeffer aus der Mühle
2–3 EL Öl

Für den Dip:
200 g kleine Tomaten
3–4 Basilikumblätter
150 g Naturjoghurt
1 TL flüssiger Honig
1 TL Olivenöl

Für die Pflanzerl das Fischfilet kurz kalt abbrausen, trocken tupfen und in kleine Würfel schneiden. Für etwa 10 Minuten ins Gefrierfach stellen.
Inzwischen für den Dip die Tomaten waschen, trocken tupfen, halbieren, entkernen und sehr klein würfeln, dabei die Stielansätze entfernen. Basilikum fein hacken. Joghurt mit Honig und Öl glatt rühren. Tomaten und Basilikum untermischen. Den Dip mit Salz und Pfeffer abschmecken.
Die Schalotte schälen, sehr fein würfeln. Petersilie waschen, trocken schütteln und fein hacken. Fischwürfel portionsweise mit einem Mixer kurz durchhacken. Eigelbe, Schalotte, Petersilie, Senf und Zitronensaft gründlich unter den Fisch rühren. So viel von den Semmelbröseln untermischen, dass die Masse eine formbare Konsistenz bekommt. Fischmasse mit Salz und Pfeffer abschmecken. Daraus mit angefeuchteten Händen 8 flache Pflanzerl formen.
Öl in einer beschichteten Pfanne bei mittlerer Hitze heiß werden lassen. Hechtpflanzerl darin von jeder Seite in ca. 5 Minuten goldbraun braten. Oder die Pflanzerl grillen. Mit dem Dip servieren.

Tipp: Servieren Sie die Hechtflanzerl auch mal mit Bozener Schnittlauchsoße (Rezept S. 68)

Schnelle Fischsuppe mit Hechtfilet

Vorspeise/Snack.
Für 4 Portionen.
350–400 g Hechtfilet
Salz, Pfeffer aus der Mühle
1 TL abgeriebene Bio-Zitronenschale
50 g kleine Champignons
1 EL Zitronensaft
1 Schalotte, 1 EL Butter
2 cl trockener Wermut oder Sherry
1 l Fischfond (Rezept Seite xx oder aus dem Glas)
3–4 Stängel Zitronenmelisse oder Minze

Das Hechtfilet kurz abbrausen, trocken tupfen, entgräten oder schröpfen (siehe Kasten auf Seite 107). Filet quer in etwa 3 cm breite Stücke schneiden und mit Salz, Pfeffer und Zitronenschale würzen.
Champignons putzen, in Scheiben schneiden und mit Zitronensaft beträufeln. Die Schalotte abziehen, fein würfeln. Butter in einem Topf erhitzen, die Schalotte darin andünsten. Mit Wermut oder Sherry ablöschen. Den Fond zugeben, aufkochen und 5 Minuten offen kochen lassen. Fischstücke und Pilze in den Fond geben, den Fisch bei kleiner Hitze in 4 bis 5 Minuten gar ziehen lassen.
Die Kräuter waschen, trocken schütteln und die Blättchen in feine Streifen schneiden. In die Suppe rühren. Mit Salz und Pfeffer abschmecken.

Hechtsteaks mit Lauch-Apfel-Gemüse

Die Hechtsteaks abbrausen und trocken tupfen. Sichtbare und fühlbare Gräten herauszupfen. Steaks mit 1 EL Zitronensaft, Salz und Pfeffer würzen. Schalotten abziehen, vierteln und in die Segmente teilen. Lauch putzen, in 5 mm dicke Scheiben schneiden und in einem Sieb gründlich waschen. Apfel waschen, vierteln, entkernen, in Spalten schneiden und im übrigen Zitronensaft wenden. Thymian abbrausen, die Blättchen abzupfen.
Die Butter erhitzen, darin Schalotten und Lauch 3 Minuten dünsten. Mit dem Apfel in einen Dämpfeinsatz füllen und mit Thymian bestreuen. Obenauf die Fischsteaks legen. In einen passenden Topf Wein und Fond gießen, den Dämpfeinsatz in den Topf stellen. Die Flüssigkeit aufkochen und den Fisch zugedeckt bei mittlerer Hitze in 10 bis 12 Minuten gar dämpfen.
Fisch und Gemüse warm stellen. Die Flüssigkeit offen bei starker Hitze auf etwa die Hälfte einkochen. Crème fraîche einrühren und die Soße sämig einkochen. Mit Salz und Pfeffer abschmecken. Hechtsteaks mit Lauch-Apfel-Gemüse und der Weinsoße anrichten. Dazu schmecken Kartoffeln.

Hauptgericht.
Für 2 Portionen.
2 Hechtsteaks (je ca. 250 g; oder Steaks von Lachs, Heilbutt, Kabeljau)
2 EL Zitronensaft
Salz, Pfeffer aus der Mühle
2 Schalotten
350 g Lauch
1 kleiner säuerlicher Apfel (möglichst rotschalig)
2 Zweige Thymian
1 EL Butter
150 ml trockener Apfelwein
150 ml Fischfond (Rezept S. 64 oder aus dem Glas)
2 EL Crème fraîche

Hecht

Der Hecht ist ein wunderbares Beispiel für die Anpassung von Gestalt und Lebensweise. Er ist auch im Volksmund der klassische Raubfisch, lauert in geschützter Deckung im flach verkrauteten Uferbereich und schießt dann pfeilschnell auf seine Beute zu. Er hat eine torpedoförmige Gestalt, große Augen und ein riesiges entenschnabelförmiges Maul mit spitzen, nach hinten gerichteten Fangzähnen. Der kräftige Schwanz erlaubt ihm einen Blitzstart aus dem Stand heraus. Seine Grundfärbung und marmorierte Abschattierung kann er wie ein Chamäleon dem Hintergrund anpassen. Das Fleisch ist fest und mit 1 % Fett sehr fettarm. Große Tiere werden portionsweise angeboten, kleinere als Filet. Hechte kommen als Wildfang der Flussfischerei oder aus großen Teichanlagen auf den Markt.

Unser Fischereibetrieb, die Fischerei Köllnitz e. G., bewirtschaftet die Groß Schauener Seenkette nahe der Stadt Storkow. Gemeinsam mit der Heinz-Sielmann-Stiftung als Eigentümer der Gewässer beweisen wir seit Jahren, dass Fischerei und Naturschutz ein Landschaftsbild erhalten, das vielen Menschen Entspannung in einer ausgewogenen Erlebniswelt bietet. Dazu gehört eine gesunde Ernährung mit Fisch aus den heimischen Gewässern, der in unserem Fischrestaurant, den „Köllnitzer Fischerstuben", zubereitet wird.
Eike Kähler

Hecht in Spreewälder Sahnesoße

Hauptgericht.
Für 4 Portionen.

1 Hecht (ca. 2,5 kg), vom Fischer oder Fischhändler küchenfertig vorbereiten und in Portionsstücke schneiden lassen, Kopf und Flossen mitnehmen

Für den Hechtsud
1 Bund Suppengemüse
2 Zwiebeln
je 3 Stängel Petersilie und Dill
2 Lorbeerblätter
6 Pimentkörner
Salz, weißer Pfeffer aus der Mühle
300 g Sahne
200 ml helles Bier
40 g weiche Butter
40 g Mehl
2–4 TL Zitronensaft

Das Suppengemüse putzen, waschen und klein schneiden. Die Zwiebeln abziehen, vierteln. Petersilie und Dill waschen, trocken schütteln und die Stiele abschneiden.
Hechtkopf und Flossen in einen Suppentopf geben. Suppengemüse, Zwiebeln, Kräuterstiele, Lorbeer und Piment zufügen. Salzen und pfeffern. Etwa 2 l Wasser zugießen. Alles zum Kochen bringen und bei kleiner Hitze 20 Minuten köcheln lassen.
Den Hechtsud abseihen, wieder in den Topf gießen und aufkochen lassen. Die Hechtstücke kurz abbrausen, in den Sud legen und bei kleiner Hitze gar ziehen lassen. Herausheben und warm stellen.
Für die Soße 1/2 l Hechtsud abmessen, durch ein Sieb in einen Topf gießen. Sahne zufügen und offen bei starker Hitze etwa 10 Minuten einkochen lassen. Inzwischen Butter und Mehl gründlich verkneten. Das Bier zum Fond-Sahne-Mix geben, aufkochen. Mehl-Butter einrühren und unter gelegentlichem Rühren 2 bis 3 Minuten köcheln lassen. Die Kräuter fein schneiden, die Hälfte davon unter die Soße rühren und mit Salz, Pfeffer und Zitronensaft abschmecken.
Die Hechtstücke auf einer tiefen Platte anrichten, mit der Soße übergießen und mit den übrigen Kräutern bestreuen. Dazu werden im Spreewald Salzkartoffeln, glasiertes Wurzelgemüse und Bier serviert.

Rezept von Wilhelm Dietrich, bis 2010 Küchenleiter in den Köllnitzer Fischerstuben in Groß Schauen/Storkow und Fischkoch im Märkischen Kochclub, der sich der Förderung der märkischen Fischküche verschrieben hat.

Fischragout mit Huchen

Hauptgericht.
Für 4 Portionen.
2 Schalotten
1 Möhre (ca. 100 g)
25 g Butter
25 g Mehl
4 EL trockener Wermut (z. B. Noilly Prat; nach Belieben)
100 ml Weißwein (oder Fischfond)
1/2 l Fischfond (Rezept S. 64 oder aus dem Glas)
100 g Zuckerschoten
Salz, Pfeffer aus der Mühle
600 g Huchenfilet (oder Filet von Forelle, Saibling, Lachs)
2 EL Crème fraîche
1–2 TL Zitronensaft

Schalotten abziehen, klein würfeln. Möhre schälen und waschen, etwa ein Drittel in kleine Würfel schneiden. Butter in einem breiten Topf erhitzen, Schalotten- und Möhrenwürfel darin glasig dünsten. Mit Mehl bestäuben und unter Rühren 2 Minuten hellgelb anschwitzen. Nach und nach unter ständigem Rühren Wermut und Wein zugießen, dabei die Soße glatt rühren. Aufkochen und auf die Hälfte einkochen lassen. Fischfond zugießen, alles zusammen noch 15 Minuten köcheln lassen.

Inzwischen die restliche Möhre schräg in Scheiben schneiden. Zuckerschoten waschen, putzen und schräg in etwa 1 cm breite Streifen schneiden. Huchenfilet kalt abbrausen, trocken tupfen, eventuell noch vorhandene Gräten entfernen. Filet in mundgerechte Stücke schneiden.

Die Soße durch ein Sieb in einen anderen breiten Topf gießen. Wieder aufkochen und die Gemüsestreifen darin 2 bis 3 Minuten leicht kochen lassen. Crème fraîche einrühren, Soße mit Salz, Pfeffer und Zitronensaft abschmecken. Fisch in die heiße Soße legen und darin bei kleiner Hitze zugedeckt in etwa 5 Minuten gar ziehen lassen. Das Ragout nochmals abschmecken. Dazu schmecken Salzkartoffeln oder Reis.

Huchenfilet mit Safran-Sahne-Soße

Hauptgericht.
Für 4 Portionen.
1 Döschen Safranfäden (0,1 g)
1 Rezept Weißwein-Sahne-Soße (Rezept S. 66)
600–800 g Huchenfilet (oder Filet von Waller, Zander, Seezunge)
Salz, Pfeffer aus der Mühle
3 EL Mehl
3 EL Butterschmalz

Die Safranfäden zwischen den Fingern leicht zerreiben und zum Einweichen mit 2 EL warmem Wasser in einer Tasse verrühren.

Die Weißwein-Sahne-Soße wie beschrieben zubereiten, dabei den eingeweichten Safran mit der Sahne in den Topf geben.

Das Huchenfilet kurz kalt abbrausen, trocken tupfen, eventuell noch vorhandene Gräten herauszupfen. Das Filet in vier gleich große Stücke teilen. Die Stücke rundum salzen und pfeffern.

In einer großen Pfanne das Butterschmalz erhitzen. Fischfilet darin bei mittlerer Hitze von jeder Seite je nach Dicke in etwa 3 Minuten goldbraun braten. Huchenfilet mit der Safran-Sahne-Soße anrichten. Dazu passen kleine Pellkartoffeln und grüne Erbsen.

Huchenfilets in Vinaigrette

Die Tomaten überbrühen, abschrecken, häuten, quer halbieren und entkernen. Das Fruchtfleisch klein würfeln. Fenchel putzen und waschen, das feine Grün beiseite legen. Die Knollenhälfte zuerst in Scheiben schneiden, dann diese klein würfeln. Schalotte abziehen und sehr fein würfeln.
Das Öl in einem Topf erhitzen, darin Schalotten- und Fenchelwürfel 5 Minuten andünsten. Fenchelsamen und Koriander unterrühren.
Das Huchenfilet kurz abbrausen, trocken tupfen und in mundgerechte Stücke schneiden. In eine flache Form oder Schüssel legen. Tomaten, Wein, Essig, Zitronensaft und Zucker in den Topf zum Fenchel-Gewürz-Mix geben. Das Ganze mit Salz und Pfeffer kräftig würzen und einmal kurz aufkochen lassen.
Die Gemüse-Gewürz-Mischung kochendheiß über dem Fisch verteilen. Abkühlen lassen. Anschließend zugedeckt über Nacht im Kühlschrank marinieren. Den Fisch mit Fenchelgrün garniert servieren. Dazu schmeckt geröstetes Stangenbrot.

Vorspeise/Snack.
Für 4 Portionen.
200 g schnittfeste Tomaten
1/2 kleine Fenchelknolle
1 Schalotte
2 EL Olivenöl
1/2 TL Fenchelsamen
1/4 TL gemahlener Koriander
400 g Huchenfilet (oder Filet von Saibling, Scholle)
1/8 l trockener Weißwein
2 EL Weißweinessig
2 TL Zitronensaft
1 Msp. Zucker
Salz, Pfeffer aus der Mühle

Huchen

Der Huchen ist der größte Lachsartige der Welt und kommt in Europa nur im Donaueinzugsgebiet vor. Auch heute noch erreichen Huchen in Deutschland Längen von über 140 cm und 30 kg. Der Huchen hat einen lang gestreckten, im Querschnitt fast runden Körper. Auf dem rotbraunen Rücken befinden sich zahlreiche dunkle Flecken in der Form eines X oder eines Halbmondes. Aufgrund der Gewässerverbauungen sind die Huchenbestände heute stark gefährdet und auf Besatz durch die Fischerei angewiesen. Deshalb gelangen in aller Regel nur Huchen aus der Fischzucht auf den Markt. Das Fleisch des Huchens ist grätenarm und bei Kennern sehr beliebt.

Jürgen Schmid war vor 25 Jahren Produktionsleiter in der japanischen Fleischverarbeitung, studierte anschließend Lebensmitteltechnologie in München und ist derzeit Direktor der Lebensmittelabteilung der SKW East Asia Ltd. in Tokio. Er spricht fließend Japanisch und hat über 18 Jahre Berufs- und Lebenserfahrung in Japan.

Jürgen Schmid

Noch vor nicht allzu langer Zeit war Sushi in Bayern wenig bekannt. Mein erstes Sushi bekam ich direkt in Japan serviert. Anfangs war ich, offen gestanden, etwas gehemmt, rohen Fisch mit lauwarmem Reis zu essen. Die farblich ansprechenden und leicht säuerlich riechenden Reisstückchen überzeugten mich jedoch vom ersten Bissen an. Seit diesem Moment eröffnete sich mir eine wahre kulinarische Wunderwelt mit einer unglaublichen Vielfalt an rohen Seefischen, exotischen Muscheln und eingelegten Gemüsesorten. Was aber macht den Genuss eines guten Sushis aus?
Neben der Fischqualität spielt die Qualität des Reises die entscheidende Rolle. Mittlerweile gibt es eine Vielzahl japanischer Restaurants in Deutschland, und Sushi ist eine beliebte und leicht verträgliche Mahlzeit geworden. Als begeisterter Fischer und Hobbykoch war schnell die Idee geboren, auch einheimische, selbst gefangene Fische zu verarbeiten, was mit Huchen, Forelle und Saiblingskaviar überraschend gut gelingt. Wenn die Vorbereitung stimmt, macht das gemeinsame Essen viel Spaß! Das Sushi kann nach Bedarf gerollt und immer wieder frisch serviert werden.

Sushi mit einheimischen Fischen

Hauptgericht.
Für 4 Portionen.

400 g Huchen- oder Forellenfilet ohne Haut (einen Tag gereift)
50 g grobes Salz
180 ml Sushi-Essig (aus dem Asiaregal)
1/2 l Sushi-Reis (japanischer Rundkornreis)
8 Noriblätter (getrockneter, gepresster und gerösteter Seetang)
Wasabipaste
japanische Sojasoße
eingelegter junger Ingwer (Gari, aus dem Glas)

Das Fischfilet entgräten, mit Salz bestreuen und 1 bis 2 Stunden zum Entwässern stehen lassen. Das Salz kurz abwaschen, die Filets trocken tupfen und mit 3 EL Sushi-Essig rundum bepinseln.
Sushi-Reis in einem Sieb so lange waschen, bis das Wasser klar abläuft. Reis mit 1/2 l Wasser in einem Topf aufkochen, 15 Minuten sanft köcheln lassen, anschließend weitere 30 Minuten quellen lassen. Heißen Reis in eine flache Schüssel füllen, den restlichen Essig behutsam unterheben. Zum Abkühlen mit einem Holzspatel gitterförmig Furchen in den Reis ziehen, dabei mit einem Fächer oder dem Holzspatel Luft zufächeln.
Die Fischfilets längs in etwa 1,5 cm breite Streifen schneiden. Für die Sushi-Röllchen (Hosomaki-Sushi) jeweils ein halbes Noriblatt auf eine Bambus-Rollmatte legen. Mit befeuchteten Händen etwa 60 g Sushi-Reis auf dem Blatt verteilen. Wasabipaste nach Geschmack auf die Mitte aufstreichen. 1 bis 2 Filetstreifen darüberlegen. Rollmatte am unteren Ende leicht anheben, mit ihrer Hilfe Noriblatt und Reis um die Füllung herum zu einer festen Rolle formen.
Sushirollen mit der Nahtstelle nach unten auf ein Brett legen. Jeweils in sechs Stücke schneiden. Mit der Schnittfläche nach oben anrichten. Zum Dippen und Dazuessen Sojasoße, Wasabipaste und eingelegten Ingwer servieren. Sushi-Röllchen behutsam in Sojasoße dippen und aus der Hand essen.

Michael von Siemens

Michael von Siemens wurde schon von klein auf von Gewässern und den darin lebenden Organismen magisch angezogen. Diese Faszination hat nicht nur sein Hobby, die Fischerei, sondern auch seinen beruflichen Werdegang maßgeblich mitbestimmt.
Er ist Diplombiologe und lebt in München. Seit über 25 Jahren ist er dort beruflich tätig als selbständiger Sachverständiger für Fischerei und Gewässerökologe. Auch ehrenamtlich engagiert er sich seit vielen Jahren intensiv für den Erhalt und die Renaturierung von bayerischen Fließgewässern und setzt sich hier in besonderem Maße auch für seinen Heimatfluss, die Isar, ein.
Neben seiner Tätigkeit als Fischereisachverständiger betreibt Michael von Siemens gemeinsam mit dem Fischzuchtmeister Karl Kreissig seit nahezu drei Jahrzehnten erfolgreich die Fischzucht Thalhamer Mühle im Chiemgau. Als fachlich versierte Gewässerbewirtschafter und zugleich leidenschaftliche Angler wissen beide sehr genau um die Qualitätsanforderungen, die an Besatzfische zu stellen sind. Was lag da näher, als sich auf die Produktion von Besatzfischen in Topqualität zu spezialisieren? Aber nicht nur als Erzeuger von Besatzfischen, sondern auch als Produzent hochwertigster Speisesaiblinge und feinstem Saiblingskaviar hat sich die Thalhamer Mühle einen Namen gemacht. Wann immer neben Familie und Beruf Zeit bleibt, zieht es Michael von Siemens mal mit der Fliegenrute, mal mit der Spinnrute in der Hand hinaus an die unterschiedlichsten Gewässer.
Schon in jungen Jahren wurden dabei mitunter auch recht ferne Ziele angesteuert. Das Spektrum der befischten Arten ist ungewöhnlich breit und erweitert sich von Jahr zu Jahr. Egal ob es sich um Meerforellen, Lachse, Wandersaiblinge, Tigerfische, Dorados, allerlei exotische Buntbarsche und Welse, Tarpons, Bonefische oder auch Permits handelt, Michael von Siemens hat sie alle befischt und zumeist auch gefangen. Auch wenn es oft die großen Fische sind, auf die er es abgesehen hat, so fischt er in der Schweiz und Österreich immer noch ebenso gerne auch auf die dort eher kleinen wilden Bachforellen und Seesaiblinge. Den heimischen Forellen und Huchen stellt er unter anderem in den Flüssen Ammer und Wertach bevorzugt mit der Fliegenrute nach. Auf die Hechte, Zander und Barsche der oberbayerischen Seen und Flüsse fischt er hingegen lieber mit der Spinngerte. Mit der Fischerei ist bei ihm stets auch eine kulinarisch optimierte Verwertung der heimgebrachten Beute verbunden.

Tempura Sashimi vom Huchen und anderen Salmoniden à la v. Siemens

Hauptgericht.
Für 4 Portionen.
1–1,5 kg Huchenfiletstücke mit Bauchgräten und Haut (oder Filets von Regenbogen-, Bach-, Seeforellen, Saiblingen, Renken oder Äschen mit einem Fanggewicht von möglichst über 1 kg)
ca. 250 g Hagelsalz
japanischer Reisessig (Su, Asiaregal)
10 getrocknete Algenblätter (Sushinori, Asiaregal)
neutrales Bratfett oder Pflanzenöl

Zum Rollen
japanische Bambus- oder Reisstrohmatte (Sudare, Asiaregal)

Für den Teig
1 Eigelb
125 g Mehl
1/4 l Eiswasser
1 Msp. Natron

Für den Dip
ca. 100 ml japanische Sojasoße (z. B. von Kikkoman)
25g-Dose japanischer Meerrettich in Pulverform (Wasabi, Asiaregal)

Für den Verzehr von Sashimi ist grundsätzlich zu beachten, dass vornehmlich große und fettreiche Fische verwendet werden. Die Fische müssen direkt nach dem Schlachten ausgenommen und gekühlt werden. Dann sollten die Filets 1 bis 2 Tage gerade gelagert werden. Hier ist es wichtig, dass Schleim und Feuchtigkeit regelmäßig ggf. mit Küchenkrepp entfernt wird.
Alternativ können auch bis zu wenige Wochen lang gefrostete Fischfilets ohne wesentlichen Qualitätsverlust verwendet werden, sofern diese ohne Haut ganz frisch vakuumiert und eingefroren wurden. Eine zusätzliche Lagerung im Kühlschrank ist nach dem Auftauen nicht mehr erforderlich.

Zubereitung
Den Fisch aus dem Kühlschrank nehmen, ggf. filetieren, Filets trocken tupfen, beidseitig mit reichlich Hagelsalz bedecken und zwischen 10 (kleinere, eher zarte Fische) und 60 Minuten (dicke Huchenfiletstücke) gekühlt im Salz lagern. Danach das Hagelsalz unter kaltem Wasser rasch abspülen.
Anschließend sofort die Filets mit reichlich Küchenkrepp sehr gewissenhaft trocken tupfen. Evtl. im Filet hängengebliebene grobe Salzkörner einzeln entfernen. Wegen des Wasserentzugs durch die Salzbehandlung wird das Fleisch von Süßwasserfischen fester und geschmacksintensiver.
Erst jetzt ggf. Bauchgräten, Bauchhaut und Flossen wegschneiden und die Außenhaut vom Filet trennen. Schließlich muss noch eine Längsreihe von Zwischenmuskelgräten mittels einer starken Pinzette oder Zange gezogen werden, bevor das Filet völlig grätenfrei ist. Jetzt die Filets leicht mit Reisessig bepinseln und für ca. 30 Minuten zurück in den Kühlschrank stellen. Inzwischen Wasabi und den Teig anrühren.

Wasabi
In einem kleinen Glas oder Becher ca. 3 bis 5 TL Wasabipulver tropfenweise mit Wasser verrühren, bis eine grüne Paste entsteht. Danach den Becher bis zum Servieren umgestülpt stehen lassen, damit sich Schärfe und Aroma des Meerrettichs voll entfalten können.

Teig
Eigelb, Eiswasser und Natron in eine Schüssel geben. Das Mehl hineinsieben und unterrühren. Der Teig soll dünn und wässrig leicht vom Löffel laufen, im Zweifelsfall eher noch mit Eiswasser verdünnen!

Huchenfilet und Wasabi

Norirollen herstellen
Die Bambusmatte auf eine trockene, glatte Fläche legen. Ein halbes Noriblatt darauf ausbreiten.
Die zuvor erneut trocken getupften Filets in etwa 1 bis 2 cm dicke und bis max. 20 cm lange Streifen schneiden, dabei dunkles Fettgewebe und flachsige Bereiche entfernen. Je nach Dicke und Länge ein bis mehrere Filetstreifen über die ganze Länge des Blattes ausbreiten und das Ganze anschließend wie eine Biskuitrolle relativ fest rollen.
Vor dem Rollen den hinteren, von Fischstreifen freigelassenen Rand des Noriblatts mit etwas Wasser befeuchten, damit der Rollenabschluss verklebt. Die fertige Rolle sollte einen Durchmesser von etwa 2,5 cm haben. Die Rolle anschließend im wässrigen Teig wenden.

Maximal 4 der mit einer hauchdünnen Teigschicht überzogenen Rollen gleichzeitig in eine Pfanne mit auf ca. 150 bis 200 °C erhitztem Fett/Öl geben und diese unter einmaligem Wenden insgesamt etwa 30 Sekunden lang frittieren. Im Idealfall soll die Rolle außen knusprig, im Kern aber noch roh sein. Frittierte Rollen auf Küchenkrepp abtropfen lassen und sodann in etwa 4 cm lange Stücke schneiden.
Die Röllchen sind nun servierfertig. Beim Verzehr werden sie in Sojasoße getunkt, in die zuvor je nach Belieben Wasabipaste eingerührt wurde.

Tipp: Die gesäuerten Fischfilets können auch in kleine Scheiben geschnitten und direkt als „klassisches“ Sashimi serviert werden. Dazu wird die gleiche Soße gereicht.

Karpfenfilets auf Gemüsestreifen

Hauptgericht.
Für 4 Portionen.
2 Frühlingszwiebeln
300 g Lauch
300 g Möhren
2 Stangen Staudensellerie
1 kleiner säuerlicher Apfel (möglichst rotschalig)
3 EL Zitronensaft
1 EL weiche Butter
4 küchenfertige Karpfenfilets mit Haut (je 150–200 g; oder Filets von Waller, Zander, Kabeljau)
Salz, Pfeffer aus der Mühle
150 ml Fischfond (Rezept S. 64 oder aus dem Glas)
2 EL Rapsöl
1 kleines Lorbeerblatt
100 ml Gemüsebrühe
1–2 TL geriebener Meerrettich

Frühlingszwiebeln, Lauch, Möhren und Sellerie waschen und je nach Sorte putzen oder schälen. Alles in feine, fingerlange Streifen schneiden. Den Apfel waschen, vierteln, entkernen, längs in feine Streifen schneiden und mit 1 TL Zitronensaft beträufeln.

Den Backofen auf 200 °C vorheizen. Eine große ofenfeste Form mit der Butter ausstreichen.

Die Karpfenfilets abbrausen und trocken tupfen. Eventuell noch vorhandene Gräten herauszupfen oder die Filets schröpfen (siehe Kasten S. 107). Filets rundum mit dem restlichen Zitronensaft, Salz und Pfeffer würzen. Nebeneinander mit der Haut nach oben in die Form setzen. Den Fischfond angießen.

Öl in einem breiten Topf erhitzen, das Gemüse darin unter Wenden 1 bis 2 Minuten farblos andünsten. Salzen, pfeffern und den Lorbeer zufügen.

Den Karpfen in den Ofen (Mitte) schieben und je nach Dicke der Filets in 6 bis 8 Minuten garen.

Inzwischen die Brühe zum Gemüse gießen und den Apfel zugeben. Alles aufkochen und bei kleiner Hitze 2 bis 4 Minuten köcheln, bis das Gemüse bissfest ist. Lorbeer entfernen. Das Gemüse mit Meerrettich, Salz und Pfeffer abschmecken und mit den Karpfenfilets samt Flüssigkeit anrichten. Dazu schmecken Salzkartoffeln.

Marinierter Karpfen

Hauptgericht.
Für 2 Portionen.
1 küchenfertiger Karpfen (ca. 900 g)
1 Stück Ingwer (ca. 2 cm)
1 rote Chilischote
1 Knoblauchzehe
100 ml Teriyaki Marinade & Soße (aus dem Asiaregal)
je 1 rote und orange Paprikaschote
1 Zwiebel
Salz, Pfeffer aus der Mühle
5 Stängel Koriander (oder Petersilie)
Außerdem: 1 Stück Bratschlauch (ca. 70 cm lang)

Den Karpfen abbrausen und trocken tupfen. Den Fisch auf jeder Hautseite im Abstand von 3 bis 4 mm bis auf die Gräte einschneiden (schröpfen, siehe Kasten auf Seite 107). Karpfen in eine tiefe Form legen.

Ingwer schälen, fein reiben. Chili waschen, putzen, entkernen und klein würfeln. Knoblauch abziehen, klein würfeln. Alles mit der Teriyaki Marinade verrühren. Marinade über den Karpfen gießen, den Fisch darin wenden und zugedeckt 5 bis 6 Stunden marinieren, dabei mehrmals wenden.

Backofen auf 200 °C vorheizen. Paprika waschen, putzen und in mundgerechte Stücke schneiden. Zwiebel abziehen, vierteln, in die Segmente teilen. Gemüse salzen und pfeffern.

Den Bratschlauch an einer Seite zubinden. Fisch samt Marinade in den Schlauch geben, das Gemüse zufügen. Bratschlauch nach Packungsangabe verschließen, einstechen und auf das kalte Backblech setzen. Den Karpfen im Ofen (unten) etwa 35 Minuten backen. Koriander waschen, trocken schütteln, die Blättchen abzupfen. Karpfen und Gemüse samt Flüssigkeit anrichten, mit Koriander bestreut servieren. Dazu schmecken Kartoffeln oder Reis.

Karpfen in Biersoße

Hauptgericht.
Für 4 Portionen.

- 1 Bund Suppengemüse
- 2 Zwiebeln
- 1 Lorbeerblatt
- 4 Wacholderbeeren
- 1 EL Butterschmalz
- 1 TL Zucker
- 1/2 l dunkles Bier
- Schale von 1/2 Bio-Zitrone
- 1 küchenfertiger Karpfen (ca. 1,5 kg), beim Einkauf gleich in 8 Portionsstücke teilen lassen
- Salz, Pfeffer aus der Mühle
- 30 g Soßenlebkuchen
- 50 g Sultaninen
- 1/2 Bund Petersilie

Das Suppengemüse waschen, putzen und klein schneiden. Zwiebeln abziehen, würfeln. Lorbeerblatt in Stücke teilen, Wacholder zerdrücken.
In einer Kasserolle das Schmalz erhitzen. Darin Suppengrün, Zwiebeln und die Gewürze anbraten. Mit dem Zucker bestreuen und vermischen. Das Bier und die Zitronenschale zugeben. Alles aufkochen und zugedeckt 20 Minuten leicht kochen lassen.
Inzwischen die Karpfenstücke abbrausen und trocken tupfen. Sichtbare und fühlbare Gräten herauszupfen.
Die Biersoße durchseihen, wieder in die Kasserolle zurückgießen, erhitzen, salzen und pfeffern. Soßenlebkuchen zerbröckeln, in der Soße auflösen. Die Sultaninen zugeben. Karpfenstücke in die Kasserolle legen, mit der Soße beschöpfen und zugedeckt bei kleiner Hitze 15 Minuten garen.
Petersilie waschen, trocken schütteln und die Blätter in feine Streifen schneiden. Die Biersoße mit Salz und Pfeffer abschmecken. Karpfen samt Soße anrichten und mit Petersilie bestreut servieren. Dazu schmecken Salzkartoffeln.

Karpfen

Der Karpfen gehört zu der großen Familie der Weißfische, die nach ihm auch Karpfenfische genannt werden. Schon die Römer brachten ihn als Teichfisch aus Fernost mit nach Germanien, weil er fast in jedem Wasserloch und Tümpel gehalten werden kann. Enorm anspruchslos und robust wird er auch als „Teichschwein“ bezeichnet. Dabei hat das Fleisch, wenn er gegebenenfalls in frischem Wasser ausreichend gehältert wurde, einen feinen aromatischen Geschmack. Der Kenner lässt sich auch durch die Zwischenmuskelgräten nicht irritieren, denn er weiß, dass diese im Filet oberhalb der Seitenlinie liegen, also berechenbar sind. Angeboten wird der Speisekarpfen in der Regel mit ca. 1 bis 2,5 kg. Serviert wird er häufig der Länge nach gespalten oder in Koteletts.

Die Fischzucht Oberle befindet sich seit 360 Jahren in Familienbesitz. Kommentar von Paul Oberle: Karpfen soll ja dreimal schwimmen – zuerst im Weiher, dann in Fett oder Sud und anschließend in Bier oder Wein. Immer eine gute Sache!

Fisch vor Ort: Fränkischer Karpfen

Am Festtag des Schutzpatrons der Fischer feierte die Fischzucht Oberle in Erlangen-Kosbach das 360-jährige Jubiläum des Hofes. Ununterbrochen in Familienbesitz umfasst der Betrieb heute Teichwirtschaft, Satzfischzucht und ein Restaurant.

Am 8. Dezember 1650 erwarb der Vorfahr Peter Nizel, der aus Heroldsberg in der Fränkischen Schweiz stammte, die „gantze Hub zue Cospach", bestehend aus Bauernhaus, Stadel, 13,5 Morgen Feld, 2 Morgen Weiher und 5 Tagwerk Wiesen; die Niederschrift des Kaufvertrags ist in der Staatsbibliothek Bamberg erhalten. Kurz nach dem Dreißigjährigen Krieg war die Anschaffung zweifellos ein Wagnis, das Dorf lag noch in Schutt und Asche. Durch kluge Zukäufe machte aber bereits der Enkel Georg den Hof zum größten in Kosbach. Etliche Nützel wurden wiederholt zu Bürgermeistern gewählt.

Den Ausbau der Teichwirtschaft betrieb vor allem Konrad Nützel (1759–1816). Der Revierförster – bekannt geworden, weil er den letzten in Franken gesichteten Wolf erlegte – ersteigerte mehrere Weiher, die das Königreich Bayern verkaufen musste, um seine Schulden aus den an der Seite Napoleons geführten Kriegen zu begleichen. Doch die jährlichen Erträge schwankten stark. Fischzucht war wenig profitabel, Getreideanbau warf mehr ab. Erst dem gleichnamigen Enkel gelang es, mit neuen Methoden die Fischproduktion zu steigern. Dieser jüngere Konrad (1877–1924) praktizierte Zufütterung und Düngung der Teiche, ließ neue Weiher anlegen, erzeugte selbst Karpfenbrut und begann, Setzlinge weiterzuverkaufen. 1920 urteilte das Kulturbauamt in Bamberg: „Herr Nützel hat auf seinem Gute eine Teichwirtschaft eingerichtet, welche mustergültig ist und eine Sehenswürdigkeit für ganz Bayern darstellt."

Dennoch war es ein ähnliches Wagnis wie 1650, als Paul Oberle 1961 den Hof übernahm. Zwischen 1923 und 1932 waren sämtliche männliche Erben verstorben, der letzte Nützel namens Baptist wurde während eines Fischtransports nur 31-jährig tot im Zug aufgefunden. Konrads Witwe Margarethe musste den Hof verpachten, bis ihr Enkel Paul Oberle seine Ausbildung abgeschlossen hatte. Der letzte Pächter wirtschaftete den Hof völlig herunter. Ein Gutachten bewertete dessen Gesamteindruck als „niederschmetternd". Dennoch musste die Familie bis zum Bundesgerichtshof gehen, um den Pächter loszuwerden.

Aus diesen bescheidenen Anfängen bauten Paul Oberle und seine Frau Resi den Hof wieder auf. Sie entschieden, die Landwirtschaft aufzugeben, und setzten ganz auf die Fischzucht. Stall und Hofwiese verpachteten sie 1967 an den Reitclub Erlangen. 1973 erwarben sie die Teichanlage von Schloss Seehof bei Bamberg und vergrößerten so die gesamte Weiherfläche des Hofes auf über 100 Hektar.

Satzfische wurden ins gesamte Bundesgebiet und ins benachbarte Ausland, sogar bis nach England, geliefert. Ein von Pferdepflegern verursachter Brand 1994 machte nicht nur einen teilweisen Wiederaufbau notwendig, sondern ermöglichte auch, neben der Fischzucht ein zweites Standbein zu entwickeln. Im rechten Flügel des Dreiseithofes entstand das Restaurant „Die Fischerei", das am 1. Februar 2000 öffnete und sich heute reger Beliebtheit erfreut. Die Kombination von eigener Erzeugung der Fische, exzellenter Zubereitung, historischem Ambiente der Hofgebäude und familiärem Charme lockt selbst Gäste mit hohen Ansprüchen auf den Hof. Oft wird „Die Fischerei" für Hochzeiten, Familienfeste und Firmenfeiern genutzt. Die Speisefische aus eigenen Weihern erfüllen als reine Naturprodukte regionaler Herkunft die Erwartungen heutiger Verbraucher.
Inzwischen leiten Pauls Sohn Christoph, der seit seiner Prüfung zum Fischwirtschaftsmeister 1988 im Betrieb tätig ist, und dessen Frau Ulrike das Unternehmen. Auch Christoph Oberle zeichnet die Bereitschaft zur Innovation aus. In den früheren Stallungen entstanden ein Bruthaus und Räume zur Hälterung und Verarbeitung von Fischen. Bei Schloss Seehof wurde eine Halle errichtet, in der man auch im Winter Karpfen und andere Fische artgerecht hältern kann. Christophs eigene Erfindung ist ein Fischaufzug, der das Abfischen erleichtert. Zudem experimentiert er mit der Zucht neuer Fischarten und hat mit Zwergwelsen und Silberkarpfen bereits gute Erfolge erzielt.
Garant für den wiedergewonnenen Erfolg ist der Zusammenhalt der Familie. Im Vorwort zur Jubiläumsfestschrift zitiert Christoph Oberle aus dem Glückwunschschreiben seines Großonkels zum 300-jährigen Bestehen 1950: „Einigkeit macht Kleines groß, Zwietracht macht Großes klein."

Karpfen auf fränkische Art

Hauptgericht.
Für 2 Portionen.
1 küchenfertiger Karpfen (von ca. 1,5 kg Lebendgewicht)
Salz
Mehl zum Wenden
Frittieröl oder Butterschmalz zum Ausbacken

Den Karpfen „spalten". Dazu den Fisch mit einem scharfen Messer mit einem Schnitt der Länge nach halbieren, sodass auch das Schwanzstück geteilt ist. Eine Hälfte behält dabei die Rückengräte. Die Karpfenhälften kurz unter kaltem Wasser abbrausen und trocken tupfen.
Frittierfett in einem breiten Topf oder in einer Fritteuse auf 180 °C erhitzen. Die Karpfenstücke rundum salzen und in Mehl wenden, überschüssiges Mehl abschütteln.
Die Fischhälften im heißen Fett schwimmend je nach Größe in 9 bis 12 Minuten goldbraun ausbacken (eventuell auch nacheinander). Gegebenenfalls abtropfen lassen. Klassische Beilagen dazu sind Kartoffel- und Endiviensalat.

Gegrilltes Lachsfilet auf Zedernholz

Hauptgericht. Für 4 Portionen.
1 Bio-Zitrone
700–800 g Lachsfilet am Stück (oder Filet von Zander, Wolfsbarsch)
3 EL brauner Zucker
2–3 EL Olivenöl
Salz, Pfeffer aus der Mühle
Außerdem: 1 Veredelungsholz-Platte, z. B. aus Zedernholz, Buchenholz

Die Holzplatte für 1 bis 2 Stunden in Wasser einweichen.
Den Kugelgrill auf höchste Stufe vorheizen. Die Zitrone heiß waschen, trocken reiben und in Scheiben schneiden. Die eingeweichte Holzplatte abtropfen lassen. Lachsfilet kurz kalt abbrausen, trocken tupfen und bei Bedarf entgräten. Filet mittig auf die Zedernholzplatte legen. Die Fischoberfläche mit Öl bepinseln, mit Salz und Pfeffer würzen. Zitronenscheiben auf dem Lachs verteilen, mit Zucker bestreuen.
Den Lachs samt Holzplatte auf den Grillrost setzen und den Grilldeckel schließen. Das Fischfilet bei 200 bis 220 °C je nach Dicke in 12 bis 18 Minuten garen (pro 1,5 cm Dicke etwa 8 bis 10 Minuten).
Das Zedernholz mit dem Fisch vom Grill nehmen. Lachsfilet auf der Platte servieren und portionieren. Dazu schmecken gemischter Blattsalat und Kräuterreis oder Kartoffelpuffer.

Feiner Lachsaufstrich

Vorspeise/Snack. Für 2 Portionen.
75 g Räucherlachs
1 EL Olivenöl
1 EL weiche Butter
30 g Magerquark
Salz, Pfeffer aus der Mühle
1–2 EL Limetten- oder Zitronensaft
1/2 Bund Schnittlauch
150 g frisches Lachsfilet

Den Räucherlachs in grobe Streifen schneiden. Mit Öl, Butter, Quark sowie etwas Salz, Pfeffer und 1 EL Zitrussaft fein pürieren. Den Schnittlauch abbrausen, trocken schütteln und in feine Röllchen schneiden. Das frische Lachsfilet kalt abbrausen, trocken tupfen und in kleine Würfel schneiden. Zusammen mit dem Schnittlauch unter den Aufstrich mischen. Mit Salz, Pfeffer und restlichem Zitrussaft abschmecken. Lachsaufstrich bis zum Servieren zugedeckt im Kühlschrank aufbewahren. Schmeckt besonders gut auf getoastetem Brot.

Lachs (atlantisch)

Er ist ein Wanderer zwischen Fluss und Meer. Seine Laichplätze finden sich in den Oberläufen der Flusssysteme. Die Jungfische ziehen hinab ins Meer, wo sie bis zum geschlechtsreifen Tier heranwachsen. Ein atlantischer Lachs erreicht dort eine maximale Länge von 1,4 m mit einem Gewicht von max. 30 kg. Um den Zyklus zu vollenden, steigen die laichbereiten Lachse wiederum in ihre Heimatgewässer zu den Laichplätzen auf. Als Speisefische kommen Tiere ganz unterschiedlicher Größe in den Handel; in der Regel sind es Lachse mit einem Gewicht von 3 bis 5 kg.

Zweierlei Lachs mit Fenchelsoße

Für die Soße die Schalotte abziehen, klein würfeln. Gemüsefenchel waschen und putzen, das zarte Grün beiseite legen. Den Fenchel achteln, vom Strunk befreien und quer in dünne Streifen schneiden. In einem Topf 30 g Butter zerlassen. Schalotte und Fenchelsamen darin andünsten, bis die Schalotte glasig ist. Fenchelstreifen zufügen und 3 bis 4 Minuten farblos mitdünsten. Leicht salzen und pfeffern. Mit Anisschnaps und Weißwein ablöschen, Fischfond zugießen. Alles aufkochen und zugedeckt etwa 10 Minuten köcheln lassen. Danach fein pürieren und durch ein Sieb in einen breiten Topf streichen. Sahne unterrühren und die Soße sämig einkochen lassen.
Inzwischen das frische Lachsfilet kurz kalt abbrausen, trocken tupfen und in zweifingerbreite Stücke schneiden. Räucherlachs in Streifen schneiden. Die Bandnudeln in reichlich kochendem Salzwasser nach Packungsangabe bissfest kochen.
Währenddessen den frischen Lachs in die leicht kochende Fenchelsoße legen und darin in 3 bis 5 Minuten gar ziehen lassen. Die Soße mit Salz und Pfeffer abschmecken.
Nudeln in ein Sieb abgießen, kurz abtropfen lassen, mit der übrigen Butter im Topf vermengen. Bandnudeln mit gegartem Lachs, Räucherlachs und Fenchelsoße anrichten. Mit Fenchelgrün und Pfefferbeeren garniert servieren.

Hauptgericht.
Für 4 Portionen.
1 Schalotte
1 Fenchelknolle (ca. 300 g)
50 g Butter
1/2 TL Fenchelsamen
Salz, Pfeffer aus der Mühle
3 EL Anisschnaps (z. B. Pernod, Pastis)
100 ml trockener Weißwein
300 ml Fischfond (Rezept S. 64 oder aus dem Glas)
200 g Sahne
500–600 g frisches Lachsfilet (oder Filet von weißfleischigen Fischen)
100 g Räucherlachs
400 g grüne Bandnudeln
rosa Pfefferbeeren zum Garnieren

Tandoori-Lachsschnitzel

Hauptgericht.
Für 4 Portionen.
4 Lachsschnitzel (je 160–200 g; oder Filet von Saibling, Waller, Rotbarsch)
1 EL Tandoori-Paste (Asiaregal)
150 g Naturjoghurt
2 EL Limettensaft
1 Knoblauchzehe
1 TL Garam Masala (indische Gewürzmischung)
1/2 TL Chilipulver
1/2 TL rosenscharfes Paprikapulver
Salz, Pfeffer aus der Mühle
1 EL Butter
1 Bio-Limette

Die Lachsschnitzel abbrausen, trocken tupfen und eventuell noch vorhandene Gräten entfernen.
Die Tandoori-Paste mit Joghurt und Limettensaft glatt rühren. Knoblauch schälen und dazupressen. Garam Masala, Chilipulver und Paprikapulver untermischen. Die Marinade mit Salz und Pfeffer abschmecken. Lachsschnitzel in der Marinade wenden und darin zugedeckt im Kühlschrank mindestens 4 Stunden (oder über Nacht) marinieren.
Den Backofen auf 190 °C vorheizen. Die Lachsschnitzel aus der Marinade heben und nebeneinander in eine ofenfeste Form setzen. Übrige Marinade darauf verteilen. Die Butter in Flöckchen auf die Schnitzel setzen. Den Fisch im Ofen (Mitte) 8 bis 10 Minuten garen. Dazu schmecken indisches Fladenbrot oder Reis und Mango-Chutney.

Info: Tandoori-Paste ist eine rote indische Würzpaste, die Fisch und Geflügel die typisch rote Farbe verleiht.

Lachs-Chips mit Blattsalaten

Vorspeise/Snack.
Für 4 Portionen.
150 g Feldsalat
1/2 Kopf- oder Romanasalat
1 Handvoll Rucola
2–3 EL Sherry-Essig
Salz, Pfeffer aus der Mühle
1 gute Prise Zucker
2 Knoblauchzehen
5–6 EL Olivenöl
2 große festkochende Kartoffeln
200 g Räucherlachs in Scheiben
Frittieröl
Petersilienblättchen zum Garnieren

Feld-, Kopf- oder Romanasalat und Rucola putzen, waschen, verlesen und gut abtropfen lassen. Den Romanasalat in mundgerechte Stücke zerpflücken.
Essig, Salz, Pfeffer und Zucker kräftig verrühren. Den Knoblauch schälen und dazudrücken. Das Öl unter die Marinade schlagen.

Die Kartoffeln schälen und auf einem Gemüsehobel quer in feine Scheiben hobeln. Den Lachs in Stücke schneiden, die etwas kleiner als die Kartoffelscheiben sind. Die Hälfte der Kartoffelscheiben auf der Arbeitsfläche ausbreiten. Mit je einem Lachsstück belegen und mit einer zweiten Kartoffelscheibe abdecken. Jeweils etwas andrücken.
Das Frittieröl erhitzen. Die Lachs-Chips darin schwimmend goldbraun ausbacken. Herausheben und auf Küchenpapier abtropfen lassen.
Die Blattsalate in der Marinade wenden und auf Tellern anrichten. Lachs-Chips darauf verteilen und mit Petersilienblättern garnieren. Den Salat sofort servieren.

Tipp: Servieren Sie die noch warmen Lachs-Chips solo, also ohne den Salat, zum Aperitif.

Lachssteaks mit Ananas-Zwiebel-Gemüse

Die Lachssteaks kurz kalt abbrausen und trocken tupfen. Die Frühlingszwiebeln putzen, waschen, schräg in etwa 2 cm lange Stücke schneiden. Ananas würfeln. Ingwer schälen und möglichst klein würfeln.

In einer Pfanne 1 EL Öl erhitzen. Frühlingszwiebeln, Ananas und Ingwer kurz andünsten. Sojasoße und 1 EL Zitronensaft zufügen und das Gemüse zugedeckt bei kleiner Hitze 2 bis 3 Minuten dünsten. Mit Salz, Cayennepfeffer und übrigem Zitronensaft abschmecken. Aus der Pfanne nehmen und warm halten.

Restliches Öl in der Pfanne erhitzen. Darin die Lachssteaks bei mittlerer Hitze von jeder Seite 2 bis 3 Minuten braten. Salzen, pfeffern und auf dem Ananas-Zwiebel-Gemüse anrichten. Dazu schmeckt Reis.

Hauptgericht.
Für 4 Portionen.

4 Lachssteaks (je 180–200 g; oder Steaks von Heilbutt, Schwertfisch)
1 Bund Frühlingszwiebeln
200 g frisches Ananasfruchtfleisch
1 Stück Ingwer (ca. 1 cm, nach Belieben)
3 EL Rapsöl
2 EL helle Sojasoße
1–2 EL Zitronensaft
Salz, Cayennepfeffer
Pfeffer aus der Mühle

Gebratenes Renkenfilet mit Rotweinbutter

Hauptgericht.
Für 2 Portionen.
4 Renkenfilets mit Haut (oder Filet von Forelle, Barsch, Stör, Scholle)
Salz, Pfeffer aus der Mühle
2 EL Mehl
200 ml kräftiger Rotwein
40 g durchwachsener Speck
2 Schalotten
1 Prise Zucker
20 g kalte Butter
1–2 EL Butterschmalz
2 EL Schnittlauchröllchen

Die Renkenfilets abbrausen, trocken tupfen und eventuell noch vorhandene Gräten entfernen. Filets mit Salz und Pfeffer würzen. Jeweils mit der Hautseite in Mehl drücken, überschüssiges Mehl abschütteln.

Rotwein in einem Topf aufkochen und bei mittlerer Hitze auf etwa 60 ml einkochen lassen. Inzwischen den Speck klein würfeln. Schalotten abziehen und klein würfeln. Speck in einer Pfanne knusprig braten. Herausheben und warm halten. Schalotten im Speckfett glasig dünsten.

Reduzierten Wein vom Herd nehmen. Mit 1 Prise Zucker, etwas Salz und Pfeffer würzen. Die Butter in kleinen Stücken nach und nach unter ständigem Rühren zum Rotwein geben. Heiß halten, aber nicht mehr kochen lassen.

Schmalz in einer großen Pfanne erhitzen. Darin bei mittlerer Hitze die Fischfilets mit der Fleischseite nach unten 2 Minuten braten. Wenden und in ca. 3 Minuten fertig braten. Speck-Schalotten-Mix über den Renkenfilets verteilen und mit Rotweinbutter beträufeln. Mit Schnittlauch bestreut servieren. Dazu schmecken kleine Pellkartoffeln und Blattsalat.

Renke vom Grill mit Kugelsalat

Hauptgericht.
Für 4 Portionen.
400 g runde Mini-Kartoffeln (z. B. Drillinge)
350 g Kirschtomaten
200 g kleine Champignons
4 EL Weißweinessig
2 EL Gemüsebrühe
1/2 TL mittelscharfer Senf
Salz, Pfeffer aus der Mühle
1 TL Ahornsirup
4–5 EL Olivenöl
4 küchenfertig Renken (je ca. 300 g; oder Forellen, Saiblinge)
8 Stängel Zitronenthymian
etwas Öl zum Bepinseln
1 EL Zitronensaft

Für den Salat die Kartoffeln waschen, ungeschält in kochendem Salzwasser in 12 bis 15 Minuten zugedeckt garen, danach kalt abschrecken und abtropfen lassen (auch schon am Vortag). Kartoffeln pellen.

Tomaten waschen und trocken tupfen. Champignons putzen und die Stiele abschneiden. Beides mit den Kartoffeln in eine Schüssel füllen. Essig mit Brühe, Senf, etwas Salz und Pfeffer, Ahornsirup und Öl in einem hohen Gefäß mit dem Stabmixer cremig aufschlagen. Salatsoße unter die Zutaten mischen. Den Salat abschmecken und bis zum Servieren zugedeckt kühl stellen.

Die Renken abbrausen. Innen und außen mit Salz einreiben und 30 Minuten ruhen lassen. Thymian waschen und trocken schütteln. Den Grill aufheizen und den Grillrost einölen. Renken nochmals abbrausen, trocken tupfen und mit Zitronensaft, Salz und Pfeffer würzen. Thymian in die Bauchhöhlen verteilen. Die Fische bei ca. 200 °C von jeder Seite 8 bis 10 Minuten grillen. Mit dem Kugelsalat servieren.

Coregonen (Felchen, Maränen, Renken)

Die Coregonen sind keine griechischen Schreckgestalten mit Schlangenhaaren, sondern die korrekte aber meist unbekannte Bezeichnung einer Gattung, die zu den artenreichsten innerhalb der Lachsartigen gehört. Felchen, Maränen, Renken sind vor allem in den Seen Bayerns, Norddeutschlands und Oberitaliens wegen ihrer großen Vorkommen der Brotfisch der Erwerbsfischerei und örtlichen Gastronomie. Die Verwandtschaft zu den Forellen ist nicht zu übersehen. Neben der Fettflosse, zwischen Rücken und Schwanzflosse, sind die stromlinienförmige Gestalt und die tropfenförmige Pupille, die wir beispielsweise von der Äsche kennen, charakteristisch. Diese nach vorn ausgezogene Pupille gibt dem Fisch ein besseres Sehfeld zum Erkennen der Nahrung. Felchen, Maränen, Renken oder wie auch immer die regionale Bezeichnung ist, sollten vor Ort beim Fischer frisch gekauft werden. Oft werden dort auch schon geräucherte oder anderweitig veredelte Produkte angeboten.

Angst vor Gräten?

Vor allem Weißfische, aber auch Karpfen, Hechte und Schleien, haben besonders viele kleine Gräten, die beim Essen stören. Dem kann man abhelfen. Mit Schröpfen oder Gräten schneiden, wie es die Fachleute nennen. Als Handwerkszeug braucht man dazu ein stabiles Arbeitsbrett und ein scharfes Messer mit langer und gerader Klinge.
Und so geht es: Beim ganzen Fisch schneidet man jeweils die Hautseiten im Abstand von ca. 4 mm bis auf die Gräte ein. Beim Filet mit oder ohne Haut wird das Fleisch quer in Abständen von 3 mm ein- aber nicht durchgeschnitten. Die Gräten werden beim Schröpfen weitgehend zerkleinert, so sind sie beim Verzehr des Fisches kaum noch spürbar. Mit ein wenig Fingerspitzengefühl und Übung gelingt das Schröpfen auch jedem Laien. Es ist nicht nötig, wenn Fischfilet für ein Rezept sehr fein zerkleinert, z. B. püriert wird.

Räucherrenke mit Chili-Dressing

Vorspeise/Snack. Für 4 Portionen.

- 2 EL milder Weißweinessig
- 2 TL helle Sojasoße
- 1 Spritzer geröstetes Sesamöl
- 1–2 Spritzer Chiliöl
- 1/2–1 TL Zucker
- 2–3 EL Limettensaft
- 400 g geräuchertes Renkenfilet ohne Haut
- 2 getrocknete, in Öl eingelegte Tomaten
- 1 große Handvoll gemischte Salatblätter
- 2 Frühlingszwiebeln, 4 Radieschen

Für das Dressing alle Zutaten kräftig verrühren, dabei nach Geschmack Chiliöl, Zucker und Limettensaft untermischen.
Das Renkenfilet in mundgerechte Stücke teilen, dabei eventuell noch vorhandene Gräten entfernen. Die Tomaten abtropfen lassen und möglichst klein würfeln. Salatblätter, Frühlingszwiebeln und Radieschen waschen und putzen. Salatblätter abtropfen lassen, kleiner zupfen. Frühlingszwiebeln und Radieschen in dünne Scheiben schneiden. Salatblätter, Zwiebeln, Radieschen und Tomaten mit der Hälfte des Dressings vermischen. Salat und Renke auf Tellern anrichten. Übriges Dressing auf die Renkenstücke träufeln. Sofort servieren.

Ruttenfilet mit Dillschmand

HAUPTGERICHT.
FÜR 4 PORTIONEN.
600–800 g Ruttenfilets (oder beliebige Fischfilets)
2 EL Zitronensaft
Salz, Pfeffer aus der Mühle
2 EL Mehl
1 Bund Dill
1 EL Rapsöl
2 EL Butter
250 g Schmand
2 EL Naturjoghurt
1 Msp. Zucker

Die Ruttenfilets kurz abbrausen, trocken tupfen und eventuell noch vorhandene Gräten entfernen. Filets mit etwas Zitronensaft, Salz und Pfeffer würzen, in Mehl wenden und überschüssiges Mehl abschütteln. Dill waschen, trocken schütteln, Dillspitzen fein hacken.
In einer großen beschichteten Pfanne Öl und 1 EL Butter erhitzen. Fischfilets darin bei mittlerer Hitze von jeder Seite 2 bis 3 Minuten braten. Aus der Pfanne heben, warm stellen.
Das Bratfett abgießen. Übrige Butter in der Pfanne aufschäumen. Schmand, Joghurt und 1 EL Zitronensaft einrühren und heiß werden, aber nicht kochen lassen. Die Soße mit Zucker, Salz und Pfeffer kräftig abschmecken.
Ruttenfilets auf Tellern anrichten, mit der Schmandsoße überziehen, mit Dill bestreuen und mit Röstkartoffeln servieren.

Rote Linsensuppe mit Rutte

VORSPEISE/SNACK.
FÜR 4 PORTIONEN.
180 g rote Linsen
1 Schalotte
1 Stück Ingwer (ca. 1 cm)
2 EL Rapsöl
1/2 TL mildes Currypulver
800 ml Gemüsebrühe
300 g Ruttenfilets (oder beliebige Fischfilets)
4 EL Orangensaft
4 Stängel Koriander oder Petersilie
Salz
1 TL abgeriebene Orangenschale

Die Linsen verlesen, in einem Sieb waschen und abtropfen lassen. Schalotte und Ingwer schälen und würfeln.
Das Öl erhitzen, darin Schalotte, Ingwer und Currypulver andünsten. Linsen und Brühe zugeben. Alles aufkochen und zugedeckt 15 Minuten köcheln lassen.
Inzwischen die Ruttenfilets abbrausen, trocken tupfen und in mundgerechte Stücke schneiden. Mit 2 EL Orangensaft vermengen. Kräuter waschen, trocken schütteln und die Blättchen fein hacken.
Die Suppe fein pürieren, mit Salz und übrigem Orangensaft abschmecken und erneut aufkochen. Ruttenfilets in die Suppe legen und darin in etwa 3 Minuten gar ziehen, aber nicht kochen lassen.
Suppe mit Orangenschale und Kräutern bestreut servieren.

Rutte

Die Rutte ist als bodenlebender Bewohner von Fließgewässern und Seen perfekt getarnt. Die dunkle Marmorierung macht sie am Gewässerboden fast unsichtbar. Der Rücken mit zwei getrennten Rückenflossen und einer charakteristisch gerundeten Schwanzflosse ist graugrün, oliv oder braun gefärbt. Sie lebt auch z. B. in der Isar, im Bodensee und in den Voralpenseen. Sie ist ein geschätzter Speisefisch. Der besondere Geschmack, aber auch ihr außergewöhnliches Aussehen mit der breiten Maulspalte und der einzelnen Bartel am Kinn ist ihrer Verwandtschaft geschuldet. Sie ist der einzige Vertreter der großen Dorschfamilie im Süßwasser. Eine besondere Spezialität ist die Ruttenleber, die in Feinschmeckerkreisen als besondere Delikatesse gilt.

Ruttenfilet mit geschmorten Kräutertomaten

HAUPTGERICHT.
FÜR 4 PORTIONEN.
2–4 küchenfertige Rutten (insgesamt 2 kg)
Salz, Pfeffer aus der Mühle
1 kg schnittfeste Tomaten
1–3 Knoblauchzehen
6–7 EL Olivenöl
1/2 EL frische, fein gehackte Kräuter (z. B. Thymian, Rosmarin, Basilikum, Petersilie)

Die Rutten filetieren (siehe S. 49). Aus den Filets eventuell noch vorhandene Gräten mit einer Grätenzange oder Pinzette behutsam herausziehen. Mit einem scharfen Messer die Filets zunächst längs halbieren, dann quer in drei gleich große Stücke schneiden. Fischstücke leicht salzen und pfeffern.
Von den Tomaten die Stielansätze keilförmig herausschneiden. Tomaten mit reichlich kochendem Wasser überbrühen, kalt abschrecken, häuten und achteln. Die Knoblauchzehen abziehen und klein würfeln.
In einem breiten Topf 3 EL Öl erhitzen. Tomatenstücke und Knoblauch darin bei mittlerer Hitze unter gelegentlichem Rühren 10 Minuten schmoren. Die Kräuter unterrühren und die Tomaten mit Salz und Pfeffer abschmecken.
In zwei großen Pfannen das restliche Öl heiß werden lassen. Die Fischfiletstücke darin von beiden Seiten insgesamt 4 bis 5 Minuten anbraten. Dabei kringeln sich die Fischstücke etwas, ähneln vom Biss her Shrimps. Die geschmorten Tomaten zum gebratenen Ruttenfilet geben, falls nötig mit Salz und Pfeffer nachwürzen. Dazu schmeckt knuspriges Knoblauchbaguette.

Steckerlfisch

Steckerlfisch ist eine bayerische Variante des Fischgrillens. Der Fisch wird auf einen speziellen Stecken (in der Regel aus Holz mit rechteckigem Ende) vom Kopf her aufgespießt. Man steckt den Stecken in das Fischmaul und führt ihn auf Höhe der Brustflossen durch die Rippengräten direkt unter der Wirbelsäule vorsichtig ein. Dann schiebt man ihn langsam entlang der Wirbelsäule, bis er am Fischende wieder austritt. Das erfordert eine gewisse Übung. Wenn der Stecken nicht direkt an der Wirbelsäule geführt wird, besteht die Gefahr, dass die Fische beim Garen ausreißen und in die Glut fallen.

Der große Vorteil beim Steckerlfisch ist, dass der Fisch nicht am Grillrost festkleben und beim Wenden nicht kaputt gehen kann. Als Steckerlfisch eignen sich am besten Fische zwischen 500 und 1000 g mit einem entsprechend hohen Fettgehalt. Früher wurden in Bayern bei den Fischerfesten meist die grätenreichen Weißfischarten Barbe und Nase als Steckerlfisch hergenommen. Heute dominieren Makrelen und Forellen. Bei gefrosteten Makrelen besteht oft das Problem, dass sie aufgrund ihres hohen Fettgehaltes tranig schmecken können.

HAUPTGERICHT.
FÜR 4 PORTIONEN.

- 4 Renken oder Forellen (je 500 g)
- 1/2 EL Fleur de Sel oder Hagelsalz
- 1 EL Paprikapulver
- 1/2 TL grober Pfeffer
- 250 g Butter

Idealerweise werden die Fische vor dem Grillen 12 Stunden lang in 8%iger Salzlake eingelegt, damit das Fleisch gleichmäßig gesalzen ist. Vor dem Grillen werden die Fische aus der Lake genommen, gut ausgewaschen und mit Küchenkrepp trocken gerieben. Anschließend werden sie mit einem Gemisch aus Paprikapulver, Salz und Pfeffer bestreut.

Beim Steckerlfischgrillen braucht man entweder einen speziellen Grill oder entsprechende Vorrichtungen, damit man den Fisch in einem 45-Grad-Winkel aufstellen kann. Als Vorrichtungen eignen sich z. B. parallele Stäbe mit Löchern, in die die Stecken gesteckt werden. Die rechteckigen Enden der Stecken sorgen dafür, dass man die Fische so drehen und wenden kann wie man will. Von Vorteil ist auch, wenn im Grill seitlich Kerben sind, in welche die Stecken passend gelegt werden können. Steckerlfisch kann man aber auch ganz einfach an einem ausgeglühten Lagerfeuer machen. Hier werden die Stecken einfach in den Boden geschoben oder mit Steinen entsprechend beschwert, damit sie in einem steilen Winkel aufgestellt werden können.

Mit dem Grillen sollte man erst beginnen, wenn die Kohle gut glüht. Auf einen ausreichenden Abstand zwischen Fisch und Glut ist zu achten, damit der Fisch nicht verbrennt. Zu Beginn werden die Fische mit dem Bauch nach unten auf den Grill gelegt, bis sich der Bauch bei der Garung öffnet. Anschließend wir der Fisch im 45-Grad-Winkel mit dem Rücken zur Glut aufgestellt. Auf diese Weise wird vermieden, dass beim Garprozess zu viel Flüssigkeit

austritt und die Fische trocken werden. Dies ist besonders bei kleineren Forellen oder Renken wichtig. Während des Grillvorgangs werden die Fische immer wieder leicht seitlich gewendet, bis die Haut an allen Seiten knusprig ist. Gleichzeitig wird Butter in einem geeigneten Gefäß auf dem Grill zum Schmelzen gebracht. Je nach Fettgehalt der Fische kann man mit einem Lebensmittelpinsel die zerlassene Butter auftragen. Man erkennt, ob der Fisch durch ist, wenn das Fischfleisch am Beginn der Wirbelsäule (der dicksten Stelle des Fisches) nicht mehr glasig ist.

Dr. Sebastian Hanfland an einem perfekten Steckerlfischgrill.

Dr. Sebastian Hanfland

Sebastian Hanfland

Er hat seine Leidenschaft für Fische und Fischerei zum Beruf gemacht. Schon als Dreijähriger ging er das erste Mal zum Angeln. Während der Schulzeit jobbte er in einem kleinen Fischgeschäft auf dem Münchner Elisabethmarkt. Nach seinem Zivildienst beim Fischereiverband Niederbayern studierte er in Weihenstephan Agrarwissenschaften, immer mit dem klaren Ziel vor Augen, sich später voll und ganz auf Fischerei zu spezialisieren. Konsequenterweise wechselte er später nach Berlin und studierte dort Fischwirtschaft und Gewässerbewirtschaftung. Zurück in Weihenstephan promovierte er über die heute stark gefährdete Fischart Äsche. Nach kurzer freiberuflicher Tätigkeit als Fischereisachverständiger begann er seine berufliche Laufbahn beim Landesfischereiverband Bayern, dessen Geschäftsführer er heute ist. Nach wie vor geht Sebastian Hanfland leidenschaftlich gerne zum Fischen. Am liebsten fischt er auf Forellen und Huchen und versucht seinen beiden Töchtern etwas von der Faszination des Fischens mitzugeben. Seit er während des Studiums mehrere Jahre auf dem Freisinger Volksfest in großen Mengen Steckerlfisch gegrillt hat, ist gegrillter Steckerlfisch bei privaten Grillabenden an der Isar oder im Garten bei Hanflands nicht mehr wegzudenken.

Gebeizter Saibling mit asiatischen Aromen

Vorspeise/Snack.
Für 4–6 Portionen.
2 gleich große und ganz frische Saiblingfilets mit Haut (je 300–350 g; oder Filets von Lachs, Forelle, Zander)
2 Stängel Zitronengras
1 Stück Ingwer (ca. 1 cm)
1 Bund Koriander
50 g Palm- oder Rohrzucker
1 EL Korianderkörner
1 TL Szechuan-Pfefferkörner (oder schwarze Pfefferkörner)
2 EL grobes Meersalz

Tipp: Die Fischhaut nicht wegwerfen, sondern in feine Streifen schneiden, knusprig braten und dazu servieren.

Die Fischfilets abbrausen und trocken tupfen, eventuell noch vorhandene Gräten herausziehen. Filets mit der Hautseite nach unten auf eine Arbeitsfläche legen.
Zitronengras putzen, waschen und den unteren weichen Teil fein hacken. Ingwer schälen, fein reiben. Koriander waschen, trocken schütteln und samt der Stielen grob hacken. Palmzucker fein reiben. Koriander- und Pfefferkörner grob zerstoßen, mit Zucker und Salz mischen. Filets damit rundherum einreiben. Zitronengras, Ingwer und Koriander auf den Fleischseiten der Filets verteilen. Die Filets mit den Fleischseiten aufeinanderlegen.
Saibling in einen großen Gefrierbeutel geben und gut verschließen, sodass keine Flüssigkeit austreten kann. Den Fisch in eine Form legen, Brett oder Teller darauflegen und mit gefüllten Konservendosen beschweren. Saibling im Kühlschrank mindestens 12 Stunden beizen. Dabei zweimal wenden, ohne die Filets voneinander zu lösen.
Zum Servieren den Saibling aus dem Gefrierbeutel nehmen. Koriander und Gewürze abstreifen. Den Fisch trocken tupfen und mit einem sehr scharfen Messer, am besten mit einem Lachsmesser, in dünnen Scheiben von der Haut schneiden.

Info: Auf diese Weise können Sie auch andere frische Süßwasserfische beizen. Die Dauer der Beize ist von Fisch zu Fisch unterschiedlich und richtet sich auch nach der Dicke der Filets. So brauchen Zander etwa 4 Stunden, Forellen und Lachsforellen 8 bis 12 Stunden, Renken 12 Stunden und Lachs 24 Stunden für die köstliche Veredelung.

Saibling

Die Saiblinge sind eine Gattung der großen Familie der Forellenartigen und haben die charakteristische Torpedoform sowie die Fettflosse. Wenn ein Lehrling des Fischerhandwerks gefragt wird, ob der frisch geschlachtete Fisch eine Forelle oder ein Saibling ist, wirft er sofort einen Blick auf die Flossenränder bei Bauch-, Brust- und Afterflosse. Sieht er einen schwarz-weißen Rand, kann er fachmännisch verkünden, dass es sich um einen Saibling handelt. Der Feinschmecker hat auch keine Schwierigkeiten Forelle und Saibling zu unterscheiden. Der Saibling hat deutlich feineres, etwas festeres Fleisch als die Forelle. Viele behaupten, er habe auch ein edleres Aroma. Bestätigen kann das wahrscheinlich jeder, der einmal einen dünn aufgeschnittenen, kaltgeräucherten Saibling auf dem Teller gehabt hat. Grundsätzlich kann man jedes Forellenrezept auch mit einem Saibling zubereiten. Der Portionsfisch liegt bei 300 g, aber auch größere Fische werden vermarktet.

Gegrilltes Saiblingsfilets mit Zucchini

Den Grill vorheizen. Die Fischfilets kurz abbrausen, trocken tupfen und eventuell noch vorhandene Gräten herausziehen. In einer Pfanne 2 EL Öl stark erhitzen, darin die Filets von beiden Seiten jeweils 1 Minute kräftig anbraten. Filets jeweils mittig auf ein Stück Alufolie legen und mit dem restlichen Öl beträufeln.
Zucchini waschen, putzen und in dünne Scheiben hobeln oder schneiden. Leicht salzen und pfeffern. Minze oder Petersilie waschen, trocken schütteln und die Blätter abzupfen.
Zucchinischeiben und Kräuterblätter auf den Filets verteilen. Mit je 5 EL Wein und 1 EL Honig beträufeln. Die Alufolie jeweils über den Filets zu einem dichten Paket zusammenfalten, sodass nichts herauslaufen kann.
Die Fischpakete auf den Grill legen und die Saiblingsfilets in etwa 10 Minuten garen. Dazu schmecken Kartoffelsalat mit Essig-Öl-Marinade oder Fladenbrot.

Hauptgericht.
Für 4 Portionen.
4 Saiblingsfilets (je 160–200 g; oder Filets von Lachs, Zander, Wolfsbarsch)
4 EL Olivenöl
250 g schlanke feste Zucchini
Meersalz, Pfeffer aus der Mühle
4 Stängel Minze oder Petersilie
200 ml trockener Weißwein
4 EL flüssiger Bienenhonig (z. B. Akazien- oder Lindenhonig)
Außerdem: 4 Bögen Alufolie

Fisch und Wein

Seit langem werden verschiedene Kombination von Fisch und Wein getestet, doch ein Ende ist noch nicht in Sicht. Unzählige großartige Kombinationen prägen diese unendliche Geschichte. Auch das Deutsche Weininstitut hat sich auf die Suche nach der besten Verbindung von Wein und Fisch gemacht und herausgefunden, dass gerade Rotwein besonders gut zu heimischen Fischsorten passt. Das Geheimnis einer gelungenen Wein-Fisch-Komposition liegt in einem harmonischen Geschmackserlebnis, das aus der Verbindung der Aromen beider Komponenten entsteht. Je herzhafter der zubereitete Fisch ist, desto besser passt ein gehaltvoller Wein. Gegrillte oder in der Pfanne gebratene Fische entwickeln, wie Fleisch auch, eigene Röstaromen, die sehr gut auch mit leichten fruchtigen Rotweinen harmonieren. Je intensiver die in der Fischzubereitung verwendeten Aromen von Kräutern, Knoblauch oder auch Panaden sind, umso kräftiger darf der Tropfen ausfallen.
In erster Linie gilt: Es zählt der persönliche Geschmack! Jeder Fisch und jede Art der Zubereitung findet immer eine dazu passende Weinsorte – ein Vorteil, den Fisch anderen Speisen ganz sicher voraus hat.
Um die passende Weinbegleitung zu finden, findet man unter www.weine.de ein paar gute Tipps:

Weiße, magere Fische

Weiße und magere Fische wie zum Beispiel Dorsch, Barsch, Seeteufel, Scholle oder Seezunge schmecken leicht und fein. Werden sie entsprechend schonend zubereitet, ist in jedem Fall ein trockener bis halbtrockener Weißwein angebracht. Weißburgunder, Riesling und Silvaner sind die hierbei präsenten Rebsorten.

Gebratener und gegrillter Fisch

Braten und Grillen verleiht dem Fisch wesentlich deutlicheren Charakter. Meerwasserfische wie die Finkenwerder Scholle, traditionell mit Speck gereicht, harmonieren mit kräftigen Weinen. Ein im Barrique ausgebauter Chardonnay oder ein Muskateller bieten sich an.

Fettreiche Fische

Fettreiche Fische wie Lachs, Aal oder Makrele besitzen ein ganz eigenes Aroma, das deutlich und ausgeprägt ist. Wer die Lachsschnitzel brät, verstärkt diesen Eigengeschmack, daher passt dann ein kräftiger Wein wie ein Burgunder, in Eiche gereift und ausgebaut.

Kalter Fisch

Kalter Lachs, etwa mit Dill und Meerrettich, verlangt eher nach einem Weißwein mit annehmbarer Säure, wie sie zum Beispiel der Sauvignon Blanc bietet.

Krustentiere

Kräftig gebratene Krustentiere wie Hummer und Muscheln mit ihrem ausgeprägten Geschmack lassen sich vor allem mit Chardonnay genießen, auch gehaltvolle Burgundersorten sollten in die engere Auswahl gelangen.

Sommerach am Main

Sommerach lebt schon immer vom Weinbau und der Gastronomie. Das ganze Jahr über besuchen unzählige Gäste die Sonnenseite des Flusses. 180 Winzerfamilien pflegen ca. 250 ha Weinberge. Das Angebot ist vielseitig. Junge, fruchtige, spritzige Weine finden sich hier genauso wie edle, vollmundige Tropfen. Die Gasthöfe strahlen gemütliche, fränkische Atmosphäre aus und laden zum Verweilen ein. Heimische und regionale Produkte und Delikatessen stehen hier auf den Speisekarten, die auch durchaus außergewöhnlich sein können. Neben Spargel in der Frühlingszeit oder dem fränkischen Schäufele darf auf keiner Speisekarte der fränkische Fisch fehlen, besonders die Forelle ist in den verschiedensten Variationen zu finden.

Fränkische Forelle gebacken

Die Forelle kurz kalt abbrausen und trocken tupfen. Innen und außen mit Salz und Pfeffer würzen. Mehl und Semmelbrösel vermischen. Den Fisch darin wenden, übrige Panade behutsam abschütteln.
In einer Pfanne Butter oder Schmalz aufschäumen. Die Forelle darin bei mittlerer Hitze auf jeder Seite in etwa 6 Minuten knusprig braun braten. Forelle auf einem vorgewärmten Teller anrichten. Mit Zitronenschreiben und Petersilie garniert servieren. Dazu schmecken Salzkartoffeln, Salat und Sahnemeerrettich. Was nicht fehlen darf, ist ein fränkischer Silvaner.

Winzerkeller Sommerach

HAUPTGERICHT.
FÜR 1 PORTION.
1 Forelle (ca. 300 g)
Salz, Pfeffer aus der Mühle
1 EL Mehl
1 EL Semmelbrösel
50 g Butter oder Butterschmalz
1/2 Bio-Zitrone
Petersilie zum Garnieren

100-°C-Saibling mit Senfsoße

Hauptgericht.
Für 4 Portionen.
400 g Zuckerschoten
2 EL Butter
4 EL Olivenöl
Salz, Pfeffer aus der Mühle
8 ganz frische Saiblingsfilets (je ca. 80 g; oder Filets von Lachs, Steinbeißer, Wolfsbarsch) in Sushi-Qualität
1 TL sehr fein abgeriebene Bio-Zitronenschale
1 Rezept Senfsoße (Rezept S. 66)

Den Backofen auf 100 °C vorheizen. Die Zuckerschoten waschen und die Enden abschneiden, die Schoten quer halbieren. In einer Pfanne die Butter aufschäumen, darin die Zuckerschoten 2 Minuten andünsten. Leicht salzen und pfeffern. Das Gemüse in eine ofenfeste Form geben.

Die Fischfilets abbrausen, trocken tupfen und eventuell noch vorhandene Gräten herausziehen. Öl mit Salz, Pfeffer und Zitronenschale vermischen. Die Fischfilets damit rundherum einreiben und nebeneinander in die Form auf das Gemüse legen. Saiblingsfilets im Ofen (Mitte) ohne Deckel in etwa 20 Minuten garen.

Inzwischen die Senfsoße zubereiten. Saiblingsfilets mit den Zuckerschoten auf gut vorgewärmten Tellern anrichten. Die heiße Senfsoße getrennt reichen. Dazu schmecken Reis oder Kartoffelpüree.

Saibling auf Frühlingsgemüse

Hauptgericht.
Für 2 Portionen.
2 küchenfertige Saiblinge (je ca. 300 g; oder Forellen, Renken, Rutten)
Salz, Pfeffer aus der Mühle
3 EL Zitronensaft
200 g grüner Spargel
4 junge Möhren
1 Mairübe
3 Frühlingszwiebeln
2 Schalotten
1/2 Bund glatte Petersilie
3 EL Butter
100 ml trockener Weißwein
Außerdem: Alufolie

Die Saiblinge innen und außen abbrausen, trocken tupfen und mit Salz und Pfeffer würzen. In eine flache Form legen, mit Zitronensaft beträufeln und zugedeckt 30 Minuten kalt stellen.

Das Gemüse waschen und je nach Sorte putzen oder schälen. Die Spargelstangen in ca. 3 cm lange Stücke teilen. Möhren zuerst längs, dann quer halbieren. Rübe in dünne Scheiben schneiden, diese halbieren. Frühlingszwiebeln in etwa 3 cm lange Stücke schneiden. Schalotten längs halbieren und in die Segmente teilen. Petersilie waschen, trocken schütteln, die Blättchen fein hacken.

Den Backofen auf 230 °C vorheizen. In einer Pfanne 2 EL Butter erhitzen, darin das Gemüse 1 Minute andünsten, dann zugedeckt 4 Minuten garen. Salzen und pfeffern.

Eine genügend große ofenfeste Form mit 1/2 EL Butter ausfetten. Den Boden der Form mit Gemüse bedecken und die Petersilie bis auf 1 EL darüberstreuen. Die marinierten Fische darauflegen und das restliche Gemüse darüber verteilen. Weißwein zugießen. Die übrige Butter in Flöckchen obenaufsetzen.

Die Form mit Alufolie abdecken und die Saiblinge im Ofen (Mitte) 20 Minuten schmoren. Fische und Gemüse mit der übrigen Petersilie bestreut servieren. Dazu schmeckt Stangenbrot.

Süßkartoffelcreme mit Räuchersaibling

Die Süßkartoffeln schälen, waschen, klein würfeln. Schalotten abziehen, fein würfeln. Butter in einem Suppentopf zerlassen. Schalotten darin glasig dünsten, Kartoffeln zufügen und 1 Minute mitdünsten. Brühe angießen, mit Salz und Pfeffer würzen. Das Ganze aufkochen und zugedeckt 30 Minuten köcheln lassen. Alles fein pürieren.

Die Sahne in die Suppe rühren, aufkochen und 2 Minuten köcheln lassen. Die Suppe mit Limettenschale, Limettensaft, Salz und Cayennepfeffer abschmecken.

Das Saiblingsfilet in mundgerechte Stücke teilen und kurz in der Suppe erhitzen, aber nicht mehr kochen lassen. Suppe mit Basilikum garniert servieren.

Vorspeise/Snack.
Für 4 Portionen.

500 g Süßkartoffeln (oder mehligkochende Kartoffeln)
3 Schalotten
2 EL Butter
1/2 l Gemüsebrühe
Salz, Pfeffer aus der Mühle
50 g Sahne
abgeriebene Schale von 1 Bio-Limette
1 EL Limettensaft
1 Msp. Cayennepfeffer
400 g geräuchertes Saiblingsfilet
8 kleine Basilikumblätter zum Garnieren

Graf Christoph von Preysing (links) und sein Lehrmeister Michael Ostermaier sind für ihre Fischqualität weit über das Tegernseer Tal hinaus bekannt.

Graf von Preysing

Michael Ostermaier und Graf Christoph von Preysing sind Fischwirtschaftsmeister und arbeiten am Tegernsee. Hier betreiben sie die Fischerei in Tegernsee und das Bistro am Aquadome in Bad Wiessee, die mittlerweile weit über das Tal hinaus für ihren geräucherten Fisch und als Ausflugsziel bekannt sind. Sie beliefern nicht nur die Gastronomie im Tegernseer Tal sondern auch Kunden in München und im Umland.

„Das Schönste an unserer Arbeit sind die frühen Stunden auf dem See, wenn noch alles ganz ruhig ist und man mit dem Boot in den schönsten Buchten liegt. Auch die Spannung, ob es eine gute Stelle für die Netze war und ein guter Fang gelingt, ist immer wieder aufregend. Unser Fisch ist sehr gefragt. Da haben wir natürlich auch die Verantwortung, an Morgen zu denken. Deshalb gehört auch die Aufzucht und Hege von Fischbrut zu unseren Aufgaben. Wenn man den ganzen Tag draußen war und spät nach Hause kommt, ist unser Rezept ideal, weil man ohne großen Aufwand einen traumhaften Fisch genießen kann."

Saiblingsfilets mit Kartoffeln aus dem Ofen

Hauptgericht.
Für 1 Portion.
180–200 g Saiblingsfilets mit Haut
1 EL Butter
Salz, Pfeffer aus der Mühle
4 mittelgroße Kartoffeln
1 EL fein gehackte Petersilie

Die Saiblingsfilets möglichst eine Nacht im Kühlschrank ruhen lassen.
Den Backofen auf 170 °C vorheizen. Ein Backblech mit der Hälfte der Butter bestreichen. Die Fischfilets kurz kalt abbrausen, trocken tupfen, salzen und pfeffern. Mit der Haut nach oben auf das Backblech legen. Die Kartoffeln waschen, schälen und in 1 cm dicke Scheiben schneiden. Um den Fisch herum verteilen.
Das Backblech in den Ofen (Mitte) schieben und Filets und Kartoffeln in etwa 20 Minuten garen. Kurz vor dem Ende der Garzeit die übrige Butter in kleinen Stückchen auf dem Fisch verteilen und die Petersilie darüber streuen. Dazu schmeckt grüner Blattsalat.

Schleie auf Kartoffel-Gemüse-Bett

Hauptgericht.
Für 4 Portionen.
800 g festkochende Kartoffeln
150 g Möhren
2 kleine Zucchini
3 Stangen Staudensellerie
2 Schalotten
je 1 rote und gelbe Paprikaschote
6 Stängel Petersilie
6 EL Raps- oder Olivenöl
Salz, Pfeffer aus der Mühle
1 küchenfertige Schleie von 1,3–1,5 kg (oder Karpfen, Saibling, Wolfsbarsch)
1 TL edelsüßes Paprikapulver
1 EL Zitronensaft

Den Backofen auf 200 °C vorheizen. Kartoffeln schälen, waschen und in etwa 5 mm dünne Scheiben hobeln oder schneiden. Das Gemüse je nach Sorte waschen, putzen oder schälen. Möhren, Zucchini, Sellerie und Schalotten in Scheiben, Paprikaschoten in Streifen schneiden. Petersilie waschen. Kartoffeln, Gemüse, Petersilie und 4 EL Öl vermengen, mit Salz und Pfeffer würzen. Den Boden einer tiefen Fettpfanne damit bedecken. Kartoffel-Gemüse-Mix im Ofen (Mitte) zunächst 20 Minuten backen.
Inzwischen die Schleie innen und außen abbrausen und trocken tupfen. Den Fisch auf jeder Hautseite im Abstand von 3 bis 4 mm bis auf die Gräte einschneiden (schröpfen, siehe Kasten S. 107). Paprikapulver mit etwas Salz und Pfeffer mischen, die Bauchhöhle des Fisches damit würzen. Den Fisch auf jeder Hautseite drei- bis viermal bis kurz vor die Gräten einschneiden. Die Schleie außen mit Zitronensaft, Salz und Pfeffer einreiben.
Kartoffeln und Gemüse in der Fettpfanne durchrühren. Die Schleie darauflegen und mit dem restlichem Öl beträufeln. Alles im Ofen noch etwa 30 Minuten backen. Der Fisch ist gar, wenn sich seine Rückenflosse leicht herausziehen lässt. Nach Belieben zur Schleie eine Kräutersoße (Rezept S. 66) servieren.

Schleie

Die Schleie, früher ein überaus geschätzter Speisefisch, ist heute etwas aus der Mode gekommen. Sie lebt im verkrauteten Flachwasser stehender und schwach fließender Gewässer. Sie wächst im Vergleich zum Karpfen langsam heran und erreicht Größen von 35 bis 50 cm. Als typischer eher bodenlebender Friedfisch hat sie ein kleines Maul und eine eher kräftige gedrungene Gestalt mit hohem Schwanzstiel. Der goldfarbene bis grünliche Körper hat kleine Schuppen und ist durch eine dicke Schleimschicht geschützt. Früher hat man dem Schleim heilsame Wirkung zugeschrieben und sie als Doktorfisch bezeichnet. Die Schleie hat zartes, wohlschmeckendes Fleisch, besitzt aber wie alle Weißfische Zwischenmuskelgräten, mit denen man umzugehen wissen muss. Gehandelt wird sie als Portionsfisch von 300 bis 500 g.

Backfisch mit Melonensalsa

Hauptgericht.
Für 2 Portionen.
250–300 g Honig- oder Charentais-Melone
1 schnittfeste Tomate
1 Frühlingszwiebel
1 kleine rote Chilischote
1 EL Olivenöl
1–2 EL Limettensaft
1 TL fein abgeriebene Bio-Limettenschale
1 EL flüssiger Bienenhonig
2 Schleienfilets (je 160–200 g; oder Filet von Karpfen, Waller, Rotbarsch, Steinbeißer)
4 EL Semmelbrösel
1 EL frisch geriebener Parmesankäse
1 Ei
Salz, Pfeffer aus der Mühle
2 EL Mehl
1 EL Minzeblättchen
Außerdem: Backpapier

Für die Salsa die Melone schälen, entkernen und das Fruchtfleisch klein würfeln. Tomate waschen, halbieren, entkernen und klein würfeln, dabei den Stielansatz entfernen. Frühlingszwiebel putzen, waschen, in dünne Scheiben schneiden. Chilischote waschen, längs halbieren, entkernen und in feine Streifen schneiden.
Alle vorbereiteten Zutaten mit Öl, Limettensaft, Limettenschale und Honig vermengen. Salsa zugedeckt beiseite stellen.
Fischfilet abbrausen und trocken tupfen. Eventuell noch vorhandene Gräten herauszupfen oder die Filets schröpfen (siehe Kasten S. 107). Den Backofen auf 250 °C vorheizen. Ein Backblech mit Backpapier auslegen. Semmelbrösel und Käse vermischen. Das Ei verquirlen. Filets salzen und pfeffern. Zuerst im Mehl wenden, dann im Ei und zuletzt in der Bröselmischung. Die Panade fest andrücken.
Die Filets nebeneinander auf das Backblech legen und im Ofen (Mitte) in 12 bis 15 Minuten knusprig backen.
Inzwischen die Minze waschen, trocken schütteln, die Blättchen kleiner zupfen und unter die Salsa mischen. Die Fischfilets sofort mit der Melonensalsa servieren. Dazu schmeckt Stangenbrot.

Schleienfilet mediterran

Den Backofen auf 200 °C vorheizen. Eine ofenfeste Form mit etwas Öl ausfetten. Das Schleienfilet abbrausen und trocken tupfen. Eventuell noch vorhandene Gräten herauszupfen oder die Filets schröpfen (siehe Kasten S. 107). Die Zitrone heiß waschen, trocken reiben und 1 TL Schale fein abreiben. Eine halbe Zitrone auspressen. Fischfilet mit Zitronensaft, Salz und Pfeffer würzen. Filetstücke nebeneinander in die Form legen.
Tomaten waschen, nach Belieben halbieren. Oregano oder Rosmarin waschen und trocken schütteln. Blättchen oder Nadeln fein hacken. Tomaten mit Oliven, Zitronenschale, Kräutern und restlichem Öl vermischen. Salzen und pfeffern. Die Mischung auf dem Filet verteilen. Den Fisch im Ofen (Mitte) in etwa 10 Minuten garen. Dazu schmecken grüner Blattsalat und kleine gebratene Kartoffeln.

Hauptgericht.
Für 4 Portionen.
4 EL Olivenöl
4 Schleienfilets (je 160–200 g; oder Filet von Karpfen, Stör, Waller, Rotbarsch)
1 Bio-Zitrone
Salz, Pfeffer aus der Mühle
300 g Kirschtomaten
2 Zweige Oregano oder Rosmarin
50 g entsteinte schwarze Oliven

Forellen, Saiblinge und Lachse werden auch für den Nichtfliegenfischer zur absoluten Faszination, wenn sie direkt am Fluss gebraten und gegessen werden.

Fliegenfischen – die vielleicht schönste Art, einen Fisch zu fangen

Wenn Sie die Isar, Loisach, Ammer, Traun, Lech, Regen oder die vielen anderen Traumflüsse in Bayern entlangwandern, werden Ihnen bestimmt einige Fischer begegnen. Manche, die vom Ufer aus ihr Glück versuchen, und manche, die in Wathosen mitten im Fluss stehen und ihre Leine auf so wundersame Weise nach vorne und hinten schwingen, um sie anschließend sanft auf die Oberfläche abzulegen und auf einen Fisch zu hoffen, der nach der Fliege schnappt. Eine Fliege ist das, was vorne an der dünnen Vorfachschnur angeknotet wird und in der Regel ein aquatisches Insekt nachahmt. Viele Insekten verbringen nämlich ihr Larvenstadium unter Wasser, ehe sie, wenn die Zeit reif dafür ist, an die Wasseroberfläche steigen und sich in ein flugfähiges Insekt verwandeln.

Wenn Forellen oder Äschen an einem Fluss also mal wild hin- und herspringen, dann ist das ein Zeichen für einen Schlupf, wie es in der Fachsprache so schön heißt. Das ist der schönste Moment für einen Fliegenfischer. Jetzt gilt es, das passende Gebilde aus Federn, Haaren und ähnlichem – das Herstellen dieser kleinen Kunstwerke auf entsprechenden Haken ist eine kleine Wissenschaft für sich – in der Schachtel zu finden und dem Fisch zu präsentieren. Die Fliegen sind federleicht. Deshalb also die etwas dickere Leine, die man mit einer geeigneten Rute in so schönen Schlaufen durch die Luft zischen lässt, um die Fliege dorthin zu servieren, wo man einen Fisch vermutet.
Manchmal, und das ist sicher der aufregendste Fall, kann man den Fisch im klaren Wasser dabei beobachten, wie er nach der Fliege steigt. Hier braucht es Nerven, vor allem, wenn man in Gedanken schon das Abendessen vor Augen hat. Setzt man den Haken zu früh, reißt man dem Fisch die Fliege aus dem Maul. Setzt man ihn zu spät, spuckt er die Fliege sofort wieder aus. Vorausgesetzt, er erkennt die Täuschung nicht schon vorher und lehnt dankend ab. Forellen und Äschen können nämlich ganz schön wählerisch sein. Selektiv, sagt der Fliegenfischer dazu.

Mit der Fliege lassen sich viele Fischarten fangen. Der atlantische Lachs ist ein Kapitel für sich und der Fang eines solchen Silberpakets einzigartig. Vielleicht sage ich das nur, weil mir gerade diese Fischerei in der Mitternachtssonne Norwegens so viel bedeutet. Allein mit sich und seinen Gedanken mitten in einem großen Fluss und die Hoffnung auf dieses eine Ziehen an der Leine, das macht regelrecht süchtig. Für mich ist das Fliegenfischen eine Leidenschaft, die mich voll und ganz erfüllt. Mein Ruhepol, meine

Quelle, um Kraft zu tanken, und der Ausgleich zu all dem Stress und Leistungsdruck unserer modernen Gesellschaft. Fischentzug merkt man mir sofort an, was mir meine Familie und Arbeitskollegen oft bestätigen.
Neben dem eleganten Erscheinungsbild, das so ein Fliegenfischer abgibt, ist es gerade das Verschmelzen mit dem Wasser, das Waten im Fluss durch alle Strömungen hindurch, die Augen immer auf den Fisch gerichtet, das mich auf so wundersame Weise alles vergessen lässt. Man ist Teil des Wassers, Teil der Natur, Teil der einzigartigen Landschaft, in der man sich als Fliegenfischer bewegen darf. Man nimmt aktiv am Geschehen teil und bekommt am Wasser viel mehr mit, als mancher denkt, das reicht von der Gelbbauchunke, Bibern, Sonnenauf- und -untergängen, bis hin zu einem kühlen Bier auf der Kiesbank, samt Forelle auf dem Grill.

Überhaupt fischt es sich ganz anders, wenn man unbedingt einen Fisch zum Essen will. Da spüre ich immer ein eigenartiges Kribbeln im Bauch, bin nervös und schütte besonders viel Adrenalin aus, zumal ich weiß, dass man nicht immer eine große Forelle bekommt. Manche Fische verabschieden sich mit einem Sprung oder einer langen Flucht stromab und als Fischer hab ich das Nachsehen. Manchmal ist das Glück aber auf meiner Seite und ich kriege den Fisch. Ich glaube, das eine funktioniert ohne das andere nicht. Erst durch Verluste weiß man den Gewinn und letztendlich auch den Fang richtig zu schätzen. Man freut sich einfach anders. Ich habe selten Fisch in der Gefriertruhe, fange ihn lieber frisch, natürlich nicht ohne Hintergedanken, denn das ist die schönste Entschuldigung, um raus ans Wasser zu gehen. Wie gesagt, ich esse sehr gerne Fisch, meine Frau auch, allerdings nur roh, kalt geräuchert oder gravad. Gut, dass sich Forellen dafür besonders eignen, gerade aus unseren klaren Bergflüssen im Alpenraum. Da lässt sich leicht mal ein tolles Sashimi daraus zaubern. Was meine Frau aber am allerliebsten mag, ist kalt geräucherter Lachs mit einer Senf-Dill-Soße. Darum, und nur darum, fahre ich auch jedes Jahr an die Gaula nach Norwegen. Für so einen Lachs braucht es im Schnitt tausende von Würfen und selbst dann ist so eine Woche ohne Fisch immer mal drin, selbst für erfahrene Fischer. Sie glauben gar nicht, wie ich mich fühle, wenn ich so einen Silberriegel am Rücken zum Auto trage und ihn in die kleine Räucherei in Stören fahre. Ein Freund hat das mal treffend ausgedrückt, als er meine frisch verpackten Räucherlachsstücke auf dem Tisch vor der Hütte sah und liebevoll in die Hand nahm. „Thomas, das ist wie kleine Goldbarren in den Händen!" Stimmt, und umso schöner, wenn es selbst gefangene sind.

Thomas Wölfle

Stör in würziger Milch pochiert

Hauptgericht.
Für 4 Portionen.
500 g mehligkochende Kartoffeln
400 g Hokaido-Kürbis
Salz, Pfeffer aus der Mühle
1 Schalotte
1 Zweig Thymian
1 l Milch
1 Lorbeerblatt
1 TL Fenchelsamen
1 TL Meerrettich (aus dem Glas)
4 Störkoteletts oder Tranchen ohne Haut (je ca. 200 g; oder Koteletts von Waller, Lachs, Kabeljau)
Außerdem: Backpapier

Die Kartoffeln schälen, waschen und würfeln. Den Kürbis waschen und entkernen. Das Kürbisfleisch samt Schale würfeln. Beide Gemüse in Salzwasser zugedeckt in 15 bis 20 Minuten weich kochen.
Inzwischen die Schalotte abziehen, in feine Ringe schneiden. Thymian waschen. Die Milch in einen breiten Topf gießen. Schalotte, Thymian, Lorbeer, Fenchelsamen und Meerrettich einrühren und alles salzen. Die Milch zum Kochen bringen und bei kleiner Hitze offen 10 Minuten köcheln lassen.
Die Fischkoteletts oder Fischtranchen kurz kalt abbrausen und trocken tupfen. Fischstücke in den Milchsud legen und zugedeckt bei kleiner Hitze in 8 bis 10 Minuten gar ziehen lassen. Fisch aus dem Sud heben und zugedeckt warm stellen. Den Milchsud durchsieben und 1/4 l abmessen, restlichen Sud heiß halten.
Kartoffel-Kürbis-Mix abgießen, das Gemüse fein zerdrücken. So viel vom abgemessenen Milchsud unterrühren, dass ein cremiges Püree entsteht. Nach Bedarf mit Salz und Pfeffer nachwürzen. Den Stör auf vorgewärmte Teller setzen, mit etwas vom übrigen Sud beträufeln und mit Kartoffel-Kürbis-Püree anrichten.

Störfilet mit grünem Wok-Gemüse

Hauptgericht.
Für 4 Portionen.
600–800 g dickes Störfilet (oder Filet von Waller, Zander)
1 Stück Ingwer (ca. 2 cm)
4 EL Limettensaft
5 EL helle Sojasoße
2 EL Reiswein oder Sherry (Fino)
1–2 Msp. Sambal Oelek (scharfe Würzpaste, Asiaregal)
4 EL Rapsöl
1 Knoblauchzehe
1/2 Bund Frühlingszwiebeln
1 grüne Paprikaschote
1/2 Chinakohl
200 ml Fischfond (Rezept S. 64 oder aus dem Glas)
1 TL Speisestärke

Das Störfilet kurz kalt abbrausen und trocken tupfen. Filet in große Stücke schneiden. Ingwer schälen und fein reiben. Für die Marinade Limettensaft mit Sojasoße, Reiswein, 1 Msp. Sambal Oelek und 1 EL Öl verrühren. Knoblauch abziehen, durch die Presse dazudrücken und mit dem Ingwer unterrühren. Die Fischstücke in die Marinade legen und zugedeckt mindestens 30 Minuten ziehen lassen.
Inzwischen Frühlingszwiebeln, Paprikaschote und Chinakohl putzen, waschen und in mundgerechte Stücke schneiden.
Fischstücke aus der Marinade heben und trocken tupfen. 2 EL Öl in einem Wok erhitzen. Darin den Fisch portionsweise von beiden Seiten anbraten, herausnehmen.
Restliches Öl im Wok erhitzen. Frühlingszwiebeln und Paprika darin 3 Minuten unter Rühren braten, dann den Chinakohl zufügen und kurz mitbraten. Fond zugießen.
Die Marinade mit Stärke verrühren, in den Wok gießen und unter Rühren aufkochen. Mit Salz, Pfeffer und übrigem Sambal Oelek abschmecken. Die Fischstücke auf das Gemüse legen und heiß werden lassen. Dau schmeckt Basmati oder anderer Duftreis.

Störfilet mit Gemüsesalat vom Grill

Hauptgericht.
Für 4 Portionen.

2–3 schlanke türkische Auberginen
600 g kleine feste Zucchini
6 EL Olivenöl
Salz, schwarzer Pfeffer aus der Mühle
1 EL Pinienkerne
1 Bund Rucola
200 g kleine Cocktailtomaten
50 g Parmesan am Stück
2 EL Rotweinessig
1–2 EL kleine Basilikumblättchen
4 dicke Störfilets (je 160–200 g; oder Filet von Waller, Zander)

Die Auberginen und Zucchini waschen, putzen und schräg in 5 mm dünne Scheiben schneiden. In 4 EL Öl wenden.
Grill oder Grillpfanne heiß werden lassen. Die Gemüsescheiben bei mittlerer Hitze von beiden Seiten in 5 bis 6 Minuten hellbraun garen. Gemüse auf Küchenpapier abtropfen lassen. Leicht salzen und pfeffern.
Die Pinienkerne in einer Pfanne ohne Fett unter Rühren goldgelb rösten. Rucola waschen, putzen, dicke Stiele abschneiden. Tomaten waschen, quer halbieren. Parmesan in dünne Scheiben hobeln, zum Beispiel mit dem Sparschäler.
Den Essig mit Salz, Pfeffer und restlichem Öl zu einer Marinade aufschlagen. Mit Auberginen, Zucchini, Tomaten, Rucola, Pinienkernen, Parmesan und Basilikum behutsam vermengen. Den Salat abschmecken und vor dem Servieren noch einige Minuten durchziehen lassen.
Währenddessen das Störfilet abbrausen, trocken tupfen, rundum mit Salz und Zitronenpfeffer würzen. Auf dem Grill bei mittelstarker Hitze von jeder Seite 2 bis 3 Minuten garen. Mit dem Salat aus Grillgemüse anrichten. Dazu schmeckt Ciabattabrot.

Tipp: Wer die Auberginen- und Zucchinischeiben nicht grillen mag, kann sie stattdessen braten. Dafür die Gemüsescheiben portionsweise in einer großen Pfanne in heißem Öl von beiden Seiten goldbraun braten. Anschließend auf einer dicken Schicht Küchenpapier entfetten.

Stör

Die Störe sind eine Familie großer bis sehr großer, recht urtümlicher Lebewesen. An den Seiten befinden sich fünf Reihen von großen Schuppen. Die Schwanzflosse ist asymmetrisch. Der Mund ist unterständig und kann ausgeklappt werden. Sie leben in Europa, Nord- und Zentralasien und Nordamerika. Primär sind sie Meeresfische, die als Wanderfische zum Laichen in Süßgewässer aufsteigen. Der atlantische Stör und der Hausen sind in Deutschland aufgrund der Querverbauungen in den Flüssen seit über 100 Jahren ausgestorben. Mit Längen von 5,50 m und Gewichten von 1,5 t ist der Hausen die größte Fischart der Welt. In der Fischzucht werden eine Reihe verschiedener Störarten unter anderem als Kaviarlieferanten gezüchtet. Der Stör kommt heute als Kreuzung aus der Fischzucht zunehmend als Speisefisch in den Handel. Sein weißes, festes und grätenarmes Fleisch macht ihn sehr beliebt. Nicht zuletzt weil er ein optisch sehr interessanter Fisch ist, ist ein ganzer Stör die Krönung einer jeden Fischplatte.

Ossobuco vom Waller

Hauptgericht.
Für 4 Portionen.
1 Zwiebel
300 g Möhren
300 g Lauch
1 Zweig Thymian
4 EL Olivenöl
Salz, Pfeffer aus der Mühle
100 ml Weißwein
400 ml Fischfond (Rezept S. 64 oder aus dem Glas)
4 Scheiben vom Waller ohne Haut (je ca. 200 g; oder Scheiben von Zander, Stör)
150 g Kirschtomaten
1 Bio-Zitrone
1 Knoblauchzehe
1/2 Bund Petersilie

Die Zwiebel abziehen, fein würfeln. Gemüse putzen und waschen, Möhren klein würfeln, Lauch in dünne Scheiben schneiden. Thymian waschen, trocken schütteln und die Blättchen abstreifen. In einem breiten Topf 2 EL Öl erhitzen, Zwiebel, Möhren, Lauch und Thymianblätter darin andünsten. Salzen und pfeffern. Wein und Fond zugießen, aufkochen und offen 10 Minuten köcheln lassen, dabei ab und zu umrühren.

Inzwischen die Wallerscheiben abbrausen, trocken tupfen, salzen und pfeffern. Restliches Öl in einer Pfanne erhitzen. Fischscheiben darin auf jeder Seite 2 Minuten kräftig anbraten. Herausheben und beiseite stellen. Die Tomaten waschen, quer halbieren.

Tomaten unter das Gemüse mischen, die Fischscheiben obenauf legen. Das Ganze zugedeckt bei kleiner Hitze 10 Minuten schmoren. Währenddessen die Zitrone heiß waschen, abtrocknen und die Schale fein abreiben. Knoblauch schälen, winzig klein würfeln. Petersilie waschen, trocken schütteln, die Blättchen fein hacken. Alles vermischen und vor dem Servieren über den Waller streuen. Dazu schmecken Salzkartoffeln oder Reis.

Gegrilltes Wallerfilet mit Orangen und Kräutern

Hauptgericht.
Für 4 Portionen.
2 Bio-Orangen
4 kurze Zweige Rosmarin
4 kleine Zweige Thymian
4 Wallerfilets (je 180–200 g; oder Filets von Lachs, Stör, Kabeljau)
Salz, Pfeffer aus der Mühle
1 EL Olivenöl
Außerdem: Küchengarn, Grill-Aluschale

Den Grill anheizen. Die Orangen heiß waschen und trocken reiben. Aus der Mitte der Früchte insgesamt 8 dünne Scheiben schneiden, restliche Orangen anderweitig verwenden. Die Kräuter waschen und trocken schütteln.

Wallerfilets kurz kalt abbrausen, trocken tupfen, rundum salzen und pfeffern. Jedes Filet mit je 1 Zweig Rosmarin und Thymian und 2 Orangenscheiben belegen, mit Küchengarn festbinden.

Die Grillschale mit Öl auspinseln. Fischpäckchen nebeneinander in die Schale legen und 8 bis 10 Minuten grillen, dabei einmal wenden. Dazu passen gemischter Blattsalat und Fladenbrot.

Wallerfilet mit Gemüse-Käse-Kruste

Den Backofen auf 220 °C vorheizen. Wallerfilets kurz kalt abbrausen, trocken tupfen. Rundum mit Zitronensaft, Salz und Pfeffer würzen. Den Boden einer ofenfesten Form dünn mit Öl einpinseln, die Filets nebeneinander hineinlegen.
Das Gemüse waschen und putzen. Die Zucchini klein würfeln, Frühlingszwiebeln in Scheiben schneiden. Restliches Öl in einer beschichteten Pfanne erhitzen. Darin Zucchini und Frühlingszwiebeln etwa 5 Minuten braten. Den Knoblauch schälen und dazupressen. Dann das Tomatenmark einrühren, alles kurz mitbraten. Die Brühe angießen. Das Gemüse mit Salz und Pfeffer abschmecken und vom Herd nehmen.
Minze waschen, trocken schütteln und die Blättchen in Streifen schneiden. Den Mozzarella abtropfen lassen, grob raspeln und mit der Minze unter das Gemüse rühren. Diese Mischung auf dem Fisch verteilen, im Ofen (Mitte) etwa 15 Minuten garen. Dazu schmeckt Langkornreis.

Tipp: Das Rezept lässt sich vielfach variieren: Sie können den Fisch beliebig austauschen und alle Gemüse mit einer kurzen Garzeit dafür verwenden.

Hauptgericht.
Für 2 Portionen.
2 Wallerfilets (je ca. 160–200 g)
2 TL Zitronensaft
Salz, Pfeffer aus der Mühle
2 EL Olivenöl
500 g Zucchini
1 Bund Frühlingszwiebeln
1 Knoblauchzehe
1 TL Tomatenmark
1 Stängel Minze (oder Petersilie)
100 ml Gemüsebrühe
125 g Mozzarella

Waller/Wels

Man sieht dem europäischen Wels (süddeutsch Waller) schon an, dass er ein gefährlicher Räuber in der Dunkelheit ist: Dunkle Tarnfarbe, großes Maul, antennenartige sensible Barteln. Anders als Raubfische, die ihre Beute erspähen und verfolgen, lauert der Wels am dunklen Grund von Flüssen und Seen und ortet näherkommende Beute über feinste Schwingungen, die seine sensiblen Barteln aufnehmen. Ebenso besitzt er ein feines Gehör. Er lebt als Einzelgänger und kann bis zu 3 m lang werden. Schon alleine wegen seiner Größe ist er für Angelfischer eine echte Herausforderung.
Bei größeren Exemplaren findet sich unter der Haut oft eine charakteristische Fettschicht. Kleinere Welse werden auch als Filet angeboten. Welse haben kurzfaseriges feines Fleisch, ideal zum Kochen oder Dünsten. Das Angebot bzw. die Gefahr der Verwechslung mit exotischen Welsarten ist für den Kunden leider groß. Daher sollte man den Fischverkäufer seines Vertrauens nach der Herkunft der Welse fragen.

Pochierter Waller mit Pilzsoße

Hauptgericht.
Für 4 Portionen.
4 Koteletts oder Filets vom Waller (je ca. 200 g; oder von Lachs, Rotbarsch, Steinbeißer)
1 Zwiebel
1 kleine Bio-Zitrone
1 EL Butter
150 ml trockener Weißwein
200 ml Fischfond (Rezept S. 64 oder aus dem Glas)
1 TL weiße Pfefferkörner
1 Lorbeerblatt
1 Gewürznelke
Salz
1 Rezept Pilzsoße (Rezept S. 67)

Die Fischstücke kurz kalt abbrausen und trocken tupfen. Zwiebel abziehen, würfeln. Zitrone waschen, in Scheiben schneiden. In einem großen flachen Topf 1 EL Butter erhitzen, darin die Zwiebel andünsten. Wein und Fond zugießen, dann Pfefferkörner, Lorbeer und Nelke zugeben. Leicht salzen. Das Ganze aufkochen, die Fischstücke in den Sud legen und zugedeckt bei kleiner Hitze 8 bis 10 Minuten garen.

Fischstücke aus dem Sud heben, auf eine Platte legen, mit Alufolie abdecken und im 70 °C heißen Backofen warm halten. Den Fischsud durch ein Sieb gießen, davon 100 ml abmessen.

Die Pilzsoße nach Anleitung zubereiten, dabei statt Gemüsebrühe den abgemessenen Fischsud verwenden.

Zum Servieren die Fischstücke mit der Pilzsoße auf vorgewärmten Tellern anrichten. Dazu schmecken Salzkartoffeln.

Tomaten-Waller-Suppe

Vorspeise/Snack.
Für 2 Portionen.
200 g Staudensellerie
1 Knoblauchzehe (nach Belieben)
2 EL Öl
1 EL Tomatenmark
200 ml Fischfond (Rezept S. 64 oder aus dem Glas)
Salz, Pfeffer aus der Mühle
1 Prise Zucker
2 Msp. gemahlener Piment
1 Msp. Cayennepfeffer
400 g Tomatenstücke (Tetrapack)
1 kleine Bio-Zitrone
300–400 g Wallerfilet (oder anderes weißes Fischfilet)

Den Sellerie waschen, putzen und in Scheiben schneiden. Knoblauch abziehen, in hauchdünne Scheiben schneiden.

Das Öl in einem Topf erhitzen, darin Sellerie und Knoblauch andünsten. Tomatenmark einrühren, kurz anschwitzen. Fond angießen, mit Salz, Pfeffer, Zucker, Piment und Cayennepfeffer würzen. Tomatenstücke in den Topf geben. Alles zugedeckt 15 Minuten köcheln lassen.

Inzwischen die Zitrone heiß waschen, trocken reiben und halbieren. Eine Hälfte auspressen, die andere in Schnitze schneiden. Das Wallerfilet abbrausen, trocken tupfen und in große Stücke schneiden. Mit etwas Zitronensaft beträufeln, salzen und pfeffern.

Fischstücke in die Suppe legen und darin zugedeckt bei kleiner Hitze in etwa 5 Minuten gar ziehen lassen. Nicht mehr umrühren, damit der Fisch nicht zerfällt. Zum Servieren die Suppe behutsam in Teller füllen und die Zitronenschnitze dazureichen.

Lasagne mit Weißfischen

Hauptgericht.
Für 4 Portionen.
1 Zwiebel, 1 Knoblauchzehe
1 Bund Suppengemüse (ca. 150 g)
1 Handvoll Spinatblätter
2 EL Öl
Salz, Pfeffer aus der Mühle
30 g Butter, 30 g Mehl
1/4 l Milch
1/4 l Fischfond (Rezept S. 64 oder aus dem Glas)
1 TL fein abgeriebene Bio-Limettenschale
1–2 TL Limettensaft
250 g Kirschtomaten
600 g Filet ohne Haut von beliebigen Weißfischen (oder Filet von anderen weißfleischigen Fischen)
8–10 helle Lasagneblätter (ohne Vorkochen zu verwenden)
2 EL frisch geriebener Parmesan

Zwiebel und Knoblauch abziehen, klein würfeln. Suppengemüse waschen, putzen und ebenfalls klein würfeln. Spinatblätter putzen, gründlich waschen. Öl in einer Pfanne erhitzen, darin Zwiebel, Knoblauch und Suppengemüse andünsten. Spinat unterheben und zusammenfallen lassen. Gemüse-Mix mit Salz und Pfeffer würzen.

Die Butter in einem Topf aufschäumen, Mehl zufügen und unter Rühren hellgelb anschwitzen. Milch und Fond nach und nach unter Rühren zugießen. Mit dem Schneebesen glatt rühren. Die Soße bei kleiner Hitze 15 Minuten köcheln lassen, dabei ab und zu umrühren. Mit Salz, Pfeffer, Limettenschale und Limettensaft abschmecken.

Kirschtomaten waschen, trocken tupfen, quer halbieren. Fischfilet kurz abbrausen, trocken tupfen und nach Belieben schröpfen (siehe Kasten S. 107). Filets in etwa 1 cm breite Scheiben schneiden. Tomaten und Fisch leicht salzen und pfeffern.

Backofen auf 200 °C vorheizen. Eine Auflaufform einfetten. Den Boden der Form mit etwas Soße bedecken. Mit Lasagneplatten belegen. Darauf den Gemüse-Mix, sowie jeweils die Hälfte von Fisch, Tomaten und der restlichen Soße einschichten. Mit Lasagneplatten belegen. Übrigen Fisch und übrige Tomaten einschichten, mit Käse bestreuen. Restliche Soße obenauf verteilen. Lasagne im Ofen (Mitte) etwa 35 Minuten backen, bis die Oberfläche leicht gebräunt ist.

Weißfischfilet mit Meerrettichkruste

Hauptgericht.
Für 4 Portionen.
5 Scheiben Toastbrot
5 Stängel Petersilie
100 g weiche Butter
2 EL geriebener Meerrettich (aus dem Glas)
Salz, Pfeffer aus der Mühle
600–800 g Filet ohne Haut von beliebigen Weißfischen (oder Filet von anderen weißfleischigen Fischen)
3 EL Zitronensaft
Außerdem: Backpapier zum Rollen und Frischhaltefolie

Das Toastbrot entrinden, in Würfel schneiden und im Mixer fein zerkleinern. Die Petersilie waschen, trocken schütteln und die Blättchen sehr fein hacken. Butter cremig aufschlagen, Meerrettich und Petersilie unterrühren. Nach Bedarf mit etwas Salz und Pfeffer würzen.

Meerrettichmasse mithilfe von Backpapier zu einer Rolle formen. In Frischhaltefolie wickeln und zum Festwerden für 1 bis 2 Stunden in den Kühlschrank legen.

Die Fischfilets kurz kalt abbrausen, trocken tupfen und schröpfen (siehe Kasten S. 107). Filets mit Zitronensaft beträufeln, mit Salz und Pfeffer würzen.

Den Backofengrill anheizen. Ein Backblech mit Backpapier auslegen. Die Filets nebeneinander auf das Blech legen. Gekühlte Meerrettichmasse in etwa 5 mm dünne Scheiben schneiden und auf den Filets verteilen, dann unter dem Grill in 5 bis 7 Minuten goldbraun überbacken.

Thai-Fischpastete

Vorspeise/Snack.
Für 4 Portionen.
400 g Filet ohne Haut von beliebigen Weißfischen (oder Filet von anderen weißfleischigen Fischen)
2 Limettenblätter
6 Stängel Koriander
2–3 TL rote Currypaste (Asiaregal)
2 EL Kokoscreme
2 EL Fischsoße oder helle Sojasoße
2 Eier
1 TL heller Palm- oder Rohrzucker
Salz, Pfeffer aus der Mühle
Außerdem: 4 feuerfeste Tassen oder Portionsförmchen

Das Fischfilet kurz kalt abbrausen und trocken tupfen. 100 g Filet schröpfen (siehe Kasten S. 107), danach in 5 mm große Stücke schneiden. Restliches Filet grob würfeln und fein pürieren. Die Limettenblätter waschen, trocken tupfen und mit der glänzenden Seite längs nach innen zusammenfalten und festdrücken. Den Stiel jeweils zur Blattspitze hin abziehen. Blatthälften möglichst fein hacken. Koriander waschen, trocken tupfen und die Blättchen von den Stielen zupfen. Knapp die Hälfte der Blätter grob hacken.

Je nach gewünschter Schärfe 2 bis 3 TL Currypaste mit Kokoscreme und Fisch- oder Sojasoße glatt rühren. Die Eier zugeben und alles gut verquirlen. Fischpüree, Fischstücke, Limettenblätter und gehackten Koriander darunterrühren. Die Masse mit Salz, Pfeffer und Zucker abschmecken. Die Tassen kalt ausspülen, Fischmasse in die Tassen verteilen.

Einen flachen Topf mit 400 ml Wasser füllen. Tassen nebeneinander in einen Dämpfaufsatz stellen, diesen in den Topf setzen. Das Wasser aufkochen und die Fischpastete zugedeckt bei kleiner Hitze in 25 bis 30 Minuten gar dämpfen, bis die Masse fest ist. Zum Servieren mit den restlichen Korianderblättchen bestreuen.

Fischnocken von Weißfischen

Hauptgericht.
Für 4 Portionen.
600 g Filet ohne Haut von beliebigen Weißfischen (oder Filet von anderen Fischen)
Salz
2 Eier
250 g eisgekühlte Sahne
1 Prise Cayennepfeffer
1–2 TL Zitronensaft
1 Rezept Orangensoße (Rezept S. 66)
3 Zweige Basilikum

Für die Nocken das Fischfilet kurz kalt abbrausen, trocken tupfen und grob würfeln. Fisch für 20 Minuten ins Gefrierfach stellen.

Fischwürfel mit etwas Salz und den Eiern fein pürieren. Sahne erst tropfenweise, dann in dünnem Strahl zugießen, mitpürieren, bis eine homogene Masse entstanden ist. Mit Salz, Cayennepfeffer und Zitronensaft würzen. Fischmasse nochmals für 20 Minuten ins Gefrierfach stellen.

Inzwischen die Orangensoße zubereiten. Basilikum waschen, trocken schütteln, die Blättchen abzupfen und in dünne Streifen schneiden.

In einem flachen Topf Salzwasser zum Sieden bringen. Von der Fischmasse mit 2 Esslöffeln Nocken abstechen und portionsweise 6 bis 8 Minuten gar ziehen lassen.

Basilikum unter die Orangensoße rühren. Nocken aus dem Wasser heben, kurz abtropfen lassen und auf der Soße anrichten. Dazu schmecken Salzkartoffeln oder Stangenbrot.

Weißfischfilet süßsauer

Hauptgericht.
Für 2 Portionen.

300–400 g Filet ohne Haut von beliebigen Weißfischen (oder Filet von anderen weißfleischigen Fischen)
2 EL Zitronensaft
150 g Tomaten
100 g Ananasfruchtfleisch
2 Frühlingszwiebeln
100 ml Gemüsebrühe
2 TL flüssiger Honig
2–3 EL weißer Balsamessig
1 Knoblauchzehe
1 gestrichener TL Speisestärke
Salz, Pfeffer aus der Mühle
3 EL Rapsöl

Die Fischfilets abbrausen, trocken tupfen und schröpfen (siehe Kasten S. 107). Filets in mundgerechte Stücke teilen und mit Zitronensaft beträufeln.

Tomaten überbrühen, häuten, halbieren und entkernen. Das Fruchtfleisch würfeln, dabei die Stielansätze entfernen. Ananas eventuell kleiner schneiden. Frühlingszwiebeln putzen, waschen und in kurze Stücke schneiden.

In einem Topf die Brühe mit der Hälfte der Tomatenwürfel, Honig und 2 EL Essig verrühren. Den Knoblauch abziehen und dazupressen. Alles aufkochen. Die Stärke mit etwas Wasser glatt rühren, in die Würzflüssigkeit rühren und nochmals aufkochen lassen. Mit Salz abschmecken.

Die Fischstücke trocken tupfen. 2 EL Öl in einer großen beschichteten Pfanne erhitzen. Fischstücke darin von beiden Seiten jeweils 3 Minuten braten, danach salzen, pfeffern und zugedeckt warm stellen.

Restliches Öl zum Bratfett geben. In Abständen von etwa 1 Minute Frühlingszwiebeln, übrige Tomate und Ananas zugeben und kurz mitbraten. Die Würzflüssigkeit zugießen und kurz aufkochen lassen. Den Fisch untermischen. Mit Salz, Pfeffer und eventuell noch mit etwas Essig süßsauer abschmecken. Dazu schmeckt Reis.

Dirk Lehmacher „Guten Geschmack kann man lernen!“

Schon seit Generationen zieht sich der Kochberuf wie ein roter Faden durch meine Familie. Aufgewachsen im Sauerland legte mein Großvater den Grundstein für meine Kochleidenschaft und auch das Schulkochen begeisterte mich so sehr, dass es für mich von klein auf nur einen Berufswunsch gab: Koch.
Später kam das Interesse am Angeln sowie der fachgerechten Zubereitung von frischem Fisch hinzu. Im hohen Norden, an der deutschen Nordseeküste, begann ich meine Ausbildung und vertiefte den Umgang mit frischem Fisch noch weiter. 1993 war es dann soweit: Ich machte mich selbstständig und bin seitdem vor allem auf Messen, Events und Galas im Einsatz. Daneben hat mich das Fernsehen als gern gesehenen TV-Koch entdeckt, und so habe ich in den letzten Jahren ca. 20 Produktionen vornehmlich für MM&M Theken-TV produziert. Auch in Seminaren, bei denen gesunde Ernährung im Vordergrund steht, gebe ich mein Wissen aus 30 Jahren weiter, und nach wie vor sind die Besucher meiner Kochshows überrascht, wie schnell man aus frischen Zutaten und einfachen Rezepten mit Liebe zum Produkt die Seinen verwöhnen kann.

Fischfrikadellen „Petri Heil“

Hauptgericht.
Für 4 Portionen.
5 küchenfertige Rotaugen (je etwa 250 g) oder 2 küchenfertige Brassen (je etwa 600 g), am besten gleich beim Händler oder Fischer filetieren lassen
2 Zwiebeln
150 g grobes Paniermehl
2 Eier
2 Prisen Salz
1 Prise Pfeffer
1–2 EL frische fein gehackte Kräuter (z. B. Petersilie, Dill)
Saft von 1 Zitrone
100 ml Rapsöl

Die Fischfilets abbrausen, trocken tupfen und in grobe Stücke schneiden. Fischstücke in einem Fleischwolf oder in einer Küchenmaschine so fein zerkleinern, dass keine Gräten mehr spürbar sind.
Die Zwiebeln abziehen, klein würfeln. Zwiebeln, Paniermehl, Eier, Salz, Pfeffer, Kräuter und Zitronensaft zur Fischmasse geben, alles gut vermischen. Die Masse abschmecken und zu Frikadellen formen, diese leicht flachdrücken.
Öl in einer großen Pfanne erhitzen, die Fischfrikadellen darin auf beiden Seiten bei mittlerer Hitze in insgesamt 8 bis 10 Minuten goldbraun braten. Dazu schmeckt Kartoffelsalat.

Steckrübenragout mit gebratenem Zanderfilet

Für das Ragout Steckrüben, Kartoffeln und Möhren schälen, putzen und waschen. Das Gemüse in gleich große Würfel schneiden. In einem breiten Topf 2 EL Öl erhitzen, darin zunächst die Steckrüben andünsten, dann Kartoffeln und Möhren untermischen. Mit Salz und Lorbeer würzen. Die Brühe zugießen, alles aufkochen und zugedeckt bei kleiner Hitze etwa 20 Minuten köcheln lassen, bis das Gemüse gar ist.
Die Gemüsebrühe in einen kleinen Topf abgießen. Lorbeer aus dem Gemüse entfernen. Sahne in die Brühe rühren, aufkochen und die Flüssigkeit sämig einkochen lassen. Die kalte Butter in Stücken unterschlagen, die Soße mit Salz und Pfeffer abschmecken. Die Soße zum Gemüse geben, das Ragout warm halten.
Die Zanderfilets kurz kalt abbrausen und trocken tupfen. Mit etwas Zitronensaft, Salz und Pfeffer würzen. Restliches Öl in einer großen Pfanne erhitzen. Fischfilets mit der Haut nach unten hineinlegen, in etwa 3 bis 4 Minuten goldbraun und knusprig braten. Filets wenden und in weiteren 1 bis 2 Minuten fertig braten.
Die Zanderfilets mit dem Steckrübenragout anrichten. Dazu schmeckt ein Riesling aus dem Mittelrheintal.

Hauptgericht.
Für 4 Portionen.
500 g Steckrüben
300 g Kartoffeln
300 g Möhren
4–5 EL Rapsöl
Salz, 1 Lorbeerblatt
300 ml Gemüsebrühe
100 g Sahne
40 g kalte Butter
Pfeffer aus der Mühle
4 Zanderfilets mit Haut (je ca. 150 g)
1 EL Zitronensaft

Mousse von der geräucherten Schleie

Die Schleie eventuell abkühlen lassen. Haut und Gräten entfernen und das Fleisch grob zerkleinern, in eine hohe Schüssel geben. Petersilie und Dill waschen, trocken schütteln und ohne die dicken Stiele fein schneiden. Schmand, Sahne, Meerrettich, Zitronensaft, Kräuter, Salz und Pfeffer zum Fisch geben, alles cremig pürieren. Frühlingszwiebeln putzen, waschen, trocken schütteln und in feine Röllchen schneiden. 2 EL davon unter die Fischmousse heben, eventuell nachwürzen.
Die Mousse nach Belieben auf in Olivenöl geröstetes Weißbrot streichen und mit der übrigen Frühlingszwiebel bestreuen. Wer mag, reicht dazu Feldsalat mit einer Essig-Öl-Vinaigrette.

Vorspeise/Snack.
Für 4 Portionen.
1 große, frisch geräucherte Schleie
1/2 Bund glatte Petersilie
1/2 Bund Dill
4 EL sehr kalter Schmand
100 g sehr kalte Sahne
2 TL frisch geriebener Meerrettich
2 EL Zitronensaft
Salz, Pfeffer aus der Mühle
2 Frühlingszwiebeln

Saté-Spießchen mit Zanderfilet

Vorspeise/Snack.
Für 4 Portionen.

- 400 g Zanderfilet (oder anderes festfleischiges Fischfilet)
- 1 Stück Ingwer (ca. 2 cm)
- 1 Knoblauchzehe
- 3 EL ungesüßte Kokosmilch
- 1 EL helle Sojasoße
- 1/2 TL Sambal Oelek (scharfe Würzpaste, Asiaregal)
- 2 EL Palm- oder Rohrzucker
- 2 EL Weißweinessig
- 1 Salatgurke
- 1 Schalotte
- 1 rote Chilischote
- Außerdem: dünne lange Holzspieße

Zanderfilet abbrausen, trocken tupfen und in etwa 3 mm dünne und 2 bis 3 cm breite Streifen schneiden. Ingwer schälen, Knoblauch abziehen. Beides klein würfeln und mit Kokosmilch, Sojasoße, Sambal Oelek, 1/2 TL Zucker und 1/2 EL Essig verrühren. Fischstreifen darin zugedeckt 20 Minuten ziehen lassen.

Inzwischen die Gurke ungeschält in dünne Scheiben schneiden oder hobeln. Schalotte abziehen, klein würfeln. Chilischote waschen, putzen, entkernen, sehr fein hacken. Chili mit Gurke und Schalotte mischen. Übrigen Essig mit restlichem Zucker, etwas Salz und 3 EL heißem Wasser verrühren. Unter den Gurkensalat mischen, diesen 10 bis 15 Minuten ziehen lassen.

Von den Fischstreifen die Marinade abstreifen. Jeden Streifen wellenförmig der Länge nach auf dünne lange Spieße stecken. Spieße mit Öl bestreichen. Entweder unter dem vorgeheizten Grill oder in einer Pfanne in etwas heißem Öl auf jeder Seite 1 Minute garen. Mit dem süßsauren Gurkensalat servieren.

Zanderfilet auf vanillierter Soße

Die Vanilleschote längs aufschlitzen. Vom Zitronengras lose und trockene Hüllblätter entfernen. Stängel waschen, vom unteren Teil 5 cm abschneiden und längs halbieren. In einem Topf Fischfond, Zitronengras und Vanilleschote aufkochen, dann zugedeckt auf der ausgeschalteten Herdplatte 15 Minuten ziehen lassen.
Inzwischen Möhre und Sellerie putzen, waschen und in feine, streichholzlange Stücke schneiden.
Den Fischsud durch ein Sieb in einen anderen Topf gießen. Die Vanilleschote beiseite legen. Sud ohne Deckel bei starker Hitze auf die Hälfte einkochen lassen. Möhren- und Selleriestreifen hinzufügen und 2 Minuten mitköcheln lassen.
Das Vanillemark aus der Schote kratzen, in den Sud geben. Crème fraîche hinzufügen und unterrühren. Alles aufkochen und unter gelegentlichem Rühren zu einer sämigen Soße einköcheln lassen.
Währenddessen die Zanderfilet abbrausen, trocken tupfen, nur leicht salzen und pfeffern. Öl und Butter in einer großen Pfanne erhitzen und die Filets darin von beiden Seiten jeweils etwa 3 Minuten braten. Die Soße aufschlagen. Zander und Soße auf vorgewärmten Tellern anrichten. Dazu schmeckt eine Wildreis-Mischung und grünes Gemüse.

Hauptgericht.
Für 4 Portionen.
1 Vanilleschote
1 Stängel Zitronengras (oder 1 Stück Limettenschale)
400 ml Fischfond (Rezept S. 64 oder aus dem Glas)
100 g Möhre
1 zarte Stange Sellerie (ca. 100 g)
3 EL Crème fraîche
4 Zanderfilets (je 160–200 g; oder Filet von Lachs, Seeteufel)
Salz, Pfeffer aus der Mühle
1 EL Rapsöl
1 EL Butter

Zanderfilet mit Nuss-Kräuter-Kruste

Den Backofen auf 225 °C vorheizen. Das Toastbrot grob würfeln. Brot und Walnüsse getrennt im Blitzhacker mahlen.
Die Petersilie waschen und trocken schütteln. Einige Blättchen zum Garnieren beiseite legen, den Rest ohne die groben Stiele fein hacken. Brot mit Nüssen, gehackter Petersilie und den Eigelben mischen, salzen und pfeffern.
Die Fischfilets waschen, trocken tupfen, rundum mit etwas Zitronensaft beträufeln, salzen und pfeffern. Die Butter in einer Pfanne erhitzen und die Filets darin von beiden Seiten kurz anbraten. Aus der Pfanne heben und nebeneinander auf ein mit Backpapier ausgelegtes Backblech setzen.
Die Nuss-Kräuter-Masse auf die Filets streichen. Filets im Ofen (Mitte) 8 bis 10 Minuten überbacken. Zanderfilets zum Servieren mit den restlichen Petersilienblättchen bestreuen. Dazu schmecken Butterkartoffeln und gedünstetes Gemüse.

Hauptgericht.
Für 4 Portionen.
2 Scheiben Toastbrot
100 g Walnusskerne
1 Bund Petersilie
2 Eigelbe
Salz, Pfeffer aus der Mühle
4 Zanderfilets (je 150–180 g; oder Filet von Saibling, Lachs, Waller)
1 EL Zitronensaft
2 EL Butter
Außerdem: Backpapier für das Blech

Zanderfilet mit Graupenrisotto

Hauptgericht.
Für 2 Portionen.
200 g Möhren
1 Petersilienwurzel
1 Schalotte
1 Knoblauchzehe
1 Bio-Zitrone
3 EL Olivenöl
120 g Perlgraupen
400 ml Fischfond (Rezept S. 64 oder aus dem Glas)
Salz, Pfeffer aus der Mühle
4 Zanderfilets (je 80–100 g; oder Filets von Waller, Kabeljau, Steinbeißer)
50 g Sahne
1 EL Petersilienblättchen

Möhren und Petersilienwurzel putzen und würfeln. Schalotte und Knoblauch abziehen, fein würfeln. Die Zitrone heiß waschen, trocken reiben und längs halbieren. Von einer Hälfte die Schale fein abreiben. In einem flachen Topf 2 EL Öl erhitzen. Schalotte und Knoblauch darin glasig werden lassen. Gemüsewürfel und Graupen zufügen, kurz mitdünsten. Heißen Fond und die abgeriebene Zitronenschale dazugeben. Salzen und pfeffern. Alles aufkochen und zugedeckt bei kleiner Hitze etwa 30 Minuten garen, dabei mehrmals umrühren.

Die Zanderfilets abbrausen, trocken tupfen, salzen und pfeffern. Eine Grillpfanne auf mittlerer Stufe erhitzen, dann die Bratstege mit etwas Öl einpinseln. Filets auflegen und auf jeder Seite etwa 3 Minuten braten. Den Fisch dabei nur einmal wenden, weil sonst kein typisches Grillmuster entsteht.

Die restliche Zitrone in Spalten schneiden. Sahne unter das Graupenrisotto rühren, mit Salz und Pfeffer abschmecken. Die Graupen mit dem Zander anrichten und mit Zitronenspalten und Petersilienblättchen garniert servieren.

Zander-Gulasch mit Paprika

Zanderfilet abbrausen, trocken tupfen und in große Würfel schneiden. Mit Zitronensaft, Salz und Pfeffer würzen. Zugedeckt 30 Minuten kalt stellen.
Inzwischen die Paprikaschoten waschen, vierteln, Stielansatz, Kerne und Trennhäute entfernen. Paprikaviertel quer in Streifen schneiden. Zwiebel und Knoblauch abziehen, Zwiebel halbieren, in dünne Streifen schneiden.
Schmalz in einem Schmortopf erhitzen. Die Zwiebeln darin glasig dünsten. Gemüsepaprika zufügen und 2 bis 3 Minuten andünsten. Knoblauch dazupressen. Beide Sorten Paprikapulver unterrühren und kurz mitdünsten.
Wein und Fond zum Gemüse geben und etwas einkochen lassen. Die Tomaten unterrühren. Alles mit Salz, Pfeffer und Kümmel würzen. Die marinierten Fischstücke einlegen. Gulasch einmal aufkochen lassen und zugedeckt bei kleiner Hitze 6 bis 8 Minuten ziehen lassen, bis der Zander gar ist.
Petersilie waschen, trocken schütteln und die Blättchen abzupfen. Die Sahne glatt rühren. Zander-Gulasch abschmecken, in tiefen Tellern anrichten. Jeweils obenauf in die Mitte einen Klecks Sahne setzen. Gulasch mit Petersilie bestreut servieren.

Tipp: Feiner wird das Gericht, wenn Sie die Paprika vorher häuten. Dazu die Schoten in einer ofenfesten Form ca. 20 Minuten bei 220 °C in den Backofen schieben, bis die Haut Blasen wirft. Kurz mit einem feuchten Tuch abdecken. Paprika häuten, dicke Rippen und Kerne entfernen, das Fruchtfleisch in Streifen schneiden.

HAUPTGERICHT.
FÜR 4 PORTIONEN.

600 g Zanderfilet (oder Filet von Waller, Karpfen, Kabeljau)
2 EL Zitronensaft
Salz, Pfeffer aus der Mühle
je 1 rote, gelbe und grüne Paprikaschote
200 g Zwiebeln
1–2 Knoblauchzehen
2 EL Butterschmalz
2 EL edelsüßes Paprikapulver
1–2 TL rosenscharfes Paprikapulver
100 ml kräftiger Rotwein
1/8 l Fischfond (Rezept S. 64 oder aus dem Glas)
300 g Tomatenstücke (Tetrapack)
1 Prise gemahlener Kümmel
3 Stängel Petersilie
100 g saure Sahne

Zander

Der Zander gehört zur Familie der Barsche. Er ist der größte im Süßwasser lebende Barschartige Europas. In Deutschland ist er heute vom Bodensee bis in die Brackwasserregionen der Ostsee verbreitet und nicht gefährdet. Der Zander hat einen lang gestreckten, spindelförmigen Körper. Die Rückenflosse ist, wie für Barschartige typisch, unterteilt in einen vorderen Teil mit Stachelstrahlen und einen völlig abgesetzten hinteren Teil mit Gliederstrahlen. Der Kopf ist zugespitzt, das Maul tief gespalten. Darin stehen ungleichmäßig die langen, spitzen Fangzähne. Der Zander erreicht Größen von bis zu 1 m, die übliche Vermarktungsgröße liegt bei 50 bis 70 cm. Der Zander ist mit 1 % Fett sehr fettarm. Da er sehr grätenarm ist, eignet sich der Zander ideal zum Filetieren, weshalb er auf dem deutschen Markt oft nur als Filet angeboten wird. Die Hauptfangzeiten liegen für den Zander im Mai/Juni und zwischen September und Dezember. Am besten kauft man frischen Zander direkt vor Ort beim Berufsfischer.

Roland Stohr – Bodenseefischer

Prachtexemplar einer Bodensee-Forelle

Die Fischerei Stohr wird in der 3. Generation im Haupterwerb in Wasserburg am Bodensee betrieben. Im Jahr 1982 habe ich bei meinem Vater Peter Stohr die Lehre als Fischwirt begonnen und 1984 erfolgreich abgeschlossen. Nach meiner Meisterprüfung im Jahr 1989 wurde ich dann im elterlichen Betrieb als Teilhaber aufgenommen.

Die Bodenseefischerei unterscheidet sich doch in einigen Dingen von anderen vergleichbaren Seen. Nicht umsonst wird der Bodensee auch als das „Schwäbische Meer" bezeichnet. In den 4 Anrainerländern Österreich, Schweiz, Liechtenstein und Deutschland müssen alle Beschlüsse, die eine Änderung der Fischerei beinhalten, einstimmig beschlossen werden. Dies wurde in der Bregenzer Übereinkunft bereits im Jahr 1893 geregelt. Jedes Jahr treffen sich die Sachverständigen und Bevollmächtigten der Anrainerländer, um über die aktuellen Probleme und Themen zu beratschlagen.

Auf dem See gibt es keine Grenzen, über einer Wassertiefe von 25 m beginnt der Hohe See, dort gilt für alle Fischer das gleiche Recht. Im Flachwasserbereich bis 25 m Wassertiefe dürfen nur die Patentinhaber des jeweiligen Anrainerlandes fischen. Ein Fischereirecht wird am Bodensee als Patent bezeichnet, jedes Anrainerland hat ein festgelegtes Kontingent an Patenten, das in der Regel innerhalb der Familie, sofern ein Nachfolger vorhanden ist, weitergegeben werden kann.

Der täglich gefangene Fisch wird in unserem Familienbetrieb selbst verarbeitet und je nach Bedarf auch geräuchert. In unserem Hausverkauf oder in den naheliegenden Gasthäusern werden die Fische dann zum Verzehr angeboten.

Bei gutem Wetter ist es unseren Gästen auch möglich, den Sonnenaufgang beim Fischfang zu erleben.

Die Fangsaison geht jedes Jahr vom 10. Januar bis 15. Oktober. Allein daraus lässt sich schon schließen, dass es nicht nur Sonnenschein und Schönwetter beim täglichen Fang geben kann, auch Wind, Kälte und Regen gehören zum Alltag des Berufsfischers.

Der Beruf ist gleichzeitig auch Hobby, denn mit 40 Stunden- und 5 Tagewoche geht in der Fischerei nichts. Im Winter gilt es dann, die liegen gebliebenen Netzarbeiten vom Sommer zu erledigen. Doch eben der jahreszeitliche Wechsel und die jährlichen Veränderungen im und rund um den See machen diesen Beruf so vielseitig und spannend. Prognosen über ein Fischereijahr kann man immer erst hinterher abgeben. Nur eines ist sicher: Auf ein „Petri Heil" gibt's immer ein „Petri Dank" und das haben wir im Zuge der rückläufigen Fangerträge aufgrund des Nährstoffrückgangs im Bodensee nötig.

Felchenfilet mit Kapern-Zwiebel-Soße von Roland Stohr

Die Fischfilets kurz kalt abbrausen, trocken tupfen und beidseitig salzen. Zwiebel abziehen, klein würfeln. Speck in kleine Würfel schneiden. Die Kapern fein hacken.
Olivenöl in einer großen Pfanne erhitzen. Die Fischfilets darin bei mittlerer Hitze von beiden Seiten jeweils etwa 3 Minuten braten, warm stellen.
Zwiebel, Speck und Kapern ins Bratfett geben, bei kleiner Hitze unter gelegentlichem Rühren braten, bis der Speck knusprig und die Zwiebel glasig ist. Brühe zugießen, und einmal kräftig aufkochen lassen. Die Soße falls nötig nachwürzen. Zum Servieren die Soße über die Felchenfilets löffeln. Dazu schmecken Salzkartoffeln und ein Salat der Saison.

Hauptgericht.
Für 4 Portionen.
4 frische Felchenfilets von je etwa 150 g
Salz
1 kleine Zwiebel
100 g geräucherter durchwachsener Speck
1 TL Kapern (aus dem Glas)
2 EL Olivenöl
ca. 100 ml Gemüsebrühe

Trüschenröllchen in Weinrahmsoße

Die Trüschenfilets kurz abbrausen und trocken tupfen. Petersilie und Schnittlauch waschen, trocken schütteln und fein schneiden. Die Fischfilets mit Salz und Pfeffer würzen, jeweils eine Filetseite mit der Hälfte der Kräuter bestreuen. Die Filets zu Röllchen eindrehen und mit einem Zahnstocher feststecken.
Für die Soße die Butter zerlassen. Zwiebel und Knoblauch abziehen, fein würfeln und in der Butter glasig dünsten. Das Mehl darüberstäuben und kurz schwitzen lassen. Mit Weißwein ablöschen. Fischfond und Sahne zugießen. Mit Salz und Zucker würzen. Die Soße bei kleiner Hitze sämig einköcheln lassen.
Die Trüschenröllchen in die Soße legen und darin bei kleiner Hitze in etwa 10 Minuten gar ziehen lassen. Die Weinrahmsoße abschmecken. Die restlichen Kräuter über die Trüschenröllchen streuen. Dazu schmecken Bandnudeln oder Reis.

Tipp: Statt Petersilie und Schnittlauch kann zur Bärlauchsaison kann auch je ein Bärlauchblatt in die Filets eingerollt werden.

Rezept von Martin und Michaela Eberle, Nonnenhorn

Hauptgericht.
Für 4 Portionen.
800–1000 g Trüschenfilets ohne Haut
1/2 Bund Petersilie
1/2 Bund Schnittlauch
Salz, Pfeffer aus der Mühle
1 EL Butter
1 Zwiebel
1 Knoblauchzehe
1–2 TL Mehl
150 ml trockener Weißwein
150 ml Fischfond (Rezept S. 64 oder aus dem Glas)
200 g Sahne
1 Prise Zucker
Außerdem: Zahnstocher

Köstliche
Rezepte mit
Meeresfischen

Wenn man Fische studieren will, wird man am besten selber zum Fisch.
Jacques-Yves Cousteau

Salzwasserfische – das Beste aus dem Meer

Begleiten Sie uns auf eine kulinarische Kreuzfahrt durch die Weltmeere. Mit an Bord: Köstliche Rezepte für die beliebtesten Salzwasserfische aus Atlantik, Mittelmeer und Pazifik. Mal zubereitet mit heimischen Zutaten, mal mit aromatischen Kräutern, asiatischen Gewürzen oder orientalischen Aromen. Sie finden kalte und warme Vorspeisen, raffinierte Suppen, knackige Salate sowie jede Menge Hauptgerichte. Keine Sorge, alle Speisen sind einfach in der Zubereitung und haben trotzdem das gewisse Etwas. Damit können Sie Familie und Gäste überraschen. Also dann: Leinen los – alles klar zum Genießen!

Dorade mit Gewürzpaste

Hauptgericht.
Für 4 Portionen.

- 2 Bio-Zitronen
- 1 Döschen Safranfäden (0,1 g)
- 1 TL rosenscharfes Paprikapulver
- 1/2 TL gemahlener Kreuzkümmel
- 1 frische rote Chilischote
- 1 Bund glatte Petersilie
- 1/2 Bund Koriander
- 2 Schalotten
- 1 Knoblauchzehe
- 4 küchenfertige Doraden (je 300–400 g; oder Wolfsbarsche)
- Salz, Pfeffer aus der Mühle
- 6 EL Olivenöl
- Außerdem: Alufolie

Für die Paste die Zitronen waschen, trocken reiben und 2 TL Schale fein abreiben. 1 Zitrone auspressen. 4 EL Zitronensaft mit Safran, Paprika und Kreuzkümmel verrühren.

Chilischote putzen, waschen, halbieren und entkernen. Petersilie und Koriander waschen, trocken schütteln und die Blätter abzupfen. Kräuter und Chili sehr fein hacken. Schalotten und Knoblauch abziehen, sehr klein würfeln. Alle vorbereiteten Zutaten mit abgeriebener Zitronenschale und dem Zitronensaft-Gewürz-Mix zu einer Paste verrühren.

Die Doraden innen und außen kalt abbrausen, trocken tupfen, salzen und pfeffern. Die Fische auf jeder Hautseite vier bis fünfmal bis kurz vor die Gräten einschneiden. Übrige Zitrone in dünne Scheiben schneiden, in die Bauchhöhlen verteilen. Die Gewürzpaste in die Einschnitte streichen.

Doraden einzeln in gut geölte Alufolie einwickeln, die Folie einige Male mit einer Gabel einstechen. Fischpäckchen auf den heißen Grill legen. Bei mittlerer Hitze in 20 Minuten garen, dabei mehrmals wenden. Oder: Die Fische (ohne Alufolie) mit 1/4 l Weißwein in ein tiefes Backblech legen, mit dem Öl beträufeln und im Backofen bei 180 °C (2. Schiene von unten) in 35 bis 40 Minuten braten.

Dorade

Die Dorade gehört zur Familie der barschartigen Fische. Sie bevorzugt als Lebensraum vor allem wärmere Küstengewässer, wo sie zumeist in einer Tiefe von weniger als 30 m lebt. Sie kann bis zu 2,5 kg wiegen. Besonders charakteristisch sind das breite goldene Band zwischen ihren Augen und je ein goldener Fleck auf den Wangen, der ihr auch den Namen Goldbrasse verliehen hat. Der Hauptlebensraum der Dorade ist das Mittelmeer. Vor allem für die angrenzenden Länder haben Doraden eine sehr hohe wirtschaftliche Bedeutung, da sie dort in großen Mengen gefangen werden. Inzwischen stammt der größte Teil der verkauften Doraden aus Aquakulturen. Die Dorade hat festes Fleisch, das weiß und sehr schmackhaft ist. Zwar ist die Dorade Royal das ganze Jahr über erhältlich, jedoch schmeckt sie in der Zeit von Juli bis Oktober am besten, egal ob gebraten, gedünstet, gekocht oder gegrillt.

Heilbuttfilets mit Basilikumöl

Hauptgericht.
Für 2 Portionen.
1/4 Bund Basilikum
1/4 Bund glatte Petersilie
Salz, Pfeffer aus der Mühle
5 EL Gemüsebrühe
80 ml Olivenöl
3 EL Butter
600–800 g Heilbuttfilets (oder beliebige andere Fischfilets)

Für das Basilikumöl die Kräuter waschen, Blättchen abzupfen und trocken tupfen. Petersilienblättchen mit 2 Msp. Salz, 1 Msp. Pfeffer, Gemüsebrühe und Öl in ein sehr schmales hohes Gefäß (z. B. eine Bechertasse) geben. Mit dem Stabmixer fein pürieren. Dann erst die Basilikumblätter zugeben und kurz mitpürieren. Basilikumöl abschmecken und zugedeckt ziehen lassen.
Inzwischen die Butter zerlassen. Fischfilets abbrausen, trocken tupfen, eventuell entgräten und mit der flüssigen Butter rundum bestreichen. Eine Grillpfanne auf mittlerer Stufe erhitzen. Die Filets darauf je nach Dicke von jeder Seite etwa 5 Minuten garen. Salzen, leicht pfeffern und mit dem Basilikumöl servieren. Dazu schmeckt ein gemischter Salat.

Heilbutt

Der Schwarze Heilbutt ist eine arktische Art, die kalte Gewässer bevorzugt. Den Namen hat er aufgrund seiner dunklen Färbung erhalten, denn er hat einen lang gestreckten Körper mit braun-schwarzer Färbung. Er kann bis zu 1,2 m lang und bis zu 15 kg schwer werden. Der Fisch kommt im Nordatlantik, überwiegend um Island, Grönland und Norwegen vor. Der Bestand des Schwarzen Heilbutt ist seit zehn Jahren unverändert niedrig, sodass der Fang strengen Auflagen unterliegt. Das Fleisch des Schwarzen Heilbutts ist weiß und zart und gilt als Delikatesse. Er ist ein sehr fettreicher Fisch und wird meistens heiß geräuchert in Mittelstücken angeboten. Der Schwarze Heilbutt mit schwarzer Bauchfärbung ist der engste Verwandte des Weißen Heilbutts.

Der Weiße Heilbutt gehört zur Familie der Schollen und ist einer der größten Plattfische. Ein in Natur lebendes Tier kann bis zu 4 m lang werden und ein Gewicht von 300 kg erreichen. Seine Unterseite ist weiß, während die nach oben gewandte Seite dunkler ist. Die obere Seite hat eine graue bis olivgraue Färbung mit helleren und dunkleren Flecken. Um sich noch besser tarnen zu können, passt der Fisch die Pigmentierung seiner oberen Haut stets der Umgebung an. Der natürliche Lebensraum des Weißen Heilbutts ist der Ost- und Westatlantik.
Dieser Speisefisch zählt zu den teuersten und wertvollsten, die es gibt. Da er nur ziemlich langsam wächst, besteht die Gefahr der Überfischung. Deshalb hat man begonnen, ihn zu züchten. Gezüchteter Weißer Heilbutt erreicht mit drei bis vier Jahren ein Idealgewicht von 2 bis 7 kg. Bei diesem Gewicht ist das Fleisch qualitativ und geschmacklich am wertvollsten. Der Weiße Heilbutt zeichnet sich durch seinen milden, aber delikaten Geschmack aus. Sein weißes, festes Fleisch bildet ein dickes, kompaktes Filet, das in der Küche vielseitig verwendet werden kann und an Fleisch erinnert. Die Aromen und Farben weiterer Zutaten und Beilagen wie Kräuter, buntes Gemüse und delikate Soßen kommen erst durch sein Fleisch richtig zur Geltung. Durch seine feste und doch flockige Struktur lässt sich das Filet sehr leicht auf verschiedenste Art zubereiten.
Die alten norwegischen Legenden und Mythen weisen dem Weißen Heilbutt eine besondere Stellung zu und beschreiben ihn als ein Geschenk der nordischen Götter. Bereits für die norwegischen Steinzeitmenschen war er ein heiliger Fisch, weswegen sie ihn in Steinschnitzereien verewigten.

Heilbuttcrostini mit Erbsenpüree

Vorspeise/Snack.
Für 4 Portionen.
1 kleine Zwiebel
1/2 EL Butter
300 g tiefgekühlte Erbsen
50 ml Gemüsebrühe
ca. 70 ml Milch
3–4 Basilikumblätter
1–2 TL Zitronensaft
500 g geräucherte Heilbuttstücke (oder 400 g geräucherte Renkenfilets)
8 dünne Scheiben Stangenbrot
1 Knoblauchzehe

In einem Topf die Butter erhitzen. Zwiebel abziehen, klein würfeln und in der Butter glasig dünsten. Tiefgekühlte Erbsen, die Brühe und 50 ml Milch zufügen, alles aufkochen und zugedeckt bei kleiner Hitze 8 bis 10 Minuten köcheln lassen, bis die Erbsen weich sind.
Inzwischen vom Heilbutt Haut und Gräten entfernen. Fischfleisch in 8 gleich große Stücke teilen. Knoblauch abziehen. Die Brotscheiben toasten und noch heiß mit der Knoblauchzehe leicht einreiben.
Erbsen mit Basilikum, Salz und Pfeffer würzen. Alles fein pürieren. Falls das Püree zu dick ist, noch etwas Milch unterrühren. Erbsenpüree mit Salz, Pfeffer und ein wenig Zitronensaft abschmecken. Brotscheiben dick mit Püree bestreichen und jeweils obenauf ein Stück Räucherfisch legen.

Heilbuttkoteletts mit gerösteten Pilzen

Hauptgericht.
Für 2 Portionen.
300 g Kartoffeln
1 Bio-Zitrone
2 Schalotten
1 Knoblauchzehe
350 g gemischte Pilze (z. B. Champignons, Austernpilze)
2 Heilbuttkoteletts (je 250 g; oder Koteletts von Kabeljau, Rotbarsch)
Salz, Pfeffer aus der Mühle
1 EL Olivenöl
1 EL Butter
1/2 TL frische Majoranblättchen

Die Kartoffeln waschen, mit Schale in etwa 25 Minuten gar kochen. Inzwischen die Zitrone heiß waschen, abtrocknen und 2 TL Schale fein abreiben. Den Saft von 1/2 Zitrone auspressen. Schalotten und Knoblauch abziehen, sehr fein würfeln. Pilze putzen und in Scheiben schneiden.
Fischkoteletts abbrausen, trocken tupfen, salzen und pfeffern. In einen Siebeinsatz legen, mit abgeriebener Zitronenschale bestreuen. Einen Topf 5 cm hoch mit Wasser füllen, 3 EL Zitronensaft zufügen. Siebeinsatz in den Topf stellen, die Flüssigkeit aufkochen und den Fisch zugedeckt in etwa 12 Minuten gar dämpfen.
Öl und Butter in einer beschichteten Pfanne erhitzen. Schalotten, Knoblauch und Pilze darin unter Rühren goldbraun rösten, dabei den Majoran zufügen. Pilze mit Salz und Pfeffer würzen. Heilbuttkoteletts mit Pilzen und gepellten Kartoffeln anrichten.

Variante: … mit Kräutersoße

Die Heilbuttkoteletts wie beschrieben vorbereiten und dämpfen. In der Zwischenzeit die Kräuter-Joghurt-Soße (Rezept S. 68) zubereiten. Die Fischkoteletts mit der Soße auf vorgewärmten Tellern anrichten. Dazu schmecken knusprige Bratkartoffeln oder Salzkartoffeln und ein gemischter Salat.

Matjeshäckerle auf Kartoffeln

VORSPEISE/SNACK.
FÜR 4 PORTIONEN.
3–4 gleich große festkochende Kartoffeln
4 Matjesfilets
1/2 Bund Radieschen
1 Bund Schnittlauch
1–2 EL Zitronensaft
Pfeffer aus der Mühle
1 EL Crème fraîche

Info: Häckerle ist ein traditionelles deutsches Gericht, das ursprünglich aus Schlesien stammt. Häckerle wird in vielen Rezeptvarianten serviert, meist mit kräftigem Brot.

Die Kartoffeln waschen, mit Schale in Wasser in etwa 25 Minuten nicht zu weich kochen. Inzwischen die Matjesfilets kurz waschen, trocken tupfen und eventuell entgräten. Die Filets mit einem scharfen Messer zuerst in dünne Scheiben, dann in möglichst kleine Würfel schneiden. Radieschen waschen, putzen, abtrocknen und ebenfalls sehr klein würfeln. Den Schnittlauch waschen, die Hälfte in feine Röllchen schneiden.
Matjes, Radieschen, Schnittlauchröllchen und 1 EL Zitronensaft vermischen. Häckerle mit Pfeffer würzen, zugedeckt im Kühlschrank etwa 20 Minuten durchziehen lassen.
Dill waschen, trocken tupfen und die Spitzen abzupfen. Kartoffeln abgießen, kurz ausdampfen lassen und pellen, dann in 1,5 cm dicke Scheiben schneiden.
Matjeshäckerle nochmals durchmengen, eventuell mit Pfeffer und Zitronensaft nachwürzen und auf die noch warmen Kartoffelscheiben verteilen. Jeweils 1 kleinen Klecks Crème fraîche daraufsetzen und mit übrigem Schnittlauch in kurzen Stücken verzieren.

Hering

Heringe gehören wie Sardinen, Sprotten und Sardellen zur Familie der Heringsfische. Heringe sind in der Ost- und Nordsee sowie im gesamten Nordatlantik zu finden, von Norwegen bis nach Grönland und zur amerikanischen Ostküste. Der Hering ist ein Schwarmfisch. Er wird bis zu 40 cm lang und kann ein Alter von bis zu 20 Jahren erreichen. Der Rücken des Herings leuchtet unter Wasser in Farben von gelbgrün über blauschwarz bis blaugrün. Der Bauch ist weiß, die Flanken glänzen silbrig. Durch das typische glänzende Aussehen kann man Heringsschwärme oft mit bloßem Auge auf offener See erkennen. Die Laichzeiten der verschiedenen Heringsbestände verteilen sich über das ganze Jahr. Von Juni bis August ist die Hauptfangzeit des Nordseeherings. Die in dieser Zeit gefangenen Heringe sind besonders zart und schmackhaft und werden daher häufig zur Herstellung von Matjesspezialitäten verwendet. In der Geschichte hatte kein anderer Fisch so große wirtschaftliche Bedeutung wie der Hering. Im Mittelalter bewahrte er die Menschen oft vor Hungersnöten. Seinetwegen wurden sogar Kriege ausgefochten und der Aufstieg der Hanse war eng mit diesem Fisch verbunden. Heringe und Heringsprodukte machen heute rund ein Fünftel des Fischangebotes in Deutschland aus. Das sehr zarte Fleisch des Herings hat einen kräftigen, charakteristischen Geschmack. Ein interessanter gesundheitlicher Aspekt ist, dass es sich bei dem im Hering enthaltenen Fett um die bekömmlichen Omega-3-Fettsäuren sowie um einfach ungesättigte Fettsäuren handelt, die den Cholesterinspiegel günstig beeinflussen und sich positiv auf den Blutdruck auswirken können.

Heringe in Rotweinsoße

Die Zwiebel abziehen, fein würfeln. In einem Topf Zwiebel und Speck glasig dünsten. Thymian, Lorbeer und 1 EL Mehl dazugeben und kurz anschwitzen. Den Wein zugießen und um etwa ein Drittel einkochen lassen. Fond oder Brühe zugeben, weitere 6 Minuten kochen lassen. Soße durch ein Sieb in einen zweiten Topf gießen.

Fischfilets waschen, trocken tupfen, eventuell entgräten, dann leicht salzen und pfeffern und in Mehl wenden. Butterschmalz in einer Pfanne erhitzen, die Filets darin auf jeder Seite 2 bis 3 Minuten braten.

Rotweinsoße erneut aufkochen, nach und nach mit dem Mixstab die Butter unterschlagen. Soße abschmecken, mit den Heringen anrichten, nach Belieben mit Thymian garnieren. Dazu schmeckt Kartoffelpüree.

Hauptgericht.
Für 4 Portionen.

1 Zwiebel
50 g kleine Speckwürfel
1/2 TL Thymianblättchen
1 Lorbeerblatt
1 EL Mehl und Mehl zum Wenden
400 ml trockener kräftiger Rotwein
150 ml Fischfond (Rezept S. 64 oder aus dem Glas)
6 grüne Hering-Doppelfilets (je ca. 100 g)
Salz, Pfeffer aus der Mühle
2 EL Butterschmalz
50 g kalte Butterwürfel

Fischfilet-Eintopf

Hauptgericht.
Für 4 Portionen.
1 Fenchelknolle (ca. 300 g)
2 große festkochende Kartoffeln
2 Zwiebeln
2–3 Knoblauchzehen
1 Dose geschälte Tomaten (400 g)
4 EL Olivenöl
100 ml Anisschnaps (z. B. Pastis)
Salz, Pfeffer aus der Mühle
Chilipulver
1,2 l Fischfond (Rezept S. 64 oder aus dem Glas)
1 Döschen Safranfäden (0,2 g)
300 g Miesmuscheln
800 g gemischtes Fischfilet (z. B. von Kabeljau, Rotbarsch, Seelachs, Steinbeißer)
6 Stängel glatte Petersilie

Den Fenchel putzen, waschen und den Strunk entfernen. Kartoffeln schälen und beides klein würfeln. Zwiebeln und Knoblauch abziehen, würfeln. Tomaten in ein Sieb gießen, den Saft dabei auffangen, und Tomaten klein schneiden.
In einem Suppentopf das Öl erhitzen. Fenchel, Zwiebel und Knoblauch darin andünsten. Tomaten, Tomatensaft und Anisschnaps zufügen, mit Salz, Pfeffer und Chilipulver würzen. Alles aufkochen und 5 Minuten leicht kochen lassen. Anschließend Kartoffeln und Fischfond zugeben, zusammen weitere 20 Minuten zugedeckt köcheln.
Inzwischen den Safran mit 2 EL Wasser verrühren. Muscheln küchenfertig vorbereiten (siehe S. 54). Die Fischfilets kurz abbrausen, trocken tupfen, eventuell entgräten und in mundgerechte Stücke schneiden. Petersilie waschen, trocken schütteln und die Blättchen abzupfen.
Muscheln in den Eintopf geben und 5 Minuten mitkochen. Dann den angerührten Safran und die Fischstücke dazugeben und den Fisch in etwa 7 Minuten gar ziehen lassen. Petersilie unterrühren und den Eintopf abschmecken.

Fischröllchen mit Kräuterfüllung

Hauptgericht.
Für 4 Portionen.
8 dünne Scheiben Kabeljaufilet (je ca. 80 g; oder Filet von Rotbarsch, Steinbeißer, Zander)
1 Scheibe Toastbrot
2 EL Sahne
50 g Butter
50 g Kerbel (oder Sauerampfer, Brunnenkresse, Dill)
1 Schalotte
1/2 Eiweiß
1 EL trockener Wermut (z. B. Noilly Prat)
Salz, Pfeffer aus der Mühle
150 ml trockener Weißwein
Außerdem: 8 Holzspießchen

Die Fischfilets waschen, trocken tupfen, eventuell entgräten und von jedem Filet ein kleines Stück abschneiden (insgesamt etwa 100 g), kalt stellen. Toastbrot, entrinden, klein würfeln, mit der Sahne mischen und kalt stellen.
Butter bei schwacher Hitze flüssig werden lassen. Kerbel waschen, trocken tupfen und drei Viertel davon fein hacken. Schalotte abziehen, sehr klein würfeln. Backofen auf 200 °C vorheizen. Eine ofenfeste Form mit etwas flüssiger Butter einpinseln.
Abgeschnittene Fischstücke mit Brot und Eiweiß sehr fein pürieren. Gehackten Kerbel, Schalotte und Wermut untermischen. Kerbelfüllung mit Salz und Pfeffer würzen.
Fischfilets leicht salzen und pfeffern, mit der Füllung bestreichen, behutsam aufrollen und mit Holzspießchen fixieren. Nebeneinander in die Form legen. Die übrige flüssige Butter und den Wein darüberträufeln. Fischröllchen mit Alufolie abdecken und im Ofen (Mitte) etwa 20 Minuten garen.
Zum Servieren die Fischröllchen auf Tellern anrichten. Die Soße in der Form kräftig verrühren und, falls nötig, leicht salzen und pfeffern. Über den Fisch träufeln. Mit restlichem Kerbel bestreuen und sofort servieren.

Kabeljau

Der Kabeljau zählt zur Familie der sogenannten Gadidae. Sein Körper ist lang gestreckt und stromlinienförmig. Er hat einen vergleichsweise großen Kopf mit einem vorspringenden Oberkiefer und ist an der charakteristischen hellen Seitenlinie, die vom Maul bis zum Schwanz reicht, sehr gut erkennbar. Er hat eine hellgraue Färbung mit kleinen Pünktchen, einen weißen Bauch und einen kräftigen Bartfaden am Unterkiefer. Der Kabeljau hat seine Heimat im Nordatlantik, hauptsächlich von Norwegen bis Kanada. Stammt der Kabeljau aus der Ostsee, heißt er Dorsch. Dieser Name wird auch für den Jungkabeljau verwendet. Dorsch wird somit im zweifachen Sinn gebraucht.

Der Kabeljau nimmt in der Fischwirtschaft einen sehr hohen Stellenwert ein, weil drei große Zweige der Fischindustrie Kabeljau verstärkt einsetzen – die Frischfisch verarbeitenden Betriebe, die Produzenten von Tiefkühlfisch und die Hersteller von Salzfisch. Die Nachfrage nach Kabeljau ist dementsprechend hoch. Inzwischen ist Kabeljau auch aus Aquakultur erhältlich. Der Kabeljau enthält nur ganz wenig Fett und ist für sein zartes, festes Fleisch bekannt. Er verfügt über einen dezent salzigen Geschmack. Der Kabeljau sollte an der Gräte noch fest und die äußeren Fleischpartien nicht zu weich sein, sodass er den Weg vom Kochtopf auf den Teller im Ganzen schafft und nicht vorher zerfällt. Er schmeckt wie die meisten Seefische in den kühleren Jahreszeiten am besten.

Kabeljaukoteletts mit Gemüse und Senfsahne

Den Brokkoli in Röschen teilen und waschen. Stiele schälen und würfeln. Brokkoli mit Salz und Muskatnuss würzen. Paprika putzen, waschen und in kurze Streifen schneiden. Zwiebel abziehen, sehr fein würfeln. Fischkoteletts waschen, trocken tupfen, salzen und pfeffern.

Den Backofen auf 180 °C vorheizen. Vom Bratschlauch ein Ende nach Packungsangabe verschließen. Gemüse, Brühe, Butter und Fischkoteletts in den Schlauch füllen. Das Folienende gut verschließen. Bratschlauch von oben ein- bis zweimal einstechen, auf den kalten Rost legen, Fisch und Gemüse im Ofen (unten) 30 Minuten garen.

Saure Sahne und Senf glatt rühren, mit Salz, Pfeffer und Ahornsirup abschmecken. Kabeljau und Gemüse samt Flüssigkeit auf Tellern anrichten, die Senfsahne über den Fisch löffeln. Dazu schmecken Kartoffeln.

Hauptgericht.
Für 2 Portionen.

300 g Brokkoli
Salz, frisch gemahlene Muskatnuss
1 gelbe oder orange Paprikaschote
1 kleine Zwiebel
2 Kabeljaukoteletts (je 200–250 g)
Pfeffer aus der Mühle
100 ml Gemüsebrühe
2 TL Butter
100 g saure Sahne
1 EL körniger Senf
1–2 Tropfen Ahornsirup
Außerdem: 1 Stück Bratschlauch (ca. 40 cm)

Spargelfrittata mit Makrele

Hauptgericht.
Für 4 Portionen.
500 g grüner Spargel
2 Frühlingszwiebeln
250 g festkochende Pellkartoffeln vom Vortag
300 g Makrelenfilets (frisch oder geräuchert)
Salz, Pfeffer aus der Mühle
4 EL Öl, 8 Eier
100 ml Gemüsebrühe

Spargel waschen, nur das untere Drittel schälen, die Enden abschneiden. Spargelspitzen 4 cm lang abschneiden, den Rest schräg in 3 cm lange Stücke schneiden. Die Frühlingszwiebeln putzen, waschen, in feine Ringe schneiden. Die Kartoffeln pellen und in Scheiben schneiden. Makrelenfilet in mundgerechte Stücke schneiden, frischen Fisch eventuell entgräten, salzen und pfeffern. In einer beschichteten Pfanne mit hohem Rand (Ø 20–22 cm) das Öl erhitzen. Spargel und Frühlingszwiebeln darin 5 Minuten anbraten. Die Kartoffeln zufügen. Hitze reduzieren und das Gemüse weitere 5 Minuten braten, dann salzen und pfeffern. Einige schöne Spargelspitzen beiseite legen. Fischstücke auf Kartoffeln und Gemüse verteilen.
Eier und Brühe verquirlen, mit Salz und Pfeffer kräftig würzen. Über die Zutaten in die Pfanne gießen. Spargelspitzen obenauf legen. Frittata halb zugedeckt bei kleiner Hitze ohne zu wenden etwa 20 Minuten garen, bis die Eiermasse gestockt ist. Frittata lauwarm wie eine Torte in Stücke schneiden. Dazu schmeckt Tomatensalat mit Essig-Öl-Vinaigrette.

Tipp: In Quadrate oder Rauten geschnitten und kalt serviert, eignet sich die Frittata gut als Snack oder für ein Buffet.

Makrelen

Makrelen gehören zur Familie der Thunfische. Die Farbe der Makrele ist leuchtend grünblau und nach dem Fang blausilbern. Aufgrund der torpedoartigen Körperform erreicht sie bemerkenswerte Geschwindigkeiten. Sie kann blitzschnell ausweichen, größere Tiefen aufsuchen oder aus der Tiefsee rasch an die Oberfläche stoßen. Die Makrele durchquert in großen Schwärmen das Mittelmeer, den Atlantik und die Nordsee. Sie ist ein bevorzugtes Fangobjekt der Meeresangler. Da die Makrele beim Verbraucher beliebt ist, ist sie für die Fischwirtschaft von hoher wirtschaftlicher Bedeutung. Sie ist immer noch unter den ersten zehn in der Rangskala der beliebtesten Speisefische zu finden.
Die Makrele hat einen arttypischen Geschmack und saftig-würziges Fleisch. Sie schmeckt als Räucherfisch besonders ausgeprägt nach Rauch. Außerdem lassen sich auch die Gräten gut entfernen. Die Makrele hat einen hohen Fettgehalt und einen hohen Gehalt an Omega-3-Fettsäuren, die Herz und Kreislauf in Schwung bringen.

Kräutermakrelen vom Grill mit Topinamburpüree

HAUPTGERICHT.
FÜR 2 PORTIONEN.
2 küchenfertige Makrelen (oder Forellen, Renken)
je 6 Zweige Rosmarin, Thymian und Salbei
2 TL Rapsöl
2 TL Zitronensaft
Salz, Pfeffer aus der Mühle
400 g Topinambur (oder Petersilienwurzel)
200 g mehligkochende Kartoffeln
300 ml Milch (1,5% Fett)
2 TL Joghurt-Butter
frisch geriebene Muskatnuss
Öl zum Einfetten

Die Fische innen und außen waschen und gründlich trocken tupfen. Anschließend auf beiden Hautseiten drei- oder viermal schräg einschneiden. Die Kräuterzweige waschen und trocken schütteln. Das Öl mit Zitronensaft verrühren und die Makrelen damit innen und außen einpinseln. Rundum salzen und pfeffern. Jeweils die Hälfte der Kräuterzweige um einen Fisch legen und mit Küchengarn festbinden. Makrelen auf eine Platte legen, mit Folie bedecken und 30 Minuten im Kühlschrank durchziehen lassen.
Währenddessen Topinambur und Kartoffeln schälen und in kleine Stücke schneiden. Beides mit der Milch und 1 Prise Salz aufkochen und zugedeckt bei kleiner bis mittlerer Hitze in etwa 20 Minuten weich kochen.
Den Backofen- oder Outdoorgrill anheizen. Den Boden einer Alu-Grillschale einölen. Makrelen nebeneinander hineinlegen und mit etwa 20 cm Abstand zur Hitzequelle von jeder Seite 5 bis 6 Minuten grillen, bis sie gar sind.
Inzwischen für das Püree die Milch abgießen und auffangen. Topinambur und Kartoffeln durch die Kartoffelpresse drücken oder fein stampfen. Die Butter und so viel von der Milch unterrühren, dass ein cremiges Püree entsteht. Mit Salz, Pfeffer und Muskatnuss abschmecken.
Die gegrillten Makrelen mitsamt den Kräutern servieren. Das Topinamburpüree dazureichen.

Info: Rosmarin und Salbei geben dem Fisch nicht nur einen feinen Geschmack, sondern binden dank in ihnen enthaltener Schutzstoffe, den Antioxidantien, auch schädliche Substanzen, die beim Grillen entstehen können.

Creme von der Räuchermakrele

VORSPEISE/SNACK.
FÜR 4 PORTIONEN.
200 g geräuchertes Makrelenfilet (oder von Forelle, Renke, Heilbutt)
2 EL Naturjoghurt
1 TL geriebener Meerrettich (aus dem Glas)
ein paar Tropfen Zitronensaft
Salz, Pfeffer aus der Mühle
100 g sehr kalte Sahne

Das Fischfilet ohne Haut in Stücke teilen. Mit Joghurt, 1/2 TL Meerrettich, etwas Zitronensaft, wenig Salz und etwas Pfeffer fein pürieren. Die Sahne steif schlagen, nach und nach unter das Püree heben. Die Creme mit Pfeffer, übrigem Meerrettich und Zitronensaft abschmecken. Bis zum Servieren abgedeckt kalt stellen. Dazu schmeckt Vollkornbrot oder getoastetes Brot.

Fischcurry mit grünen Bohnen

Hauptgericht.
Für 4 Portionen.
300 g feine grüne Bohnen (Prinzessbohnen)
Salz, Pfeffer aus der Mühle

600 g Rotbarschfilet (oder Filet von Kabeljau, Schellfisch, Seehecht)
4 Kaffir-Limettenblätter
1 Stängel Zitronengras
1 Dose ungesüßte Kokosmilch (400 ml)
1 EL gelbe Currypaste (Asiaregal)
1/4 l Gemüsebrühe
2 EL asiatische Fischsoße (Fertigprodukt)
2 TL Palm- oder brauner Zucker
1–2 TL Limettensaft

Die Bohnen waschen, putzen, in 4 cm lange Stücke schneiden und in kochendem Salzwasser 4 Minuten blanchieren. Bohnen abgießen, eiskalt abschrecken, abtropfen lassen. Fischfilet waschen, trocken tupfen und in 2 cm breite Streifen schneiden. Die Limettenblätter waschen, längs zusammenfalten und den Stiel zur Blattspitze hin abziehen. Blatthälften quer in haarfeine Streifen schneiden. Zitronengras waschen, putzen, in Stücke schneiden.
Kokosmilchdose ungeschüttelt öffnen. Von der oberen dicken Schicht, der Kokossahne 2 EL abnehmen, beiseite stellen. Von der restlichen Kokosmilch 1/2 Tasse in einem flachen Topf erhitzen. Currypaste zufügen, unter Rühren 2 Minuten sanft kochen lassen. Übrige Kokosmilch, Brühe, Limettenblätterstreifen bis auf 1/2 EL, Zitronengras, Bohnen, Fischsoße und Zucker untermischen, weitere 2 Minuten sanft köcheln.
Fischstreifen in die Soße legen und zugedeckt in 3 bis 4 Minuten sanft gar ziehen lassen. Fischcurry mit Salz, Pfeffer und Limettensaft abschmecken. Die Kokossahne glatt rühren, obenauf geben. Fischcurry mit restlichen Limettenblattstreifen bestreuen. Dazu schmeckt thailändischer Duftreis.

Tipp: Die Zitronengrasstücke wegen der Optik mitservieren, aber nicht mitessen.

Rotbarsch im Kartoffelmantel

Hauptgericht.
Für 4 Portionen.
4 Rotbarschfilets (je ca. 150 g; oder Filet von Kabeljau, Seelachs, Zander)
Salz, Pfeffer aus der Mühle
1 Eiweiß
2 kleine Kartoffeln (ca. 200 g)
Mehl zum Wenden
4 EL Öl Raps- oder Sonnenblumenöl

Die Fischfilets kurz waschen, trocken tupfen, salzen und pfeffern. Das Eiweiß mit einer Gabel gut verschlagen. Die Kartoffeln waschen, schälen und mit einer Gemüsereibe direkt auf ein sauberes Küchentuch reiben. Das Tuch fest zusammendrehen und die Kartoffel darin gut ausdrücken, sodass möglichst viel Flüssigkeit herausläuft und die Kartoffeln trocken werden.
Fischfilets von beiden Seiten in Mehl wenden, das überschüssige Mehl abschütteln. Die Filets anschließend durch das Eiweiß ziehen und mithilfe der Hände mit den geriebenen Kartoffeln umhüllen. Den Kartoffelmantel gut andrücken.
Das Öl in einer Pfanne erhitzen und die Filets darin bei mittlerer Hitze von jeder Seite 4 bis 5 Minuten braten, bis der Kartoffelmantel goldbraun ist. Dazu schmecken ein gemischter Salat oder Brokkoligemüse und Brot.

Rotbarsch

Der Rotbarsch fällt vor allem durch seine feuerrote Farbe auf. Trotz seines Namens wird er nicht zu den Barschen gezählt, sondern gehört zur Familie der Stachelköpfe. Eine Besonderheit ist, dass der Rotbarsch zu den Fischen gehört, die ihre Jungen lebend auf die Welt bringen. Rotbarsche leben vornehmlich im Nordatlantik. Die größten Fischbestände finden sich vor Island, Grönland, Südschottland, Westirland und vor der norwegischen Westküste.

Der Rotbarsch ist in Deutschland sehr beliebt und dementsprechend wichtig für die Fischwirtschaft. Es gibt zahlreiche Arten dieses Fisches, wobei bei uns vor allem der Flachsee- und der Tiefsee-Rotbarsch auf dem Absatzmarkt eine Rolle spielen. Das feste, weiße und saftige Fleisch des Rotbarsches schmeckt sehr delikat und hat ein herzhaftes Aroma. Es enthält vergleichsweise nur wenig Fett.

Sardinen aus dem Ofen

Vorspeise/Snack.
Für 4 Portionen.
8 küchenfertige Sardinen (oder kleine Rotbarben)
Salz, Pfeffer aus der Mühle
4 Tomaten
1 Bio-Zitrone
1/2 Bund glatte Petersilie
1 Bund Rucola
4 EL Olivenöl
2 Lorbeerblätter

Die Sardinen innen und außen waschen, trocken tupfen, salzen und pfeffern. Den Backofen auf 200 °C vorheizen. Tomaten und Zitrone waschen, beides in dünne Scheiben schneiden. Petersilie und Rucola waschen, trocken schütteln, die Petersilienblättchen abzupfen.

Eine große Gratinform mit 1 EL Öl einpinseln. Die Fische nebeneinander hineinlegen. Petersilienblättchen, Lorbeerblätter, Tomaten- und Zitronenscheiben darüber verteilen. Salzen, pfeffern und alles mit dem übrigen Öl beträufeln. Mit Alufolie abdecken.

Sardinen im Ofen (Mitte) je nach Größe in 20 bis 25 Minuten garen, dabei für die letzten 5 Minuten die Folie entfernen. Vom Rucola dicke Stiele entfernen, Rucolablätter auf Teller auslegen und die Fische darauf anrichten. Dazu schmeckt Fladenbrot.

Sardinen

Sardinen gehören zur Familie der heringsartigen Fische. Sie sind in Schwärmen unterwegs und gelten als echte Nomaden der Meere. Sardinen sind sehr temperaturempfindliche Tiere. Sie bevorzugen Wassertemperaturen von 10 bis 20 °C und verlagern deshalb ihren Lebensraum je nach Jahreszeit entsprechend nach Norden oder Süden. Sardinen sind praktisch in allen Meeren auf der ganzen Welt zu finden. Für den europäischen Fischmarkt sind vor allem die Bestände in Nordostatlantik und Mittelmeer von großer Bedeutung. Junge Sardinen wachsen sehr schnell und erreichen bereits nach einem Lebensjahr eine Länge von bis zu 8 cm. Maximal werden Sardinen ca. 26 cm lang. Sie haben einen lang gestreckten, schlanken Körper. Der Rücken ist grünlich bis bläulich gefärbt und die Bauchseite schimmert silbern. Sardinen haben einen äußerst würzigen, kräftigen Geschmack. Bereits seit mehreren Jahrhunderten gehören sie zu den beliebtesten Speisefischen, besonders im Mittelmeerraum. Auch bei uns ist die Sardine sehr begehrt, vor allem als Ölsardine. Im Gegensatz zu vielen anderen Nahrungsmitteln kann man Sardinendosen sehr lange lagern. Einige Experten raten sogar dazu, die sogenannten Ölsardinen mindestens ein Jahr liegen zu lassen und die Dose regelmäßig zu wenden. Dadurch werden sie sehr gut mit dem Öl durchtränkt und entwickeln so einen vorzüglichen Geschmack.

Sardinen mit Spaghetti

Die Sardinen filetieren, kurz waschen und trocken tupfen. Mit Zitronensaft beträufeln, zugedeckt kalt stellen. Sultaninen in Wasser einweichen. Fenchel putzen, waschen, in mundgerechte Stücke schneiden. Zartes Fenchelgrün beiseite legen. Schalotten und Knoblauch abziehen, fein würfeln.

In einem breiten Topf 2 EL Öl erhitzen. Fenchel, Schalotten und Knoblauch darin andünsten. Zitronenschale, abgetropfte Sultaninen und die Brühe zum Gemüse geben, alles unter gelegentlichem Rühren 5 Minuten köcheln. Das Gemüse mit Salz und Pfeffer würzen, warm halten.

Nudeln in reichlich Salzwasser bissfest kochen. Inzwischen die Sardinenfilets trocken tupfen, salzen und pfeffern. Filets in Mehl wenden und im restlichen heißen Öl auf beiden Seiten in 1 bis 2 Minuten goldbraun braten. Oder die Fische grillen. Nudeln abgießen, abtropfen lassen, mit dem Fenchelgemüse vermischen und mit den Sardinenfilets anrichten. Mit Fenchelgrün garniert servieren.

HAUPTGERICHT.
FÜR 4 PORTIONEN.
12 küchenfertige Sardinen (je ca. 50 g)
2 EL Zitronensaft
30 g Sultaninen
1 Fenchelknolle (etwa 300 g)
3 Schalotten
2 Knoblauchzehen
5 EL Olivenöl
1 TL abgeriebene Bio-Zitronenschale
200 ml Gemüsebrühe
Salz, Pfeffer aus der Mühle
400–500 g Spaghetti
3 EL Mehl

Schollenröllchen auf Schmorgurken

Hauptgericht.
Für 4 Portionen.
600 g Schollenfilets
Salz, Pfeffer aus der Mühle
2 TL Zitronensaft
4 TL Sambal Oelek (scharfe Würzpaste, Asiaregal)
800 g Gärtner- oder Salatgurken
1 Schalotte
1 EL Butter
150 ml Gemüsebrühe
1 Bund Dill
2 EL Crème fraîche
1 TL körniger Senf
1 TL rosa Pfefferbeeren
Außerdem: Zahnstocher

Die Schollenfilets kurz abbrausen, trocken tupfen, leicht salzen und mit Zitronensaft beträufeln. Filets jeweils auf einer Seite dünn mit Sambal Oelek bestreichen, fest aufrollen und mit Zahnstochern feststecken.

Die Gurken schälen, längs halbieren, entkernen und in 5 mm dicke Scheiben schneiden. Schalotte abziehen, fein würfeln. In einem breiten Topf die Butter erhitzen, die Schalotte darin andünsten. Brühe und Gurken in den Topf geben. Die Schollenröllchen auf das Gemüse legen und zugedeckt bei mittlerer Hitze 6 bis 8 Minuten garen. Inzwischen den Dill waschen, trocken schütteln, die Spitzen fein hacken.

Schollenröllchen aus dem Topf heben. Crème fraîche, Senf und Dill unter die Gurken mischen, mit Salz und Pfeffer abschmecken. Den Fisch auf dem Gemüse anrichten. Die Pfefferbeeren grob zerstoßen und darüberstreuen.

Scholle

Schollen gehören zu den Plattfischen und gelten gemeinhin als populärster Vertreter dieser Fischfamilie. Schollen sind wahre Meister im Tarnen. Sie nehmen die Farbe des Untergrundes an und graben sich bei Gefahr im Sand ein. Besonders faszinierend sind ihre Augen, von denen eins nach vorne und das andere gleichzeitig nach hinten sehen kann. Die obere Augenseite des platten Fischkörpers variiert je nach dem Untergrund, auf dem die Scholle sich befindet, zwischen verschiedenen Brauntönen mit hell- bis dunkelroten Flecken. Die Unterseite, oder auch Blindseite genannt, ist weiß. Rein optisch ähnelt die Scholle der Flunder, fühlt sich jedoch im Gegensatz zu dieser aufgrund ihrer sehr kleinen Schuppen ganz glatt an. Schollen leben im Nordostatlantik, vom Weißmeer bis Gibraltar, sowie im Mittelmeer und im Schwarzen Meer. Am häufigsten sind sie jedoch in der Nordsee, im Skagerrak und Kattegat, in der Beltsee und der westlichen Ostsee bis etwa zur Linie Gotland-Danzig zu finden. Die Scholle gilt für die europäische küstennahe Fischerei als meistgefangener Plattfisch. Schollen gehören zu den bekanntesten Speisefischen und sind beim Verbraucher vor allem wegen ihres weißen, sehr schmackhaften Fleisches begehrt.

Maischolle mit Spargelsalat

Für den Salat den Spargel waschen, schälen, holzige Enden abschneiden. Spargelstangen von den Spitzen her schräg in etwa 3 cm lange Stücke schneiden, dann in wenig kochendem Salzwasser in 8 bis 10 Minuten bissfest garen.
Währenddessen aus Salz, Pfeffer, Essig, Orangensaft und Öl eine Marinade rühren. Tomaten waschen und quer halbieren. Spargel aus dem Wasser heben und abtropfen lassen, mit Tomaten und Marinade vermischen. Rucola waschen, trocken schütteln, grobe Stiele entfernen und die Blätter kleiner zupfen.
Die Schollen abbrausen und trocken tupfen. Das Brot toasten, entrinden und fein zerkrümeln. Brot und Mehl vermischen. Die Fische salzen, pfeffern und in dem Brot-Mehl-Mix wenden. Butterschmalz am besten in zwei Pfannen erhitzen, die Schollen darin von jeder Seite in etwa 5 Minuten goldbraun braten. Rucola unter den lauwarmen Spargelsalat heben und den Salat zu den Schollen servieren.

HAUPTGERICHT.
FÜR 2 PORTIONEN.
400 g weißer Spargel
Salz, Pfeffer aus der Mühle
2 EL Weißweinessig
2 EL Orangensaft
3–4 EL Sonnenblumenöl
3 Kirschtomaten
1/2 Bund Rucola
2 küchenfertige Maischollen
(je etwa 450 g)
1 Scheibe Toastbrot
3 EL Mehl
2 EL Butterschmalz

Info: Im Mai beginnt die Fangzeit für Schollen. Ob nun junge Frühjahrsschollen besser schmecken als später im Jahr gefischte Exemplare, darüber sind sich selbst Kenner nicht einig.

Schwertfisch in Pergament

Hauptgericht.
Für 4 Portionen.
2 Möhren
2 Stangen Sellerie
1 EL Butter
300 g Kirschtomaten
Salz, Pfeffer aus der Mühle
2 EL Basilikumblätter
600 g Schwertfischfilets (oder Filets von Thunfisch)
etwas Öl zum Einfetten
ca. 100 ml Gemüsebrühe
8 EL trockener Wermut (z. B. Noilly Prat, ersatzweise Weißwein)
Außerdem: 4 Bögen Pergament- oder Backpapier, Küchengarn

Den Backofen auf 180 °C vorheizen. Möhren und Sellerie waschen, schälen oder putzen und klein würfeln. Die Butter zerlassen, die Gemüsewürfel darin 5 Minuten dünsten. Tomaten waschen, halbieren und unterrühren. Das Gemüse salzen und pfeffern, die Basilikumblätter unterheben.
Schwertfischfilets kalt abbrausen, trocken tupfen und in 8 gleich große Stücke teilen. Salzen und pfeffern. Die Mitte von vier großen Bögen Pergament- oder Backpapier (ca. 40 x 40 cm) mit Öl einpinseln. Je zwei Fischstücke nebeneinander auf das Papier setzen. Mit je 2 bis 3 EL Brühe und 2 EL Wermut beträufeln und mit 2 bis 3 EL Gemüse belegen. Das Papier jeweils locker mit Küchengarn zu Päckchen verschließen, die Kanten sorgfältig zusammenfalten.
Fischpäckchen auf ein geöltes Backblech legen. Im Ofen (2. Schiene von unten) 15 bis 20 Minuten garen. Der Fisch ist fertig, wenn sich das Papier aufbläht. Schwertfisch in der Hülle anrichten. Dazu schmecken Reis oder Brot und ein Blattsalat.

Marinierter Schwertfisch mit Gemüse

Hauptgericht.
Für 4 Portionen.
600 g Schwertfischfilets (oder Filet von Thunfisch, Rotbarsch, Heilbutt)
150 g Tomaten
Salz, Pfeffer aus der Mühle
1 Bio-Zitrone
1 Knoblauchzehe
1/2 Bund Petersilie
600 g gemischtes Gemüse (z. B. Möhren, grüne Bohnen, Stangensellerie, Frühlingszwiebeln, Zucchini, Kartoffeln)
3 EL Olivenöl
Cayennepfeffer

Die Schwertfischfilets kurz abbrausen, trocken tupfen und in fingerdicke Streifen schneiden. Tomaten überbrühen, häuten, das Fruchtfleisch würfeln. Beides mischen, salzen und pfeffern. Zitrone waschen und in Scheiben schneiden, diese halbieren. Knoblauch abziehen, fein würfeln, Petersilie waschen und hacken. Alles unter den Fisch heben, mindestens 15 Minuten marinieren.
Das Gemüse putzen, in mundgerechte Stücke schneiden. Portionsweise in kochendem Salzwasser 5 Minuten blanchieren. Abschrecken, abtropfen lassen. Mit Olivenöl und etwas Cayennepfeffer mischen.
Den Backofengrill vorheizen. Das Gemüse in eine ofenfeste Form füllen und den Fisch darauf verteilen. Unter dem Grill 12 bis 15 Minuten garen. Warm oder kalt servieren.

Schwertfisch

Schwertfische sind große, räuberische Fische der Meere. Der schwertförmig verlängerte Oberkiefer verleiht diesem Fisch seinen Namen und kann bei ausgewachsenen Tieren ein Drittel der Körperlänge ausmachen. Zudem wird vermutet, dass dieses „Schwert" zur Erlegung der Beute dient. Die schuppenfreie Haut des Schwertfisches ist dunkelgrau oder braunrot. Erwachsene Tiere können eine Höchstgeschwindigkeit von bis zu 100 km/h erreichen und unternehmen lange Wanderungen. Schwertfische sind Einzelgänger. Trifft man sie in kleineren Verbänden an, die sich zur Jagd zusammengeschlossen haben, so ist ein Sicherheitsabstand von mindestens 100 m zwischen den Tieren zu empfehlen. Der Lebensraum des Schwertfisches sind alle wärmeren und tropischen Meere. Seltener Gast ist er im Ärmelkanal, in der Nordsee, der westlichen Ostsee und im Schwarzen Meer. Der Geschmack des Schwertfisch-Fleisches ähnelt dem von Kalbfleisch. Es ist fest und weist eine feine Konsistenz auf, das den Schwertfisch zu einem der besten Speisefische macht. Schwertfischsteaks eignen sich mediterran gewürzt bestens zum Grillen.

Seelachsfilet im Parmaschinken-Mantel

HAUPTGERICHT.
FÜR 4 PORTIONEN.
1 kg Lauch
1 Knoblauchzehe
50 g Butter
3 EL trockener Wermut
300 ml Gemüsebrühe
Salz, weißer Pfeffer aus der Mühle
4 Seelachsfilets (je etwa 150 g; oder Filets von Kabeljau, Rotbarsch, Zander)
8 dünne Scheiben Parmaschinken
2 EL Olivenöl
4 TL Basilikumpesto (Rezept Seite 68 oder aus dem Glas)

Den Lauch putzen und die Stangen schräg in 1 cm dicke Scheiben schneiden, waschen und abtropfen lassen. Knoblauch schälen, fein würfeln.
Butter in einem breiten Topf erhitzen, den Knoblauch darin farblos andünsten. Lauch zugeben, 1 Minute andünsten. Mit Wermut und Brühe ablöschen. Lauch bei mittlerer Hitze 10 Minuten zugedeckt dünsten. Mit Salz und Pfeffer abschmecken, warm halten.
Den Backofen auf 180 °C vorheizen. Die Fischfilets abbrausen, trocken tupfen und pfeffern. Jedes Fischfilet mit 2 Scheiben Schinken umwickeln. Öl in einer großen Pfanne erhitzen Filets darin bei großer Hitze von jeder Seite kurz anbraten. Auf ein gefettetes Blech legen, im Ofen (Mitte) in 6 bis 8 Minuten fertig garen.
Fischfilets und Lauchgemüse auf vorgewärmten Tellern anrichten und mit dem Basilikumpesto beträufeln.

Seelachs in Tomaten-Joghurt-Soße

Hauptgericht.
Für 2 Portionen.
2 kleine Zwiebeln
1 Knoblauchzehe
1 Stück frischer Ingwer (ca. 2 cm)
1 EL Öl (z. B. Rapsöl)
1 Lorbeerblatt
2 Msp. Currypulver
200 g Tomatenstücke (aus Dose oder Tetrapack)
Salz, Pfeffer aus der Mühle
2 Seelachsfilets (je 150–200 g; oder Filets von Rotbarsch, Kabeljau, Steinbeißer)
Fett für die Form
100 g Sahnejoghurt (10 % Fett)
Chilipulver
Petersilienblättchen zum Garnieren

Für die Soße Zwiebeln und Knoblauch abziehen und klein würfeln. Ingwer schälen, fein reiben. Öl in einem breiten Topf erhitzen, Zwiebeln und Lorbeer darin anbraten, bis die Zwiebeln hellgelb sind. Knoblauch, Ingwer und Curry zufügen und unter Rühren kurz mitbraten. Tomaten untermischen. Alles salzen und zugedeckt 15 Minuten leicht köcheln lassen.
Den Backofen auf 200 °C vorheizen. Die Fischfilets kurz waschen, trocken tupfen, dann beidseitig salzen und pfeffern. Eine Auflaufform einfetten. Fischfilets nebeneinander in die Form legen. Das Lorbeerblatt aus der Tomatensoße entfernen. Joghurt in die Soße rühren, mit Salz und Chilipulver abschmecken. Soße über dem Fisch verteilen. Im Ofen (Mitte) 20 bis 25 Minuten garen. Zum Servieren den Fisch mit Petersilienblättchen bestreuen. Dazu schmecken Langkornreis und ein gemischter Blattsalat.

Info: Beim Seelachsfilet kann man sicher sein, so gut wie keine Gräten mehr zu finden. Ebenso bei Filets von Heilbutt, Rotbarsch, Schwertfisch, Seeteufel, Steinbutt und Thunfisch.

Seelachs

Seelachse gehören zur Familie der dorschartigen Fische, sie sind also entgegen ihrem deutschen Namen keine Lachsverwandten. Seelachse sind eng mit dem Kabeljau verwandt, jedoch ist ihr lang gestreckter Körper um einiges eleganter. Der Seelachs hat eine perlgraue Färbung und ein schwarzes Maul. Sein Rücken ist in der Regel dunkler als der übrige Körper. Die Bauchseite des Seelachses ist weiß. Seelachse leben am liebsten in Schwärmen zusammen und bevorzugen kältere und gemäßigte Gewässer.
Der Hauptlebensraum des Seelachses ist der Nordatlantik. Dort lebt er vor Island, Norwegen und in der Nordsee, ist jedoch auch rund um Großbritannien zu finden. Seelachse gehören bei uns zu den beliebtesten Speisefischen. Ihr Fleisch zeichnet sich durch seinen sehr kräftigen und würzigen Geschmack aus. Eine Seelachsart, deren Verbreitungsgebiet im Nordpazifik liegt, ist der Alaska-Seelachs, auch als Alaska-Pollack oder Pazifischer Pollack bezeichnet. Die Alaska-Seelachsfischerei liefert über 40 % der weltweiten Weißfischproduktion. Als tiefgefrorenes Filet oder in Fertiggerichten wird er bei uns häufig angeboten.

Seeteufelfilet mit Minze-Erbsen

HAUPTGERICHT.
FÜR 4 PORTIONEN.

4 Seeteufelfilets (je 200 g)
fein abgeriebene Schale von 1 Bio-Zitrone
2 EL Meersalz
1 Schalotte
3–4 Stängel Minze
2 EL Butter
450 g tiefgekühlte Erbsen
50 ml Gemüsebrühe
1 EL Zitronensaft
Salz, Pfeffer aus der Mühle
1 Msp. Zucker
2 EL Butterschmalz

Den Fisch kurz abbrausen und trocken tupfen. Zitronenschale und Meersalz mischen, die Fischstücke damit rundum einreiben. Zugedeckt für 1 Stunde kalt stellen.
Die Schalotte abziehen, fein würfeln. Minze waschen, trocken schütteln. Die Blätter abzupfen, längs halbieren und quer in feine Streifen schneiden.
Backofen auf 220 °C vorheizen. In einem Topf die Butter zerlassen. Die Schalotte darin glasig dünsten. Erbsen, Brühe und Zitronensaft unterrühren, mit Salz, Pfeffer und Zucker würzen. Das Gemüse zugedeckt bei kleiner Hitze in etwa 8 Minuten bissfest dünsten. Minze unter die Erbsen rühren, nochmals abschmecken, warm halten.
Seeteufelfilets trocken tupfen und pfeffern. In einer ofenfesten Pfanne das Schmalz erhitzen. Die Fischstücke darin auf einer Seite 2 Minuten braten. Dann wenden und im Ofen (Mitte) je nach Dicke in 6 bis 8 Minuten fertig garen. Seeteufel mit den Minze-Erbsen anrichten. Dazu schmeckt Kartoffelpüree.

Seeteufel mit Weißwein-Sahne-Soße

Die Weißwein-Sahne-Soße zubereiten und warm halten.
Spinat verlesen, waschen und abtropfen lassen. Schalotte abziehen, klein würfeln. 1 EL Butter in einem Topf erhitzen, die Schalotte darin glasig dünsten. Spinat zufügen und zugedeckt zusammenfallen lassen. Mit Salz und Muskatnuss abschmecken.
Die Garnelen bis auf die Schwanzflosse schälen. Garnelen und Seeteufelmedaillons kurz kalt waschen und trocken tupfen. Den Fisch salzen und pfeffern.
Öl und übrige Butter in einer großen Pfanne erhitzen, die Fischstücke darin 7 bis 9 Minuten braten, dabei einmal wenden. Herausnehmen und warm stellen. Garnelen im heißen Bratfett etwa 3 Minuten unter Rühren braten, salzen und pfeffern. Seeteufel und Garnelen mit Spinat und Soße anrichten. Dazu schmecken kleine Pellkartoffeln oder Langkornreis.

Info: Wer keinen Seeteufel bekommt, kann für diese Rezepte auch anderen festfleischigen Fisch verwenden, z. B. Seehecht, Waller, Steinbeißer oder Petersfisch.

HAUPTGERICHT.
FÜR 2 PORTIONEN.
1 Rezept Weißwein-Sahne-Soße
(Rezept S. 66)
500 g junge Spinatblätter
1 Schalotte
2 EL Butter
Salz, frisch geriebene Muskatnuss
8 rohe Garnelenschwänze
(insgesamt ca. 120 g)
500–600 g Seeteufelmedaillons
Pfeffer aus der Mühle
1 EL Öl

Seeteufel

Der Seeteufel ist ein von den Meeresbewohnern gefürchteter Raubfisch, dessen Hauptnahrung vor allem aus in Bodennähe lebenden Fischen wie Rochen oder Seeaal besteht. Er hat einen Rückflossenstrahl, den er wie eine Angel einsetzt und mit dem er seine Beute anlockt. Daher rührt auch sein Name Anglerfisch. Da sein Maul so extrem breit ist, kann der Seeteufel Beutetiere verschlingen, die fast so groß sind wie er selbst. Spitze Zähne, die nach innen ausgerichtet sind, verhindern, dass einmal gefangene Beute wieder entkommen kann. Seeteufel sind am häufigsten im Nordatlantik und im Mittelmeer zu finden.
Das Hauptfanggebiet für die auf dem deutschen Markt angebotenen Fische ist der Nordostatlantik. Einige bezeichnen den Seeteufel als einen der hässlichsten Fische des Meeres überhaupt. Wegen ihres wenig ansehnlichen Äußeren werden Seeteufel nur selten im Ganzen verkauft. Das Fleisch des Seeteufels besitzt ein vorzügliches Aroma. Es ist bis auf die Wirbelsäule völlig frei von Gräten und lässt sich deshalb besonders gut essen.

Seezungenfilet in Zitronen-Olivenöl auf Kartoffel-Sellerie-Püree

Hauptgericht.
Für 4 Portionen.
600 g mehligkochende Kartoffeln
400 g Knollensellerie
Salz, Pfeffer aus der Mühle
1 kleiner Zweig Thymian
200–250 ml Milch
2 EL Butter
1 Bio-Zitrone
600 g Seezungenfilets (oder Filets von Steinbutt)
5 EL Olivenöl

Für das Püree Kartoffeln und Sellerie schälen, waschen und klein würfeln. In einem Topf mit leicht gesalzenem Wasser knapp bedecken. Thymian waschen, zum Gemüse geben. Gemüse aufkochen und zugedeckt in 20 bis 25 Minuten sehr weich köcheln lassen.
Das Kochwasser abgießen und den Kartoffel-Sellerie-Mix kurz ausdampfen lassen. Den Thymian entfernen. Die Milch erhitzen, 1 EL Butter würfeln. Gemüse zerstampfen, Butterwürfel zufügen. Die Milch nach und nach mit einem Kochlöffel unterschlagen, bis das Püree cremig ist. Kartoffel-Sellerie-Püree mit Salz und Pfeffer abschmecken, heiß halten.
Die Zitrone heiß waschen, trocken reiben und 3 kleine Schalenstücke ohne die weiße Haut abschälen. Zitrone halbieren und eine Hälfte auspressen.
Fischfilets kurz kalt abspülen, trocken tupfen, rundum salzen und pfeffern. In einer Pfanne 3 EL Öl und die Zitronenschale heiß werden lassen. Filets hineinlegen und darin bei kleiner Hitze in etwa 3 Minuten garen, dabei einmal wenden. Herausnehmen und warm halten. Restliches Öl, übrige Butter und den Zitronensaft in die Pfanne geben, erhitzen. Öl durch ein feines Sieb gießen, mit Salz würzen. Fischfilets auf dem Püree anrichten, das Zitronen-Olivenöl auf die Filets verteilen, sofort servieren.

Seezunge Müllerin mit Kräutern

Hauptgericht.
Für 4 Portionen.
2 küchenfertige Seezungen ohne Haut (je 350–400 g)
Salz, Pfeffer aus der Mühle
2 EL Mehl
100 g Butter (davon ein Drittel gut gekühlt)
50 ml Fischfond (Rezept S. 64 oder aus dem Glas)
1 EL Zitronensaft
2 EL frische gemischte, fein gehackte Kräuter

Die Seezungen kurz kalt abbrausen, trocken tupfen, rundum salzen und pfeffern. Fische im Mehl wenden, überschüssiges Mehl abschütteln.
In einer großen beschichteten Pfanne (z. B. eine ovale Fischpfanne) oder in zwei kleineren Pfannen zwei Drittel der Butter hellbraun aufschäumen lassen. Seezungen darin bei mittlerer Hitze von jeder Seite zunächst 1 Minute anbraten. Dann die Temperatur herunterschalten und die Fische in weiteren 6 bis 8 Minuten goldgelb braten. Herausheben und warm stellen.
Den Bratsatz mit Fischfond und Zitronensaft ablöschen. Durch ein feines Sieb in einen Topf gießen, aufkochen. Kalte Butter würfeln und unterschlagen. Die Kräuter unterrühren. Die Soße mit Salz und Pfeffer abschmecken. Seezungen mit der Kräutersoße anrichten.

Seezunge

Die Seezunge gehört zur Familie der Plattfische und ist bereits seit Jahrtausenden ein sehr bekannter und beliebter Speisefisch. Seezungen haben eine besondere Fähigkeit, die sie vor Feinden schützt. Werden sie angegriffen, imitieren sie in der Regel sehr erfolgreich das Petermännchen, einen äußerst giftigen Fisch, der von anderen Meeresbewohnern gerne gemieden wird. Seezungen sind sehr kälteempfindlich, weshalb sie in kälteren Monaten auch in wärmere Bereiche umziehen. Sie sind in der Nordsee, dem Ärmelkanal, dem Mittelmeer, aber auch entlang der Atlantikküste zu finden. Die beste Qualität hat der Fisch nach Ansicht einiger Experten aus dem Fanggebiet vor der Normandie. Seezunge wird von Fischkennern oft als einer der delikatesten Seefische überhaupt bezeichnet. Ihr Fleisch ist sehr fein und fest und gilt als kostspielige Spezialität.

Fischbällchentopf

HAUPTGERICHT.
FÜR 4 PORTIONEN.

500 g Steinbeißerfilet (oder Filet von Seelachs, Rotbarsch, Kabeljau)
1 Stück Ingwer (ca. 1 cm)
1 Frühlingszwiebel
1 frische rote Chilischote
50 g frisches Kokosnussfleisch
1 Zweig Minze (am besten Asia-Minze)
1 TL mildes Currypulver
100 ml Reiswein
1 Ei
Salz
300 g Möhren
1,25 l Fischfond (Rezept S. 64 oder aus dem Glas)
2 EL helle Sojasoße
3 Gewürznelken

Das Fischfilet waschen, trocken tupfen, eventuell entgräten und in grobe Stücke schneiden, kalt stellen. Ingwer schälen, 1 TL fein reiben. Frühlingszwiebel waschen und putzen, den weißen Teil sehr fein hacken, den Rest in feine Streifen schneiden. Chilischote putzen, entkernen und fein hacken. Kokosnussfleisch schälen und fein raspeln. Minzeblättchen abzupfen, waschen, trocken tupfen und fein hacken.

Fisch, Ingwer, gehackte Frühlingszwiebel, Chili und Minze mit Currypulver, Kokosnuss, 1 EL Reiswein und Ei im Mixer fein zerkleinern. Die Masse mit Salz kräftig abschmecken. Kalt stellen.

Möhren waschen, putzen, schräg in 5 mm dicke Scheiben schneiden. Für den Sud Fischfond, Sojasoße, Nelken und restlichen Reiswein in einen breiten Topf aufkochen, leicht salzen. Möhren in den Sud geben.

Aus der Fischmasse mit angefeuchteten Händen 24 etwa tischtennisballgroße Kugeln formen. In den kochenden Sud legen und darin bei kleiner Hitze in etwa 7 Minuten gar ziehen lassen, dabei für die letzten 2 Minuten die restliche Frühlingszwiebel mitgaren.

Die Fischbällchen mit Sud und Gemüse in Portionsschüsseln servieren. Dazu schmeckt Langkornreis.

Steinbeißer-Pfanne mit Lauch und Orangenfilets

Hauptgericht.
Für 2 Portionen.
1 kleine Bio-Orange
600 g dünne Stangen Lauch
1 kleiner Zweig Thymian
1 EL Raps- oder Sonnenblumenöl
Salz, Pfeffer aus der Mühle
100 ml klare Gemüsebrühe
300 g küchenfertige Steinbeißerfilets (oder Filet von Kabeljau, Seelachs)
100 g Kochsahne

Die Orange heiß waschen, trocken reiben und 1 TL Schale fein abreiben. Orange so schälen, dass auch die weiße Haut völlig entfernt wird. Über einer Schüssel die Orangenfilets zwischen den Trennhäutchen herausschneiden, den austretenden Saft dabei auffangen. Die Lauchstangen putzen, gründlich waschen. Den weißen Teil in dünne Scheiben, den grünen Teil schräg in etwa 3 cm lange Stücke schneiden. Den Thymian waschen, trocken schütteln und die Blättchen abstreifen.

Öl einer großen beschichteten Pfanne mit hohem Rand erhitzen. Zuerst die grünen Lauchstücke darin bei mittlerer Hitze 3 Minuten andünsten. Danach den weißen Lauch und den Thymian zufügen und 1 Minute mitdünsten. Leicht salzen und pfeffern. Die Brühe und den Orangensaft zugießen und das Gemüse 5 Minuten köcheln. Währenddessen das Fischfilet kurz kalt waschen, trocken tupfen, eventuell entgräten und in große Stücke schneiden. Mit Salz und Pfeffer würzen.

Orangenschale und Sahne unter den Lauch mischen. Die Fischstücke obenauf legen. Alles zugedeckt bei mittlerer Hitze 5 bis 7 Minuten dünsten, bis der Fisch gar ist. Orangenfilets zur Fischpfanne geben und darin heiß werden lassen. Mit Salz und Pfeffer abschmecken.

Steinbeißer

Steinbeißer werden zu den Seewölfen gezählt. Es sind nordische Fische, die niedrigere Wassertemperaturen bevorzugen. Sie leben immer in Bodennähe und sind sehr ruhige Tiere, die kaum weitere Wanderungen unternehmen und auch nicht auf große Beutezüge gehen. Die Körperform des Steinbeißers ist länglich. Er hat einen sehr dicken Kopf mit breiter Schnauze und kräftigen Zähnen. Steinbeißer gibt es in zahlreichen Farben, angefangen von graugrün über rotbraun bis hin zu schwarz. Die Tiere passen sich farblich sehr schnell an ihren Lebensraum an, was die vielen Variationen erklärt. Ihre Hauptnahrung sind vor allem Tiere mit harten Schalen. Mit ihrem Gebiss, welches dem eines Raubtieres sehr ähnlich ist, knacken sie problemlos die Schalen von Muscheln, Krebsen oder sogar Stacheltieren auf. Steinbeißer sind in allen kälteren Meeren auf der Nordhalbkugel zu finden. In der Nordsee sind Seewölfe selten.

Große Bestände gibt es im Nordatlantik, von Grönland über Island bis hin zur Nordsee, Barentssee und Spitzbergen. Eine pazifische Art des Steinbeißers gibt es ebenfalls. Diese ist vor allem vor Japan, aber auch Kalifornien zu finden. Steinbeißer verfügen über einen sehr delikaten Geschmack. Ihr Fleisch ist sehr hell und fest. Der Steinbeißer ist bei uns unter vielen verschiedenen Namen bekannt, was oft zu Missverständnissen führt. Man kennt ihn auch als Wolfsfisch, Seewolf oder Katfisch.

Steinbuttfilet mit Artischocken

Hauptgericht.
Für 4 Portionen.
600 g Steinbuttfilets (oder Filets von Zander, Steinbeißer)
Salz, Pfeffer aus der Mühle
3 Frühlingszwiebeln
6 kleine zarte Artischocken (je ca. 50 g)
2 EL Zitronensaft
4 EL Olivenöl
2 EL Butter
100 ml Fischfond (Rezept S. 64 oder aus dem Glas)
50 ml trockener Weißwein
1 TL frische gehackte Thymianblättchen

Die Steinbuttfilets kurz kalt abbrausen und trocken tupfen. In vier gleich große Portionen teilen. Salzen und pfeffern. Frühlingszwiebeln putzen, waschen und in feine Ringe schneiden.
Die Artischocken waschen, die Stiele abschneiden. Die äußeren Blätter entfernen. Jeweils die restlichen Blattspitzen mit einer Küchenschere abschneiden. Artischocken längs in Scheiben schneiden. Die Schnittflächen sofort mit Zitronensaft bepinseln. In einer großen Pfanne 2 EL Öl erhitzen. Die Artischocken darin bei mittlerer Hitze unter gelegentlichem Wenden in 8 bis 10 Minuten goldgelb braten, salzen und pfeffern.
In einer großen beschichteten Pfanne 1 EL Butter und das restliche Öl erhitzen. Die Filets darin bei mittlerer Hitze von beiden Seiten etwa 4 Minuten braten, dabei während der letzten Minute die Frühlingszwiebeln mitbraten. Herausheben, warm halten.
Fischfond, Wein und Thymian in die Pfanne geben, 3 Minuten kräftig kochen lassen. Die übrige Butter in Stücke schneiden und unterschlagen. Soße durch ein feines Sieb gießen, mit Salz und Pfeffer abschmecken. Fischfilets mit Soße und Artischocken anrichten. Dazu schmeckt Kartoffelgratin.

Steinbutt

Der Steinbutt gehört zu den Grundfischarten und ist einer der edelsten Vertreter der Familie der Plattfische. In gemäßigten bis kühlen und nicht zu tiefen Gewässern fühlt er sich wohl. Ein besonderes Merkmal des Steinbutts ist sein diskusförmiger Körper. Er hat ein großes Maul mit sehr scharfen Zähnen. Seine Unterseite ist weiß. Seine flache Oberseite ist anthrazitfarben oder braun und zeigt charakteristische, kleine Höcker auf der Haut, die Steinen ähneln. Mit dieser Oberseite passt er sich sehr genau seiner Umgebung an und ist von Feinden deswegen schwer zu erkennen. Der Steinbutt lebt in allen europäischen Meeren von Island bis Marokko, einschließlich der Ostsee. Neben der Seezunge gilt der Steinbutt gemeinhin als bester Plattfisch. Sein festes, weißes Fleisch bleibt lange frisch und hat einen exzellenten, leicht nussigen und damit unverwechselbaren Geschmack. So ist es nicht verwunderlich, dass die Kosten beim Kauf dieses Fisches entsprechend hoch sind. Heute werden Steinbutte in der marinen Aquakultur standardmäßig gezüchtet.

Steinbuttfilet auf Sahnelinsen

Die Linsen verlesen, in einem Sieb abbrausen und abtropfen lassen. Möhre, Sellerie und die Zwiebel putzen und klein würfeln. In einem breiten Topf 1 EL Butter erhitzen. Gewürfeltes Gemüse darin bei mittlerer Hitze andünsten. Linsen einrühren, 1 Minute mitdünsten. Mit 300 ml Fond oder Brühe ablöschen. Zugedeckt bei kleiner Hitze 20 bis 25 Minuten garen, bis die Linsen weich sind, aber nicht zu weich. Währenddessen ab und zu nachsehen, ob genügend Flüssigkeit im Topf ist. Falls nicht, etwas Brühe nachgießen.

Spinatblätter waschen, trocken tupfen und in Streifen schneiden. Mit Sahne und Tomatenmark unter die Linsen rühren. Mit Salz, Pfeffer und Limettensaft oder Essig abschmecken. Linsen warm stellen.

Steinbuttfilets kurz kalt abbrausen, mit Küchenpapier trocken tupfen, mit Salz und Pfeffer einreiben. Filets in Mehl wenden, übriges Mehl abschütteln. Restliche Butter mit dem Öl erhitzen, die Filets darin auf jeder Seite 3 bis 4 Minuten braten.

Sahnelinsen durchrühren, eventuell nachwürzen und auf vorgewärmte Teller verteilen. Jeweils obenauf zwei Fischfilets legen. Dazu schmecken Kartoffeln.

Tipp: Wer's noch [illegible] gebratene Riesengarnelen zum Steinbutt servie[illegible]

HAUPTGERICHT.
FÜR 4 PORTIONEN

- 150 g kleine braune Linsen (z. B. Champagnerlinsen)
- 1 Möhre
- 1 Stange Staudensellerie
- 1 kleine Zwiebel
- 2 EL Butter
- 300–400 ml Gemüsefond oder -brühe
- 1 Handvoll Spinatblätter
- 125 g Sahne
- 1 TL Tomatenmark
- 2 TL Limettensaft oder weißer Balsamessig
- Salz, Pfeffer aus der Mühle
- 8 Steinbuttfilets (je ca. 100 g; oder Filets von Seezunge)
- Mehl zum Wenden
- 2 EL Olivenöl

Thunfisch

Thunfische gehören zur großen Familie der makrelenartigen Fische. Sie können bis zu 3 m lang werden und ein Maximalgewicht von 650 kg erreichen. Der Thunfisch ist ein Wanderfisch, der bei der Nahrungssuche sehr weite Strecken zurücklegt. Die Tiere leben in der Regel in kleineren Gruppen zusammen und halten sich vornehmlich an der Wasseroberfläche auf. Thunfische sind Räuber, die auf der Jagd Spitzengeschwindigkeiten von bis zu 50 km/h erreichen können.
Der Thunfisch ist auf der ganzen Welt zu finden. Hauptlebensräume bei uns sind die Nordsee, die westliche Ostsee und der Nordatlantik.
Vor allem in Form von Thunfisch aus der Dose ist der flinke Meeresbewohner bei uns in Deutschland sehr gefragt, doch auch frisch und tiefgefroren erlangt er z. B. für den Grill oder als Sushi zunehmend Beliebtheit. Thunfisch fühlt sich auf der Zunge ein wenig wie Marzipan an. Sein Geschmack erinnert an zartes Kalbsfilet mit einem milden salzigen Aroma. Der Thunfisch gilt gemeinhin als einer der schmackhaftesten Fische überhaupt und verfügt zudem über nur sehr wenige Gräten.
An der Färbung des Fleisches lässt sich die Qualität des Thunfisches ablesen. Dunkelrote Farbe mit weißen Sehnen deutet auf eine eher geringe Qualität hin. Je heller das Fleisch ist, umso besser schmeckt es auch und umso höher ist der Fettgehalt des Fisches. Jedoch steigt mit der Helligkeit auch der Preis des Tieres.

Gerade als Sushi ist der Thunfisch bei den Japanern sehr beliebt. Es werden hier extrem hohe Preise erzielt. Ein Thunfisch hat auf dem weltgrößten Fischmarkt in Tokio bei der ersten Versteigerung des Jahres 2012 den Rekordpreis von umgerechnet 566 000 Euro erzielt. Das Tier wog doppelt so viel wie ein durchschnittlicher Sumo-Ringer.

Die große Beliebtheit und die hohen Preise, die für Blauflossenthunfische gezahlt werden, werden ihnen allerdings zum Verhängnis. Der fischereiliche Aufwand, der für den Fang so teurer Exemplare betrieben wird, ist selbstverständlich ungleich höher als bei anderen Fischen. Es kommt zu einem Teufelskreis. Die Überfischung wird gefördert, die Bestände sinken weiter und die Preise steigen wiederum. Die Einigung auf Schutzmaßnahmen und vernünftige Quoten, um ein Aussterben zu verhindern, scheitern.

Im vorliegenden Buch wird aufgrund der hohen Gefährdung der Blauflossenthune darauf verzichtet Thunfischrezepte abzudrucken.

In diesem Zusammenhang sollte allerdings nicht unerwähnt bleiben, dass es durchaus verschiedene Thunfischarten gibt, die regional nicht gefährdet sind, wie z. B. Bonitos oder Gelbflossenthunfische. Hier sollte der verantwortungsbewusste Kunde sich vor dem Kauf aber entsprechend informieren.

Wolfsbarsch

Wolfsbarsche werden zu den barschartigen Fischarten gezählt und manchmal fälschlicherweise mit dem Seewolf verwechselt. Sie haben eine lang gestreckte, elegante Körperform, eine gezackte Rückenflosse und silbern glänzende Schuppen. Ihre Bauchseite hat ebenfalls einen hellsilbrigen Schimmer. Am besten sind Wolfsbarsche jedoch an dem auffälligen schwarzen Fleck auf ihren Kiemendeckeln erkennbar. Wolfsbarsche sind Raubfische, die sich gern in der Nähe von Flussmündungen und Küsten aufhalten. Sie machen Jagd auf alle möglichen Sorten von Schwarmfischen, wie etwa den Hering. Wolfsbarsche sind am häufigsten südlich der Britischen Inseln zu finden. Wolfsbarschbestände gibt es aber auch vor Norwegen, Südisland oder den Nordseeinseln. Im Mittelmeer liegen zahlreiche Zuchtfarmen, von denen aus der Wolfsbarsch nach Deutschland importiert wird.

Aus Aquakulturen stammende Tiere machen auch den größten Teil des gesamten Wolfsbarschangebotes aus. Im Vergleich zu zahlreichen anderen Speisefischen, nimmt der Wolfsbarsch auf dem Fischmarkt eine eher untergeordnete Rolle ein. In Deutschland ist er vor allem im Feinschmeckerbereich zu finden. Wolfsbarsche verfügen über einen sehr feinen, aromatischen Geschmack. Ihr Fleisch ist weiß, kleinfaserig und hat nur wenig Gräten. Wolfsbarsch sollte unbedingt im Ganzen zubereitet werden. Besonders lecker ist er, wenn er in einer Salzkruste gegart wird.

Wolfsbarsch mit Rahm-Spitzkohl

Hauptgericht.
Für 2 Portionen.

400 g Spitzkohl
2 Frühlingszwiebeln
3 Stängel glatte Petersilie
2 EL frische Weißbrotbrösel
1 küchenfertiger Wolfsbarsch (ca. 600–700 g)
Salz, Pfeffer aus der Mühle
2–3 EL Butterschmalz
2 EL Butter
80 ml Gemüsebrühe
80 g Sahne
1 TL mittelscharfer Senf
1/2 TL abgeriebene Bio-Zitronenschale
1 Prise Zucker
frisch geriebene Muskatnuss
evtl. 1 Bio-Zitrone

Vom Spitzkohl die äußeren Blätter entfernen. Kohlkopf vierteln, den Strunk herausschneiden. Die Kohlviertel waschen, abtropfen lassen und in kurze feine Streifen schneiden. Frühlingszwiebeln putzen, waschen und in dünne Ringe schneiden. Petersilie waschen, trocken schütteln und die Blättchen fein hacken. Petersilie mit den Brotbröseln mischen.

Backofen auf 200 °C vorheizen. Wolfsbarsch innen und außen waschen, trocken tupfen, mit Salz und Pfeffer würzen. Schmalz in einem Bräter erhitzen. Den Fisch darin von beiden Seiten kurz anbraten. Im Ofen (Mitte) zunächst 10 Minuten braten.

Fisch mit dem Petersilien-Brot-Mix bedecken, 1 EL Butter in Flöckchen obenaufsetzen. Wolfsbarsch in weiteren 10 bis 12 Minuten fertig braten.

Inzwischen die übrige Butter erhitzen, Spitzkohl und Frühlingszwiebeln darin andünsten. Brühe, Sahne, Senf und Zitronenschale unterrühren. Kohl mit Salz, Pfeffer und Zucker würzen. Ohne Deckel bissfest schmoren, dabei die Flüssigkeit etwas einköcheln lassen. Den Kohl mit Muskatnuss abschmecken.

Spitzkohl zum Wolfsbarsch servieren. Nach Belieben Zitronenschnitze dazureichen.

Wolfsbarschfilet auf Gemüse-Couscous

Hauptgericht.
Für 4 Portionen.
2 Frühlingszwiebeln
1 Knoblauchzehe (nach Belieben)
400 g gemischtes Gemüse (z. B. Möhren, Staudensellerie)
200 g schnittfeste Tomaten
3 EL Olivenöl
600 ml Gemüsebrühe
Salz, Pfeffer aus der Mühle
300 g Instant-Couscous (grober Weizengrieß, vorgekocht)
1 EL Weißweinessig
4 Wolfsbarschfilets mit Haut (je 150 g; oder Filets von Steinbeißer, Seeteufel, Kabeljau)
1 EL Butter
1 Zweig Thymian
1 Lorbeerblatt
4 kleine Dillzweige zum Garnieren

Die Frühlingszwiebeln putzen, waschen und schräg in Scheiben schneiden. Knoblauch abziehen, fein würfeln. Möhren und Sellerie waschen, putzen und klein würfeln. Tomaten waschen und klein würfeln.

In einem flachen Topf 2 EL Öl erhitzen. Frühlingszwiebeln und Knoblauch darin andünsten. Gemüse untermischen, 2 Minuten mitdünsten. Brühe zugießen, das Gemüse salzen und pfeffern. Zugedeckt aufkochen und bei kleiner Hitze ca. 6 Minuten köcheln.

Instant-Couscous unter das Gemüse rühren, die Tomaten untermischen. Gemüse-Couscous einmal aufkochen, vom Herd nehmen und zugedeckt 4 bis 5 Minuten quellen lassen. Mit Salz, Pfeffer und Essig abschmecken.

Während der Couscous quillt, die Wolfsbarschfilets kurz kalt abbrausen, trocken tupfen und eventuell entgräten. Butter und restliches Öl in einer Pfanne mittelstark erhitzen. Thymian und Lorbeer zufügen. Fischfilets mit der Haut nach unten einlegen und bei mittlerer Hitze in ca. 3 Minuten kross braten. Umdrehen, mit Salz und Pfeffer würzen und je nach Dicke in weiteren 2 bis 3 Minuten fertig braten.

Die Fischfilets ohne die Gewürze auf dem Gemüse-Couscous anrichten, mit Dill garniert servieren.

Hella Witte

„If it swims, we have it" – Fisch Witte

Die große Leidenschaft zum Fisch ist durch die ebenso große Leidenschaft zum guten Essen gekommen. Geboren in einer Gastwirtschaft in Miesbach, legte meine Oma, die einen überaus hohen Qualitätsanspruch an Lebensmittel hatte, den Grundstein für mein heutiges Tun, Denken und Handeln. Ich bin ihr sehr dankbar. Das Fischgeschäft im Herzen meines geliebten Münchens, auf dem Viktualienmarkt, übernahm ich als 23-jährige Frau. Meine Stärke war: Dienen zu können! Ich verwöhnte meine Kundschaft mit noch handgeschriebenen Rezepten und kochte an Wochenenden in renommierten Restaurants in München mit. Dies kam mir dann zugute, als wir unser Fischgeschäft vergrößerten und ein im Laden integriertes Tagesbistro eröffneten. Um unsere Qualität auch im Süßwasserfischbereich zu garantieren, übernahmen mein Mann und ich Fischteiche in der Nähe von Erding. Unsere Domain jedoch sind Meeresfische und -früchte aus aller Herren Länder. Darum unser Slogan „If it swims, we have it". Seit nunmehr 27 Jahren achten wir beim Einkauf von Wildfängen auf Nachhaltigkeit und Frische, wie auch bei der Aquakultur auf biologische Züchtung. Hier mein Lieblingsrezept:

Fisch in Salzkruste

Hauptgericht.
Für 4–6 Portionen.

1 küchenfertiger, aber nicht geschuppter Fisch von ca. 1,4 kg (z. B. Wolfsbarsch, Dorade, Lachs, Seewolf)
2 kleine Bio-Zitronen
3–4 Zweige Rosmarin
1–2 Knoblauchzehen
Pfeffer aus der Mühle
ca. 3 kg grobes Meersalz (ersatzweise feinkörniges Salz)
2 Eiweiß

Den Fisch innen und außen kurz kalt abbrausen und trocken tupfen. Die Zitronen heiß waschen, trocken reiben und in Scheiben schneiden. Den Rosmarin waschen, trocken schütteln. Den Knoblauch abziehen und vierteln.
Den Backofen auf 180 °C vorheizen. 100 ml kaltes Wasser bereitstellen. Die Bauchhöhle des Fisches mit Pfeffer würzen, dann mit Zitronenscheiben, Rosmarin und Knoblauch füllen.
In einer Schüssel das Meersalz mit den Eiweißen vermischen. Nur so viel vom Wasser zugeben, dass es sich wie feuchter Sand anfühlt. Etwa ein Drittel der Salzmischung auf ein mit Backpapier ausgelegtes Backblech geben. Zu einer ovalen Form schieben, sodass der Fisch im Ganzen darauf Platz hat. Den Fisch auf das Salzbett legen. Das übrige Salz darüberhäufen und den Fisch damit einpacken. Den Salzmantel mit den Händen fest andrücken. Fisch im Ofen (Mitte) in 45 bis 50 Minuten garen.
Zum Servieren die Salzkruste aufklopfen (z. B. mit einem Hammer) und behutsam abheben. Den Fisch zerlegen (siehe S. 56) und ohne Haut (die ist zu salzig) servieren. Dazu schmecken Rosmarinkartoffeln und ein gemischter Salat.

Chefkoch Danny Jäger

Ich bin ein waschechter Rostocker, geboren und aufgewachsen in der altehrwürdigen Hansestadt. Das Interesse an meinem späteren Beruf hat wohl meine Großmutter in mir geweckt. Bei ihr durfte ich immer in der Küche mithelfen. Hieraus entstand der Wunsch, eine Lehre als Koch aufzunehmen. Die Möglichkeit dazu erhielt ich im Hotel „Neptun" in Warnemünde, wo ich nach erfolgreicher Ausbildung auch noch einige Zeit angestellt war. Um etwas andere Luft zu schnuppern, führte mich mein Weg als nächstes nach München, in das renommierte Haus „Bayrischer Hof" und von dort geradewegs nach Österreich, in das legendäre „Schloss Fuschl" bei Salzburg. Die mit 17 Gault-Millau-Punkten bewertete Küche war außergewöhnlich und hat mir für meinen Beruf viel gegeben. Besonders stolz bin ich deshalb, dass ich in dieses Umfeld meine spezifischen Kenntnisse im Umgang mit Meeresfischen einbringen konnte. So schön und interessant es in der Fremde war, zog es mich doch wieder nach Hause, zurück an die alte Wirkungsstätte Hotel „Neptun". Mit dem Abschluss als Küchenmeister in der Tasche bin ich dort seit 2008 Sous-Chef.
Beliebtestes Fischgericht unter den Gästen ist der „Angeldorsch". Deshalb habe ich das Rezept zum Nachkochen aufgeschrieben und als Zugabe die „Warnemünder Scholle".

Dorschfilet mit Spargel und grünen Bandnudeln

Hauptgericht.
Für 4 Portionen.
600 g weißer Spargel
1 Rezept Hollandaise (Rezept S. 67)
Salz, 1 Prise Zucker
1 TL Butter (nach Belieben)
400 g grüne Bandnudeln
1 TL frische Thymianblättchen
1 TL frische Rosmarinnadeln
700–800 g Dorschfilet
Pfeffer aus der Mühle
etwas Roggenmehl zum Wenden
Butterschmalz zum Braten

Den Spargel gründlich schälen und die Enden abschneiden. Die Hollandaise zubereiten, die Soße warm halten.
In einem breiten Topf Wasser mit Salz, Zucker und eventuell der Butter zum Kochen bringen. Spargelstangen hineinlegen, einmal sprudelnd aufkochen lassen, von der Herdplatte nehmen und zugedeckt in 15–20 Minuten gar ziehen lassen. Währenddessen die Nudeln in kochendem Salzwasser bissfest garen.
Thymian und Rosmarin fein hacken. Das Dorschfilet abbrausen, trocken tupfen, mit Salz, Pfeffer, Thymian und Rosmarin würzen. Im Mehl wenden und überschüssiges Mehl abschütteln. Butterschmalz in einer großen Pfanne erhitzen, das Filet darin von jeder Seite in etwa 6 Minuten goldbraun braten.
Dorschfilet in Portionen teilen. Mit abgetropften Spargelstangen und abgetropften Bandnudeln auf vorgewärmten Tellern anrichten. Die Hollandaise über den Spargel löffeln. Dazu schmeckt Feldsalat.

Angeldorsch im Wurzelsud mit Senfbutter

Hauptgericht.
Für 4 Portionen.
2 Schalotten
400 g Knollensellerie
400 g Möhren
1/2 Stange Lauch
250 g Butter
1/2 l trockener Weißwein
2 kleine Lorbeerblätter
3 Pimentkörner
Salz, Pfeffer aus der Mühle
1 Msp. Zucker
1,5 kg küchenfertiger Dorsch ohne Kopf
200 g Zucker
200 g mittelscharfer Senf

Für den Wurzelsud Schalotten abziehen, klein würfeln. Das Gemüse waschen, putzen und in Streifen schneiden. In einem großen Topf 20 g Butter zerlassen, die Schalotten darin andünsten. Das Gemüse unterrühren. Den Wein und 1,5 l Wasser zugießen. Mit Lorbeer, Piment, Salz, Pfeffer und Zucker würzen. Alles aufkochen und 10 Minuten köcheln lassen. Das Gemüse herausheben und beiseite stellen.
Den Dorsch abbrausen, in den kochenden Sud legen (er sollte zu einem Drittel mit Sud bedeckt sein) und zugedeckt bei schwacher Hitze in etwa 20 Minuten gar ziehen, dabei nicht kochen lassen.
Inzwischen 1 EL Butter erhitzen, das Gemüse darin kurz andünsten, etwas Sud zufügen, das Gemüse salzen und pfeffern. Warm halten.
Für die Soße 200 g Butter in einem flachen Topf zerlassen, mit einem Schneebesen unter ständigem Rühren den Zucker und anschließend den Senf zugeben. Das Ganze einmal unter Rühren aufkochen lassen.
Den Dorsch aus dem Sud heben und zusammen mit dem Gemüse auf einer Platte anrichten, und mit der Senfbutter servieren. Dazu schmecken Salzkartoffeln.

Warnemünder Scholle mit Safran-Gurken-Gemüse

Hauptgericht.
Für 4 Portionen.
2 Salatgurken
1 Zwiebel
1 g Safran in Fäden
50 g Butter
Salz, Pfeffer aus der Mühle
Zucker, Essig
etwas Speisestärke
50 g Kochschinken
1 Bund Frischer Dill
100 g Crème fraîche
4 küchenfertige Schollen (je 320–350 g)
Saft von 1 Bio-Zitrone
Mehl zum Bestäuben
Öl zum Braten

Für das Gemüse die Gurken waschen, schälen, längs halbieren und entkernen. Gurkenhälften in 1 cm dicke Streifen schneiden. Zwiebel abziehen und fein würfeln. Safran in 1 EL Wasser einweichen. Butter erhitzen und die Zwiebel darin andünsten. Gurkenstreifen dazugeben, mit Salz und Pfeffer würzen, zugedeckt bei mittlerer Hitze 5 Minuten dünsten.
Die entstandene Flüssigkeit mit Zucker und Essig süßsauer abschmecken und mit ein wenig angerührter Speisestärke binden. Den Schinken in kleine Würfel schneiden. Dill waschen, trocken schütteln, die Spitzen abzupfen, fein schneiden. Safran, Schinken, Crème fraîche und den Dill, bis auf etwas zum Garnieren, zu den Gurken geben. Das Gemüse warm halten.
Die Schollen abbrausen und trocken tupfen. Mit Zitronensaft, Salz und Pfeffer würzen, danach mit Mehl bestäuben. Die Fische in zwei großen Pfannen in heißem Öl auf jeder Seite in 4 bis 5 Minuten goldbraun braten. Schollen mit dem Gurkengemüse auf vorgewärmten Tellern anrichten und mit dem übrigen Dill bestreut servieren.

Rezepte mit Krusten- und Schalentieren

Wer einem Manne einen Fisch schenkt, gibt ihm für einen Tag zu essen.
Wer ihn das Fischen lehrt, gibt ihm ein Leben lang zu essen.
Aus China

Krusten- und Schalentiere – edle Delikatessen

Wohl in keinem kulinarischen Bereich ist die Sprachverwirrung so ausgeprägt wie bei den kleinen und großen Schalen-, Krusten- und Weichtieren. Mit unseren Warenkundeporträts möchten wir deshalb etwas zur Orientierung beitragen. Und Ihnen gleichzeitig Appetit machen auf schnörkellose, aber köstliche Rezepte mit Austern, Flusskrebsen, Garnelen, Nordseekrabben, Hummer, Miesmuscheln und Tintenfisch. Dazu gibt es viele interessante Informationen und Tipps, damit die besonderen Leckerbissen leicht gelingen. Genießen Sie die feine Kost – Bissen für Bissen.

Austern mit Rotweinschalotten

VORSPEISE.
FÜR 4 PORTIONEN.
150 g Schalotten
2 EL Zucker
2 EL Rotweinessig
350 ml trockener Rotwein
Salz, Pfeffer aus der Mühle
8–12 rohe Austern
(z. B. Sylter Royal)

Schalotten schälen und winzig klein würfeln. In einem Topf den Zucker schmelzen lassen, Schalotten und Essig unterrühren, den Wein zugießen. Alles unter gelegentlichem Rühren in etwa 20 Minuten sirupartig einkochen lassen. Abgekühlt mit Salz und Pfeffer abschmecken.
Die Austern öffnen (siehe S. 54), auf gestoßenem Eis und eventuell mit Schnitzen von Bio-Limette anrichten und mit den Rotweinschalotten servieren. Dazu schmeckt Baguette.

Warme Austern mit Gemüseschaum

VORSPEISE/ZWISCHENGERICHT.
FÜR 2 PORTIONEN.
6 Austern (z. B. Sylter Royal)
1/2 Möhre (ca. 50 g)
1 Stück Lauch (ca. 50 g, nur das Weiße)
1/2 kleine Zucchini (ca. 50 g)
1/2 Schalotte
2 TL Butter
100 ml trockener Weißwein
2 EL Anislikör (Anisette)
3 EL Sahne
grob gemahlener Pfeffer

Die Austern öffnen (siehe S. 54). Austern jeweils mit einem Löffel herausheben und das Austernwasser durch ein feines Sieb in eine kleine Schüssel gießen.
Möhre waschen, putzen und schälen. Lauch waschen und putzen, Lauch und Möhre in möglichst kleine Würfel schneiden. Zucchini waschen, die Schale in einem Stück mit Fruchtfleisch 5 mm dick abschneiden. Schale in kleine Würfel schneiden.
Butter in einem Topf zerlassen, die Gemüsewürfel darin 3 bis 4 Minuten unter Rühren bei kleiner Hitze dünsten. Wein und Anislikör zugießen und einkochen lassen. Austernwasser zugießen, einmal aufkochen. Austern in die Soße legen, darin 1 bis 2 Minuten erwärmen. Herausheben und abgetropft in kleine Servierschalen verteilen. Sahne steif schlagen, unter die Soße heben. Gemüseschaum über die Austern löffeln, mit Pfeffer bestreuen und sofort servieren.

Austern

Austern sind die wohl prominenteste Muschelart. Casanova soll jeden Abend 50 davon verspeist haben – ob davor, dazwischen oder danach ist allerdings nicht überliefert. Tatsache ist, dass der Auster auch heute noch aphrodisiakische Wirkung zugeschrieben wird. Wissenschaftlich belegen lässt sich jedoch nur ihr hoher Nährstoffgehalt. Viele Vitamine und Mineralstoffe sowie der hohe Proteingehalt machen die Auster nicht nur zu einer sinnlichen, sondern auch zu einer gesunden Köstlichkeit. Heute werden Austern an vielen Küsten Europas gezüchtet. Zu den bekanntesten Sorten gehören hierzulande die Fines de Claires, die Belons, die englischen Rundaustern Colchester und Whitstable, die irischen Donegal und Imperial sowie die Sylter Royal. Lebende Austern werden als Delikatesse kalt mit Zitrone und frisch gemahlenem Pfeffer geschlürft. Warm können Austern pochiert, gegrillt oder gratiniert genossen werden.

Gäste ohne Aufwand verwöhnen

Pro Person 6 bis 8 frisch geöffnete Austern auf gestoßenem Eis servieren.
Als Würze frisch gepressten Zitronensaft, sehr fein gehackte Schalotten, Tabasco oder Worcestersoße dazu reichen.
Als Beilage Roggenbrot und leicht gesalzene Butter, Weißbrot oder Vollkornbrot anbieten.
Als Getränke passen Champagner oder Winzersekt und trockene Weißweine wie Chablis, Muscadet oder Silvaner.

Gratinierte Austern

Die Austern öffnen (siehe S. 54). Austernfleisch jeweils mit einem Löffel herausheben und das Austernwasser durch ein feines Sieb in eine Tasse gießen.
Den Backofen auf 200 °C vorheizen. Das grobe Salz auf einem Backblech verteilen. Die unteren gewölbten Austernschalen unter fließendem Wasser abbürsten, nebeneinander auf das Salz setzen.
Frühlingszwiebeln waschen, putzen, in feine Ringe schneiden. Möhre schälen, waschen und möglichst klein würfeln. Zwiebeln und Möhre in 1 EL Butter 2 Minuten dünsten. Salzen und pfeffern. Gemüse mit je 1 Auster in die Austernschalen verteilen.
Übrige Butter erhitzen, mit Mehl bestäuben und leicht anschwitzen. Austernwasser, Fond und Sahne unter Rühren zugießen und etwa 6 Minuten leicht köcheln lassen.
Schnittlauch waschen und trocken tupfen. Eine Hälfte in feine Röllchen schneiden, unter die Soße rühren. Soße über die Austern verteilen. Im Ofen (Mitte) in 8 bis 10 Minuten goldgelb überbacken. Austern mit Schnittlauchhalmen garniert servieren.

HAUPTGERICHT.
FÜR 4 PORTIONEN.
12 große oder 16 kleine rohe Austern (z. B. Sylter Royal)
etwa 500 g grobes Salz
2 Frühlingszwiebeln
1 kleine Möhre
2 EL Butter
Salz, Pfeffer aus der Mühle
3 gestrichene TL Mehl
150 ml Fischfond (Rezept S. 64 oder aus dem Glas)
5 EL Sahne
1 Bund Schnittlauch

Flusskrebs-Salat Asia-Style

Vorspeise/Snack.
Für 4 Portionen.
200 g Glasnudeln
3 Schalotten
1–2 kleine frische rote Chilischoten
1 mittelgroße Tomate
1 Stück Gurke (ca. 150 g)
1 Handvoll Kräuter (Thai-Basilikum und Koriander)
2 EL Öl
200 g ausgelöste Flusskrebsschwänze
3 EL Fischsoße (Asiaregal)
3–4 EL Limettensaft
Salz, Zucker

Glasnudeln in einer Schüssel mit heißem Wasser übergießen und 10 Minuten quellen lassen.
Inzwischen die Schalotten schälen, klein würfeln. Chilis waschen, putzen, entkernen und in dünne Ringe schneiden. Tomate waschen, trocken reiben und klein würfeln. Die Gurke waschen, trocken reiben, längs halbieren und mit einem Löffel entkernen. Gurkenhälften klein würfeln. Kräuter waschen und trocken schütteln. Öl in einer Pfanne erhitzen, Schalotten und Chilis darin andünsten. Die Glasnudeln in einem Sieb abtropfen lassen. Mit einer Küchenschere in 4 bis 5 cm lange Stücke schneiden.
Glasnudeln mit Flusskrebsschwänzen, Kräutern, Tomaten- und Gurkenwürfeln vermischen. Den Salat mit Fischsoße, Limettensaft, Salz und Zucker leicht säuerlich abschmecken.

Flusskrebse mit Wasabidip

Hauptgericht.
Für 4 Portionen.
150 g Schmand
50 g Salatmayonnaise
1–2 EL Wasabipaste
1 Msp. Salz
1/2 Bund Koriander oder Minze
1 Stange Lauch
1 Möhre
1 Zwiebel
1/2 l trockener Weißwein
2 EL Salz
5 EL Estragonessig (oder Weißweinessig)
1 EL weiße Pfefferkörner
1 TL Wacholderbeeren
1,5 kg Flusskrebse (beim Händler vorbestellen)

Für den Dip den Schmand mit Mayonnaise, Salz und je nach gewünschter Schärfe 1 bis 2 EL Wasabipaste glatt rühren. Kräuter waschen, trocken schütteln, die Blättchen abzupfen und fein schneiden. Unter den Dip rühren, abschmecken. Dip zugedeckt kühl stellen.
Für die Krebse Lauch, Möhre und Zwiebel putzen oder schälen, klein würfeln. Butter in einem großen Suppentopf erhitzen, das Gemüse darin farblos andünsten. 1,5 l Wasser sowie alle übrigen Zutaten bis auf die Flusskrebse dazugeben. Sud aufkochen und 10 Minuten köcheln. Würzsud sprudelnd aufkochen, die Krebse darin kochen wie auf Seite 52 beschrieben.
Flusskrebse aus dem Sud heben, in einer vorgewärmten Schüssel servieren und bei Tisch zerlegen (siehe S. 53). Wem das zu aufwändig ist, der kann das Krebsfleisch schon in der Küche auslösen. Den Wasabidip und Weißbrot zu den Flusskrebsen reichen.

Flusskrebse aus dem Dillsud

In einem großen Suppentopf die Dillblüten mit Dillsamen, Fenchelsamen, Salz und etwa 2 l Wasser aufkochen und zugedeckt 5 bis 10 Minuten kochen lassen.
Die Flusskrebse vorbereiten und portionsweise im sprudelnd kochenden Sud garen wie auf Seite 52 beschrieben. Krebse aus dem Sud heben, in einer vorgewärmten Schüssel servieren und bei Tisch zerlegen (siehe S. 53). Wem das zu aufwendig ist, der kann das Krebsfleisch schon in der Küche aus dem Panzer lösen, dann warm oder kalt servieren. Dazu schmecken Bier, Brot und ein gemischter grüner Blattsalat.

Hauptgericht.
Für 4 Portionen.
3 Dillblüten
2 EL Dillsamen
1 TL Fenchelsamen
2 EL Salz
1,5 kg Flusskrebse (beim Händler vorbestellen)

Flusskrebs

Seit jeher waren Krebse als Nahrung von großer Bedeutung. Noch vor 200 Jahren zählte der Fluss- oder Edelkrebs in ganz Mitteleuropa zu den häufigsten Bewohnern der Flüsse und Bäche. Bereits im Mittelalter galt er als Delikatesse, wurde zu hohen Preisen gehandelt und als hervorragende Fastenspeise geschätzt. Durch die Einschleppung der „Krebspest" mit dem Ende des 19. Jahrhunderts erloschen Europas Krebsbestände innerhalb weniger Jahrzehnte. Die Krebsfischerei in unseren Gewässern wird sicher nie wieder die Bedeutung früherer Zeiten erlangen können. Allerdings hält das Krustentier aus dem Süßwasser immer mehr auf den Speisekarten der Gastronomie Einzug und wird in verschiedenen Zubereitungsformen angeboten. Die Edelkrebse kommen heute in der Regel aus Zuchtanlagen. „Krebssaison" ist von August bis September. Auch in Supermärkten findet man inzwischen „Flusskrebsschwänze", die jedoch in der Regel aus China stammen und nicht mit der Qualität deutscher Flusskrebse konkurrieren können.

Garnelen mit Paprikaschaum

Hauptgericht.
Für 4 Portionen.
2 rote Paprikaschoten (je ca. 200 g)
1 Schalotte
1 Knoblauchzehe
5 EL Olivenöl
Salz, Pfeffer
200 ml Krustentierfond (aus dem Glas)
600 g rohe Tiefseegarnelen in der Schale (ohne Kopf)
1 TL Weißweinessig
Chilipulver
1 EL Crème fraîche
1 EL Forellenkaviar (nach Belieben)

Für den Schaum die Paprika waschen und halbieren. Stiele, Trennhäutchen und Samen entfernen. Paprika klein schneiden. Schalotte und Knoblauch schälen, klein würfeln. In einem Topf 3 EL Öl erhitzen. Paprika, Schalotte und Knoblauch darin etwa 3 Minuten andünsten. Mit etwas Salz und Pfeffer würzen und den Fond zugießen. Alles aufkochen und zugedeckt etwa 20 Minuten leicht kochen lassen.

Inzwischen die Garnelen bis auf die Schwanzflosse aus den Schalen lösen (siehe S. 52). Kurz kalt waschen und trocken tupfen.

Den Paprikamix fein pürieren, durch ein Sieb streichen, wieder aufkochen und offen 3 bis 5 Minuten einkochen lassen. Mit Salz, Pfeffer, Essig und etwas Chilipulver abschmecken.

In einer großen Pfanne 2 EL Öl erhitzen, die Garnelen darin unter Rühren 3 Minuten braten. Leicht salzen und pfeffern.

Crème fraîche zur Soße geben, noch mal schaumig aufmixen. Garnelen mit Paprikaschaum anrichten. Eventuell mit Forellenkaviar garniert servieren. Dazu schmecken Bandnudeln (Linguine oder Trenette).

Gegrillte Garnelen mit Thymian

Vorspeise/Snack.
Für 4 Portionen.
6 rohe Riesengarnelen (je 80–100 g; tiefgekühlt oder frisch)
1 Schalotte
1–2 Knoblauchzehen
60 g weiche Butter
4 EL Zitronensaft
4 EL Semmelbrösel
2 EL frische Thymianblättchen
Salz, Pfeffer aus der Mühle
1 Bio-Zitrone

Tiefgekühlte Garnelen im Kühlschrank auftauen lassen. Inzwischen Schalotte und Knoblauchzehen schälen und möglichst fein würfeln. Beides mit weicher Butter, Zitronensaft, Semmelbröseln und Thymian gründlich verrühren. Mit Salz und Pfeffer kräftig würzen und zugedeckt für mindestens 2 Stunden kalt stellen.

Von den frischen oder aufgetauten Garnelen jeweils den Kopfteil durch leichtes Drehen vom Rumpf entfernen. Garnelen samt Schale längs halbieren und den schwarzen Darmfaden entfernen. Die Garnelen waschen und trocken tupfen.

Den Backofengrill vorheizen. Die Butter-Thymian-Mischung gleichmäßig auf den Fleischseiten der Garnelenhälften verstreichen. Nebeneinander mit der Schale nach unten in eine ofenfeste Form setzen. Garnelen unter dem Grill 8 bis 10 Minuten grillen, bis die Schalen rot und das Garnelenfleisch goldbraun ist. Mit Zitronenschnitzen servieren.

Asia-Rührei mit Garnelen und Mango

Die Salatblätter waschen, trocken tupfen. Frühlingszwiebeln waschen, putzen und in dünne Ringe schneiden. Die Mangohälfte schälen, das Fruchtfleisch vom Kern schneiden und klein würfeln. Die Garnelen kurz waschen und trocken tupfen.

Eier in einer Schüssel kräftig aufschlagen. Eiermasse mit Sojasoße, Limetten- oder Zitronensaft, Sesamöl, Ingwerpulver sowie etwas Salz und Pfeffer kräftig würzen. Garnelen, Mangowürfel und die Frühlingszwiebeln bis auf 1 EL unter die Eiermasse rühren.

Das Öl in einer mittelgroßen beschichteten Pfanne bei mittlerer Hitze erwärmen. Die Eiermasse hineingießen und langsam fest werden lassen. Dabei mit einem Pfannenwender mehrfach vom Pfannenrand zur Mitte hin schieben. Die Pfanne vom Herd nehmen, wenn das Rührei noch leicht feucht ist. Rührei sofort mit den Salatblättern auf vorgewärmten Tellern anrichten. Mit den restlichen Frühlingszwiebelringen garniert servieren. Dazu Brot reichen.

Hauptgericht.
Für 2 Portionen.

4 kleine rote Salatblätter
2 Frühlingszwiebeln
1/2 reife, aber schnittfeste Mango (ca. 150 g)
150–200 g kleine Eismeergarnelen (gegart und geschält)
4 Eier
1–2 EL helle Sojasoße
2 TL Limetten- oder Zitronensaft
1 TL geröstetes Sesamöl
gemahlener Ingwer
Salz, Pfeffer aus der Mühle
2 TL Raps- oder Sonnenblumenöl

Hummer

Die sehr langlebigen Hummer werden in Ausnahmefällen bis zu 70 cm lang und bis zu 9 kg schwer. Im Durchschnitt jedoch werden Hummer etwa 30 cm lang und ungefähr 1 kg schwer. Die Farbe variiert stark von einem kräftigen blau bis zu dunklen Violett-Tönen. Die Flanken sind gelb bis braun mit dunkleren, oft rötlichen Sprenkeln. Hummer sind weltweit verbreitet. Die bekanntesten Arten sind der Amerikanische Hummer und der Europäische Hummer. Die Hauptvorkommen befinden sich vor allem in den Gewässern vor der nordamerikanischen Ostküste und in nahezu allen europäischen Meeren, von der skandinavischen Westküste bis zur iberischen Halbinsel, und im Mittelmeer. Hummer werden nach dem Fang nicht getötet, denn sie sollen den Konsumenten lebend erreichen. Hummer gelten als Delikatesse. Sie haben weißes, feines und sehr aromatisches Fleisch, das für seinen ureigenen charakteristischen Geschmack bekannt und berühmt ist. Es schmeckt etwas süßlich und nach Meer.

Hummer einkaufen

Am besten kaufen Sie Hummer schon gegart. Bei Fisch- und Feinkosthändlern sollte man ihn auf jeden Fall vorbestellen. Manche Händler übernehmen auf Bitte auch gleich das Zerlegen des frisch gekochten Hummers. Das Hummerfleisch möglichst bald verzehren, da ihr köstliches, aber sehr empfindliches Fleisch schnell verdirbt. Auch im gut sortierten Supermarkt gibt es bereits vorgegarte Hummer zu kaufen, sie wurden gleich nach dem Fang gekocht und tiefgekühlt. Tiefgekühlten Hummer über Nacht im Kühlschrank auftauen lassen und nicht länger als einen Tag im Kühlschrank aufbewahren.

Hummer zerlegen

Scheren und den Kopf mit drehender Bewegung vom Rumpf trennen. Die kleineren unteren Scherenzangen nach hinten ziehen, dann behutsam mit dem Knorpelblatt aus der großen Scherenzange ziehen. Das Glied unter der Schere mit einem schweren Messer abtrennen. Die einzelnen Glieder voneinander trennen, das Fleisch mit Löffelstiel oder Hummergabel herauslösen. Den Panzer der großen Scherenzange im unteren Drittel mit einem Messer knacken, vorsichtig das Scherenfleisch herausziehen. Den Hummerschwanz an der dünnen Unterseite mit einer Schere aufschneiden und aus dem Panzer pellen. Ungenießbare Teile wie Innereien und Darmfaden entfernen.

Weiße Tomatensuppe mit Hummer

VORSPEISE.
FÜR 4 PORTIONEN.
400 g gegartes, ausgelöstes Hummerfleisch
3 Basilikumblätter
2 EL Olivenöl
1 TL Zitronensaft
2 Schalotten
1 kg reife Fleischtomaten
2 EL Olivenöl
600 ml Gemüsefond (aus dem Glas)
1 Prise Zucker
200 g Sahne
2 EL kalte Butter
Salz, weißer Pfeffer aus der Mühle

Das Hummerfleisch in mundgerechte Stücke schneiden. Basilikum fein hacken, mit Öl und Zitronensaft verrühren. Hummerfleisch untermischen, kurz marinieren.

Schalotten schälen. Tomaten waschen und putzen. Alles grob zerkleinern. Schalotten im Öl glasig dünsten. Tomaten, Gemüsefond und Zucker zufügen. Aufkochen und zugedeckt bei schwacher Hitze 15 Minuten köcheln.

Ein mit Küchenpapier ausgelegtes Sieb über einen Topf hängen. Tomatenfond hineingießen und vollständig durchlaufen lassen. Der Fond wird durch das Filtern klar.

Tomatenfond mit Sahne aufkochen. Butter zugeben und die Suppe mit dem Pürierstab schaumig aufschlagen. Mit Salz und Pfeffer abschmecken. Suppe in tiefe vorgewärmte Teller füllen. Den marinierten Hummer auf die Teller verteilen.

Hummer mit mediterraner Soße

HAUPTGERICHT.
FÜR 2 PORTIONEN.
1 Schalotte
1 kleine Knoblauchzehe
100 g Möhren
1 Stange Staudensellerie (ca. 100 g)
1/2 TL frische Thymianblättchen
2 EL Olivenöl
1 TL Tomatenmark
100 ml Weißwein oder Gemüsebrühe
200 g Tomaten (aus der Dose)
1 Prise Zucker
Meersalz
Chilipulver
1 kleines Lorbeerblatt
1 frisch gekochter Hummer (ca. 800 g; beim Händler vorbestellen)

Schalotte und Knoblauch schälen, sehr klein würfeln. Möhren und Sellerie putzen, möglichst klein würfeln. Thymianblättchen klein hacken.

In einem flachen Topf das Öl erhitzen. Schalotte, Knoblauch, Möhren und Sellerie darin bei mittlerer Hitze 4 Minuten unter Rühren andünsten. Tomatenmark und Thymian einrühren und kurz mitdünsten. Wein oder Brühe zugießen und vollständig einkochen lassen.

Tomaten hacken, mit 100 ml Tomatenflüssigkeit in den Topf geben und aufkochen. Zucker, 1 Prise Salz, 1 Msp. Chilipulver und das Lorbeerblatt zugeben. Die Soße zugedeckt bei mittlerer Hitze etwa 30 Minuten kochen lassen.

Inzwischen den Hummer zerlegen (siehe S. 194). Das Fleisch auf Tellern anrichten. Lorbeer aus der Soße nehmen. Soße mit Salz, Pfeffer und eventuell etwas Chilipulver abschmecken, zum Hummer servieren. Dazu schmeckt schwarze Pasta (z. B. Tagliatelle oder Spaghetti).

Hummer mit Krustentiermayonnaise

Den Krustentierfond in einem kleinen Topf sirupartig einkochen lassen. Tomatenpüree unterrühren, Fond abkühlen lassen.
In einer Schüssel mit dem Schneebesen das Eigelb mit Senf, 1 TL Essig, 1 TL Wasser sowie etwas Salz und Pfeffer verrühren. Das Öl zuerst tropfenweise, dann in dünnem Strahl unter ständigem Schlagen unterrühren, bis eine cremige Mayonnaise entstanden ist.
Den Krustentierfond unter die Mayonnaise ziehen, eventuell mit Salz und Essig nachwürzen.
Hummer mit der Mayonnaise anrichten. Dazu schmecken selbst gemachte Pommes frites oder knuspriges Weißbrot.

SNACK/ZWISCHENGERICHT.
FÜR 4 PORTIONEN.
150 ml Krustentierfond (aus dem Glas)
1 TL Tomatenpüree
1 sehr frisches zimmerwarmes Eigelb
1 Msp. mittelscharfer Senf
1–2 TL Weißweinessig
Salz, Pfeffer aus der Mühle
1/8 l geschmacksneutrales Pflanzenöl
400–500 g gegartes, ausgelöstes Hummerfleisch

Rheinischer Muscheltopf

Hauptgericht.
Für 4 Portionen.
2,5 kg frische Miesmuscheln
2 Zwiebeln
2 Möhren
2 kleine Stangen Lauch
5 Wacholderbeeren
2 EL Butter
1/2 l trockener Weißwein
1 Lorbeerblatt
Salz, Pfeffer aus der Mühle

Die Muscheln vorbereiten (siehe S. 54). Zwiebel abziehen, grob hacken. Möhren schälen, putzen, Lauch putzen, beides in kleine Stücke schneiden. Wacholderbeeren leicht zerdrücken.
In einem sehr großen Topf die Butter erhitzen. Zwiebel, Möhren, Lauch und Wacholderbeeren darin andünsten. Wein und 200 ml Wasser zugießen. Lorbeer, Salz und Pfeffer dazugeben.
Alles aufkochen, die Muscheln in den Topf geben und zugedeckt bei mittlerer Hitze ca. 10 Minuten garen, bis sie sich geöffnet haben, dabei den Topf mehrmals rütteln. Noch geschlossene Muscheln aussortieren und wegwerfen. Miesmuscheln in einer vorgewärmten Schüssel servieren. Dazu schmecken Brot und ein kühles Bier.

Überbackene Miesmuscheln

Vorspeise/Snack.
Für 4 Portionen.
16–20 große Miesmuscheln
Salz, Pfeffer aus der Mühle
1 Schalotte
1 Knoblauchzehe
4 EL Olivenöl
1/2 TL abgeriebene Bio-Orangenschale
etwas zerkrümelter getrockneter Peperoncino
1 EL frisch geriebener Parmesan
1 EL fein gehackte Minze oder Petersilie
3 EL trockener Weißwein oder Gemüsebrühe
2–3 EL Weißbrotbrösel
1 Bio-Zitrone

Die Muscheln vorbereiten (siehe S. 54). In einem großen Topf die geschlossenen Muscheln mit etwa 200 ml Wasser, etwas Salz und Pfeffer aufkochen. Zugedeckt bei starker Hitze etwa 8 bis 10 Minuten garen, bis sich alle Schalen geöffnet haben. Muscheln in ein Sieb gießen und abtropfen lassen. Jetzt noch geschlossene Muscheln wegwerfen.
Backofen auf 220 °C vorheizen. Schalotte und Knoblauch schälen, sehr fein würfeln, in einer kleinen Pfanne in 2 EL heißem Öl andünsten. Orangenschale, Peperoncino, Parmesan und Minze oder Petersilie zufügen. Wein oder Brühe und das übrige Öl unterrühren. So viel Weißbrotbrösel untermischen, dass eine geschmeidige Masse entsteht. Mit Salz und Pfeffer würzen.
Die jeweils leere Schale der Muschel abbrechen. Alle Schalenhälften mit Muschelfleisch in eine große Gratinform oder auf ein tiefes Blech setzen. Die Brösel-Parmesan-Masse auf dem Muschelfleisch verteilen. In der Mitte des Ofens in 8 bis 10 Minuten goldbraun überbacken. Noch warm mit Zitronenschnitzen servieren.

Muscheln im Tomatensud

Die Muscheln vorbereiten (siehe S. 54). Zwiebeln und Knoblauch abziehen, fein würfeln. Öl in einem großen Topf erhitzen, Zwiebeln und Knoblauch darin andünsten. Tomatenstücke und Brühe hinzufügen, mit Salz, etwas Cayennepfeffer, Zucker und Oregano würzen.
Muscheln dazugeben, zugedeckt aufkochen und bei mittlerer Hitze ca. 10 Minuten garen, bis sie sich geöffnet haben, dabei den Topf mehrmals rütteln. Noch geschlossene Muscheln aussortieren und wegwerfen. Basilikumblätter von den Stängeln zupfen, unter die Miesmuscheln heben, Muscheln im Sud servieren. Dazu Ciabatta oder Knoblauchbrot reichen.

Hauptgericht.
Für 4 Portionen.
2,5 kg frische Miesmuscheln
2 Zwiebeln
2 Knoblauchzehen
3 EL Olivenöl
500 g Tomatenstücke (Tetrapack)
100 ml klare Gemüsebrühe
Salz, Cayennepfeffer
1 Msp. Zucker
1/4 TL Oreganoblättchen
2–3 Stängel Basilikum

Miesmuschel

Die Miesmuschel, auch unter den Namen Pfahlmuschel oder Blaumuschel bekannt, hat ihren Namen vom mittelhochdeutschen Wort für Moos, denn diese Muschelart überzieht den Meeresgrund teppichartig, ähnlich wie Moos. Miesmuschelbänke können eine Größe von einigen Kilometern erreichen und aus mehreren Millionen Tieren bestehen. Dabei heften die Tiere sich mithilfe von sogenannten Byssusfäden an Gegenständen wie Holz oder Hartböden und auch aneinander fest. Diese Muschelart vergräbt sich nicht im Sand, kann sich aber in geringem Umfang bewegen. Der Lebensraum der Miesmuschel erstreckt sich vom Pazifik über den nördlichen Atlantik bis nach Portugal und Carolina. Auch im Mittelmeer ist die Miesmuschel zu finden. Die in Deutschland angebotenen Miesmuscheln stammen zum großen Teil von Muschelbänken an der deutschen Nordseeküste, werden aber auch aus den Niederlanden, Dänemark und Frankreich importiert. Miesmuscheln haben eine große wirtschaftliche Bedeutung. Der Fang wilder Miesmuscheln ist jedoch zugunsten der Aquakultur stark zurückgegangen. Rund 90 % der pro Jahr weltweit geernteten 1,8 t Miesmuscheln stammen aus Aquakulturen. Miesmuscheln schmecken cremig-salzig, leicht mineralisch und erinnern geschmacklich an das Meer. Lecker sind sie mit einem Stück frischem Brot oder „klassisch-französisch" als „Moules frites" – Miesmuscheln mit Pommes frites. Bei geöffneten Muscheln sollte vor dem Kochen ein Frischetest – der sogenannte Klopftest – durchgeführt werden. Dabei klopft man gegen die Schalen der Muscheln. Schließen die Muscheln daraufhin ihre Schalen nicht, sollten sie vorsichtshalber weggeworfen werden.

Lauwarmer Kartoffel-Krabben-Salat

Snack/Vorspeise.
Für 2 Portionen.
300 g kleine festkochende Kartoffeln (z. B. Drillinge)
2 Frühlingszwiebeln
100 g Salatgurke
1/2 Bund Dill
1/2 Bund Schnittlauch
100 ml Gemüsebrühe
4 EL Weißweinessig
Salz, Pfeffer aus der Mühle
2–3 EL Sonnenblumenöl
100 g frisch geschälte Nordseekrabben
etwas Zitronensaft

Die Kartoffeln waschen und ungeschält in wenig Salzwasser etwa 20 Minuten gar kochen.
Inzwischen die Frühlingszwiebeln putzen, waschen und in feine Scheiben schneiden. Die Salatgurke waschen, längs halbieren, entkernen und klein würfeln. Kräuter waschen, trocken tupfen und fein hacken. Brühe aufkochen lassen.
Die Kartoffeln abgießen, noch heiß pellen und in dünne Scheiben schneiden. Sofort in einer Schüssel mit der heißen Gemüsebrühe begießen und kurz ziehen lassen.
Währenddessen aus Essig, Salz, Pfeffer und Öl eine Marinade rühren. Frühlingszwiebeln, Gurke, Kräuter, Krabbenfleisch und Marinade locker unter die Kartoffeln mischen. Den Salat mit Salz, Pfeffer und etwas Zitronensaft abschmecken, anrichten und noch lauwarm servieren.

Krabben-Pfannkuchen

Hauptgericht.
Für 4 Portionen.
2 Eier
150 g Mehl
Salz, Pfeffer aus der Mühle
ca. 1/4 l Milch oder Wasser
2 kleine Stangen Lauch (ca. 500 g)
1 Schalotte
1 EL Butter
100–150 ml Gemüsebrühe
Öl oder Butterschmalz zum Ausbacken
400–500 g frisch geschälte Nordseekrabben
4 EL Sahne

Die Eier leicht verquirlen, Mehl und 1 Prise Salz dazugeben. So viel Milch oder Wasser unterrühren, dass ein dünner, glatter Teig entsteht. Teig zugedeckt 30 Minuten quellen lassen.
Inzwischen den Lauch putzen, in feine Scheiben schneiden. In einem Sieb abbrausen und abtropfen lassen. Die Schalotte abziehen, fein würfeln.
Butter erhitzen, Lauch und Schalotte darin glasig dünsten. Brühe zugeben. Gemüse leicht salzen und pfeffern. Zugedeckt bei kleiner Hitze in etwa 10 Minuten bissfest garen.
Inzwischen in einer kleinen beschichteten Pfanne etwas Öl oder Schmalz erhitzen. Aus dem Teig nacheinander 8 dünne goldgelbe Pfannkuchen backen.
Krabbenfleisch unter das Gemüse rühren. Sahne halbsteif schlagen, unterheben. Krabben-Gemüse-Mix abschmecken. Auf die Pfannkuchen verteilen, einrollen oder einklappen und heiß servieren.

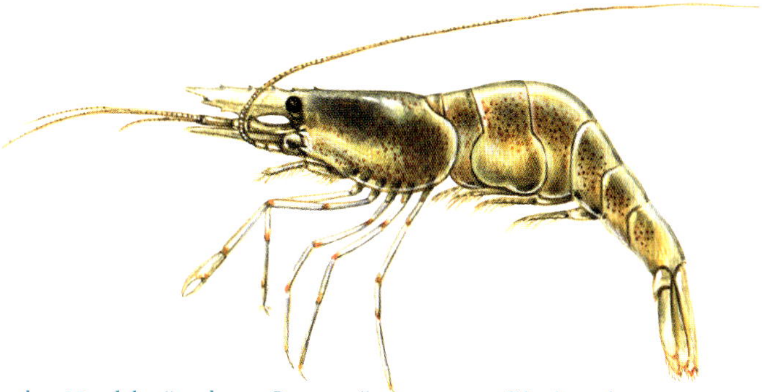

Nordseegarnele

Die Nordseegarnele wird an der Küste und im Handel u. a. auch „Krabbe" oder „Granat" genannt. Sie ist ein Krebstier wie z. B. der Hummer. Nordseegarnelen ernähren sich räuberisch von kleinen Muscheln, Schnecken, Würmern und Krebsen, die sie mit ihren ca. 1 bis 2 mm großen Scheren zerpflücken können, aber auch von den Resten abgestorbener Pflanzen und Tiere. Nordseegarnelen finden sich an den Küsten des gesamten Nordostatlantiks mit Ost- und Nordsee bis an den Rand der Arktis (Island, Weißes Meer), sowie im Mittelmeer und Schwarzen Meer. Nordseegarnelen sind typische Garnelen, lang und schmal mit nahezu rundlichem Querschnitt und langen Antennen. Ihre Färbung ist leicht gräulich bis bräunlich. Im gekochten Zustand sind sie rötlich-braun und weisen eine „Tropfenform" auf, da sich der Körper von der Schwanzspitze bis zum Kopf gekrümmt hat. Nordseegarnelen werden in der Regel nach dem Fang bereits an Bord gekocht. In geringem Umfang sind sie auch als ungeschälte Speisekrabben an der Küste erhältlich. Der Großteil wird, nach meist längerem Transport zu und vom Ort des „Puhlens", als geschältes Krabbenfleisch lose oder abgepackt oder als Salatzubereitung über den Lebensmittelhandel vermarktet.

Krabben-Brot mit Spiegelei

Krabbenfleisch nach Belieben pur verwenden oder mit ein wenig Salz, Pfeffer und Zitronensaft vermischen.
In einer großen beschichteten Pfanne 2 EL Butter bei mittlerer Hitze erwärmen. Mit etwas Salz bestreuen. Eier nebeneinander in die Pfanne schlagen, bei kleiner Hitze etwa 4 Minuten braten, bis das Eiweiß gestockt ist.
Inzwischen die Brote mit Butter bestreichen, Krabbenfleisch darauf verteilen. Je ein Spiegelei auf ein Krabbenbrot setzen, mit Salz und Pfeffer würzen und mit Schnittlauchröllchen bestreuen. Sofort genießen.

Tipp: Ungeschälte Krabben kaufen. Das Problem bei geschälten Nordseekrabben ist, dass sie zum Pulen (Schälen) meist ins Ausland transportiert werden. 1 Kilo ungepulte Nordseekrabben ergeben etwa 300 g Krabbenfleisch.

Snack/Vorspeise.
Für 4 Portionen.

250–300 g frisch geschälte Nordseekrabben
Salz, Pfeffer aus der Mühle
1–2 TL Zitronensaft
2 EL Butter und Butter zum Bestreichen
4 Eier
4 Scheiben Vollkornbrot
2 EL feine Schnittlauchröllchen

Frittierter Tintenfisch

Snack/Fingerfood.
Für 4 Portionen.
600 g küchenfertige Tintenfischtuben (tiefgekühlt oder frisch)
1 Bund glatte Petersilie
1/2 TL schwarze Pfefferkörner
1 TL Korianderkörner
1 getrocknete Chilischote
2 TL Salz
100 g Speisestärke
1 l Öl zum Frittieren

Tiefgekühlten Tintenfisch im Kühlschrank auftauen lassen. Petersilie waschen, sehr gut trocken schütteln und die Blätter abzupfen. Frischen oder aufgetauten Tintenfisch waschen, trocken tupfen und eventuell noch vorhandene Haut abziehen. Die Tuben längs halbieren und die Außenseiten mit einem scharfen Messer mit dicht nebeneinander gesetzten parallelen Schnitten rautenförmig einschneiden. Anschließend in etwa 5 x 3 cm große Streifen schneiden.
Einen Wok oder eine hochwandige Pfanne erhitzen. Pfefferkörner, Korianderkörner und die Chilischote darin anrösten, bis sie duften. In einen Mörser umfüllen und mit dem Salz sehr fein zerstoßen. Mit der Stärke mischen.
In einem hohen Topf oder in einer Fritteuse das Öl auf 175 °C erhitzen. Die Tintenfischstreifen in der gewürzten Stärke wenden, überschüssige Stärke abschütteln. Tintenfisch portionsweise in etwa 2 Minuten goldbraun frittieren, auf mehreren Lagen Küchenpapier abtropfen lassen. Inzwischen die Petersilienblätter 20 bis 30 Sekunden frittieren. Tintenfisch und Petersilie vermischen, entweder in Portionsschalen oder in vorbereiteten spitzen Tüten aus Pergamentpapier oder Bananenblättern (aus dem Asialaden) anrichten.

Tintenfisch

Die wirbellosen Tintenfische werden vor allem in der mediterranen Küche und in Asien vielfältig verwendet. In der deutschen Küchensprache werden meist alle essbaren Kopffüßer als Tintenfische bezeichnet und in Kalmare und Kraken unterschieden. Die Kalmare stellen die größte Gruppe innerhalb der Kopffüßer dar. Sie haben einen Kopf mit zehn dünnen Armen (zwei davon längere Fangarme) und einen deutlich abgesetzten, spindel- bis kegelförmigen Leib, der seitlich dreieckige Flossen trägt. Im Inneren wird er durch einen Schulp aus Kalk verstärkt, der sich leicht herausziehen lässt. Die Namen gebenden Tintenbeutel liegen hinter dem Kopf, die darin enthaltene Tinte (Sepia) ist eine braunschwarze Masse, die auch in der Küche Verwendung findet, z. B. für venezianisches Tintenfischragout, für schwarzen Risotto oder zum Färben von Nudeln. Beliebt ist eine Füllung des Leibs, der Tube, mit gewürztem Reis oder Brötchen und den klein geschnittenen Armen, das Ganze anschließend gegrillt oder geschmort.
Die Kraken werden 50 cm bis 4 m groß, haben einen beutelförmigen Körper ohne Stützskelett und acht muskulöse Arme mit doppelten Saugnapfreihen. Wegen ihres zarten Fleisches, das etwas an Kalbfleisch erinnert, gelten sie als besondere Delikatesse.

Scharfer Tintenfisch in Kokossoße

Hauptgericht.
Für 4 Portionen.

500 g küchenfertige kleine Tintenfische (z. B. Oktopus, Sepia oder Kalmar; tiefgekühlt oder frisch)
2 Schalotten, 2 Knoblauchzehen
1 Stück Ingwer (ca. 3 cm)
1 Stängel Zitronengras
1 dünne Stange Lauch
2 Möhren
150 g Shiitake-Pilze
1 EL heller Palm- oder Rohrzucker
400 ml ungesüßte Kokosmilch
1–3 TL Sambal Oelek (scharfe Würzpaste, Asiaregal)
Salz
1 TL Limettensaft, 4 EL Öl
1/2 Bund Koriander

Tiefgekühlte Tintenfische auftauen lassen. Frische oder aufgetaute Tintenfische waschen und trocken tupfen.
Schalotten, Knoblauch und Ingwer schälen, fein würfeln. Zitronengras waschen, putzen und den unteren dicken Teil in feine Scheiben schneiden. Lauch und Möhren putzen, waschen, in dünne Scheiben schneiden. Pilze putzen, Stiele entfernen, die Hüte in Scheiben schneiden.
In einem breiten Topf den Zucker hellgelb schmelzen. Schalotten, Knoblauch, Ingwer und Zitronengras darin andünsten. Die Kokosmilch zugießen und aufkochen. Die Soße je nach gewünschter Schärfe mit 1 bis 3 TL Sambal Oelek, Salz und Limettensaft abschmecken.
In einer Pfanne 2 EL Öl heiß werden lassen. Tintenfische portionsweise im Öl unter ständigem Rühren 2 bis 3 Minuten braten, mit Salz würzen. Herausheben und unter die Kokossoße mischen. Lauch, Möhren und Pilze im restlichen Öl 2 Minuten unter Rühren braten. Zu den Tintenfischen geben, abschmecken. Mit Korianderblättchen bestreut servieren. Dazu schmecken Duftreis und halbierte, entkernte Gurkenscheiben.

Stichwortregister

Rezepte

Danksagung und Literatur-/Quellenangaben

Für die vielen Beiträge in diesem Buch bedanken wir uns bei den zahlreichen Verfassern.

Dr. Sebastian Hanfland: S. 14–17, S.18/19, S. 20/21; Der Verfasser hat sich auf Literatur/Quellen aus verschiedenen Medien gestützt, u.a. U. Brämick (2010): Jahresbericht zur Deutschen Binnenfischerei 2010. Institut für Binnenfischerei e.V. Potsdam-Sacrow. P. Breckling (2011): Jahresbericht 2010. Deutscher Fischereiverband. Hamburg. S. 110/111

Dr. Josef Paukner: S. 22/23

Prof. Dr. Carsten Schulz: S. 24

Alfred Stier: S. 25 (Quelle: erlebnis-fisch.de)

Sigurd Späth: S. 26/27

Willi Ruff: S. 32/33

Brigitte Huber/Martin Dort: S. 36/37

P. Rauch/Marlisa Szwillus: S. 45

Prof. Dr. Karl Heinz Brillowski: S. 59 (Quellen: Landesamt für Landwirtschaft, Lebensmittelsicherheit und Fischerei Mecklenburg-Vorpommern (LALLF M-V): Statistik. Agrarbericht des Landes Mecklenburg-Vorpommern 2011. www.info-mv.de)

Miroslav Klose/Albert Raca: S. 65

Johann Mayer: S. 69

Dr. Rudolf Neumaier: S. 78/79

Harald Schultes: S. 85

Christoph Schwennicke: S. 86/87

Wilhelm Dietrich/Eike Kähler S. 90

Jürgen Schmid: S. 94

Michael von Siemens: S. 95/96

Paul Oberle: S. 100/101

Jennifer Gahn, Weinkeller Sommerach e.G.: S. 114/115

Graf Christoph von Preysing/Michael Ostermaier: S. 118

Thomas Wölfle: S. 122/123

Dirk Lehmacher: S. 134/135

Roland Stohr: S. 140/141

Fisch Witte/Hella Witte: S. 180

Danny Jäger: S. 182/183

Für die Fischporträts geht besonderer Dank an Wolfgang Blohm und Stefanie Schütze für die Süßwasserfischporträts und an Prof. Karl Heinz Brillowski für die Meerwasserfischporträts (Quellen: www.deutschesee.de/fischlexikon; Bundesforschungsinstitut für Ländliche Räume, Wald und Fischerei, Institut für Osteseefischerei Rostock; wikipedia Tintenfisch (Lebensmittel) und fischbase.org).

Für die fachliche Beratung in allen „Fischfragen" und die inhaltliche Koordination bedanken wir uns ganz herzlich bei Dr. Sebastian Hanfland, ebenso herzlich bei allen beitragenden Fotografen.

Bildnachweis

Beate Bentele: S. 45
Brucedale: S. 31 beide
Bernhard Feneis: S. 25 unten
Wilhelm Dietrich: S. 90 unten
Fisch Witte/Kühmstedt: S. 180
Fischerei Köllnitz: S. 90 oben
Fischerei Stohr: S. 140
Fischerei Tegernsee: S. 118
Fischzucht Oberle: S. 100
Fotolia: S. 38, 58, 59 groß, 63 beide, 73 unten rechts
Gesellschaft für Marine Aquakultur (GMA) mbH: S. 24
Brigitte Huber: S. 36
F. X. Huber: S. 10, 110 beide, 111
iStockphoto: U4 Mitte rechts, rechts, S. 42, 87
M. Knoch: U1 groß, S. 13 unten links, 30, 41 oben rechts, 41 unten links, 73 oben links, 93 oben, 95 unten, 115, 181
Dirk Lehmacher: S. 134
LfL, Institut für Fischerei, Starnberg: S. 15, 21, 22 beide, 23, 26, 101
LfV Schleswig Holstein: S. 19
Bildagentur Look: U1 klein rechts, S. 91
Berufsfischer Mayer, Straubing: S. 69
M. Mitterer: S. 94, 97
F. Möllers: U4 links, S. 17, 20
Mike Moritz: S. 37
Hotel Neptun: S. 182
R. Neumaier: S. 78, 79
Outdoorchef: S. 62
Albert Raca: S. 65 unten
M. Ruff: S. 35
Scandinavian Fishing Year Book: S. 146, 149, 152, 155, 156 unten, 159 unten, 160, 162, 165 unten, 167, 169, 171 unten, 173, 174, 176, 178, 188, 190, 194, 199, 201, 203
Harald Schultes: S. 85
Christoph Schwennicke: S. 86
Michael von Siemens: S. 95 oben
Sigurd Späth: S. 27
Alfred Stier: S. 25 oben
Stockfood: U1 klein links, klein Mitte rechts, Rücken, U4 Mitte links, S. 29, 33, 34, 41 oben links, unten rechts, 44, 46 beide, 47, 48, 49 alle, 51 alle, 52 alle, 53 alle, 54, 55 alle, 56 alle, 57 alle, 64, 65 oben, 70, 73 oben rechts, unten links, 75, 80, 83, 103, 105, 109, 113, 117, 120, 121, 129, 131, 133, 136, 138, 142, 145 alle, 147, 148, 151, 153, 156 oben, 159 oben, 161, 163, 165, 166, 168, 171 oben, 172, 175, 177, 179, 184, 187 alle, 189, 191, 193, 195, 197, 202
Weichenhahn: S. 59 klein
Winzerkeller Sommerach: S. 114 beide
Thomas A. Wölfle: U1 klein Mitte links, S. 6 beide, 7 beide, 9, 13 oben links, oben rechts, unten rechts, 122 beide, 123 beide
Bernhard Ziegler: S. 74, 77, 81, 89, 93 unten, 99, 102, 107, 108, 112, 119, 125, 127, 139

ISBN 978-3-86362-008-0

Projektbetreuung: Martin Dort, Dr. Sebastian Hanfland (LFV Bayern)
Gestaltung, Bildredaktion und Satz: Christine Paxmann text • konzept • grafik, München

Alle Rezepte dieses Buches wurden mit Sorgfalt zusammengestellt und überprüft.
Eine Garantie kann jedoch nicht übernommen werden.

Printed in Italy 2012

Verlagswebsite: www.d-hverlag.de
Themenwebsite: www.aus-liebe-zum-landleben.de